教育部人文社会科学研究专项任务项目（中国特色社会主义理论体系研究）"'高质量'导向下基层社会治理共同体生成逻辑与推进路径"（22JD710022）、山东省社科联人文社会科学课题"孔繁森精神与中华民族共同体意识培育"（2023-KFSZ-09）的阶段性成果。

基层治理主体行动
逻辑与实践

王赛男 著

The Action Logic and Practice
of Grass-roots Governance Subjects

中国社会科学出版社

图书在版编目（CIP）数据

基层治理主体行动逻辑与实践/王赛男著. —北京：中国社会科学出版社，2024.5

ISBN 978-7-5227-3223-7

Ⅰ.①基… Ⅱ.①王… Ⅲ.①社会管理—研究—中国 Ⅳ.①D63

中国国家版本馆 CIP 数据核字（2024）第 049755 号

出 版 人	赵剑英	
责任编辑	周　佳	
责任校对	胡新芳	
责任印制	王　超	
出　　版	中国社会科学出版社	
社　　址	北京鼓楼西大街甲 158 号	
邮　　编	100720	
网　　址	http://www.csspw.cn	
发 行 部	010-84083685	
门 市 部	010-84029450	
经　　销	新华书店及其他书店	
印　　刷	北京明恒达印务有限公司	
装　　订	廊坊市广阳区广增装订厂	
版　　次	2024 年 5 月第 1 版	
印　　次	2024 年 5 月第 1 次印刷	
开　　本	710×1000　1/16	
印　　张	15.75	
插　　页	2	
字　　数	252 千字	
定　　价	79.00 元	

凡购买中国社会科学出版社图书，如有质量问题请与本社营销中心联系调换
电话：010-84083683
版权所有　侵权必究

前　言

党的二十大报告提出，要健全共建共治共享的社会治理制度，提升社会治理效能。2022年中央一号文件提出，要健全乡村建设实施机制，坚持数量服从质量、进度服从实效，求好不求快，把握乡村建设的时度效。《中共中央关于制定国民经济和社会发展第十四个五年规划和二〇三五年远景目标的建议》提出，要加强和创新社会治理。完善社会治理体系，健全党组织领导的自治、法治、德治相结合的城乡基层治理体系，完善基层民主协商制度，实现政府治理同社会调节、居民自治良性互动，建设人人有责、人人尽责、人人享有的社会治理共同体。这些政策为新时代基层治理提供了方向指引。探讨新时代基层治理共同体建设的有效性机制，成为亟待解决的重要理论与现实问题。

本书的主要内容如下。（1）厘清基层治理中的微观个体层面的行为逻辑以及中观层面组织关键主体的行动逻辑。一方面厘清基层治理多元主体微观层面行动机制，比较分析不同基层治理主体（基层执法类公务员、基层镇街干部、村居干部、新的社会阶层人士以及社区工作者等）的行动逻辑；另一方面对基层组织层面治理行动关键主体［村（居）委会、社区业主委员会、基层志愿者组织等］行动逻辑及治理实践进行调查与案例分析。探寻个体与组织整合的"场嵌入"平台的切入点、有效线索与共治链接面，从点、线和面整合协同推动基层治理高质量发展。（2）基层治理融合关系与协同集聚模式。以党建引领城乡基层社会协同发展，包括依从型结构（即政府牵引型）、悬浮离散结构（即领头羊效应型）、竞合结构（即收益依傍型）等模式；结合基层社会资源整合产生集聚效应，为基层治理协同发展提供条件。（3）基层治理创新需要精准对接市场和人民需求，优化国家政策有效执行机制，健全党建引领协同机制，形成基层多元主体多层级共治促共富新格局。

基层治理主体行动逻辑会影响基层治理创新效果，梳理基层治理多元微观个体层面和中观组织层面主体行动逻辑，并结合新时代新特点，探究赋能基层社会主体参与基层治理创新的实践路径。高质量推进基层社会治理共同体发展，需要从宏观政策、中观组织以及微观个体层面的生态系统综合进行。通过夯实基层政治、生活与生产单元，发展多元化产业，激发共同体单元在县（区）—镇街—村社系统中的张力。锚定以基层政府组织改革为动力，以县市、镇街、村居（社区）为三级网络管理体系，以城乡传统多元主体为协同组织力，以信息化、智能化与数字化新技术带动系统化发展。优化行政手段，有机融合法治刚性治理与情感文化、社会资本构建等柔性治理的生态系统。重塑个体生活共同体理念，共同体有效构建实践应以"优势主导权责赋能"为核心，通过法律、技术、文化等保障共同体协同构建和效能的有效发挥。

本书将理论和实践融为一体，在对已有的管理学、社会学、心理学等学科领域的相关理论进行梳理并交叉融合的基础上，探讨新时代中国特色基层治理中的多元主体多层级合作的行动逻辑与实践经验，有利于在新时代进一步加强对基层多元主体治理能力的建设。一方面，顺应了中国基层治理现代化推进过程中，夯实基层党组织凝聚力、战斗力，以及高质量发展基层经济与社会治理等现实国情需求；另一方面，在新时代新背景下，信息化、智能化等新的信息技术也一起塑造着中国基层治理的生态系统，基层治理主体在实施基层治理创新时面临新机遇和新挑战。因而，对中国基层治理主体行动逻辑现状进行调查梳理，并挖掘中国特色党建有效引领基层治理创新的理论逻辑；以马克思主义理论中国化、时代化、本土化创新为指导思想和行动指南，有助于完善基层多元主体协同创新与发展的框架，有助于讲好中国特色基层干部能效发挥故事，有助于在复杂多变的环境下凝练出中国基层治理创新特色观点与理论方案，并尝试探索中国特色基层社会治理共同体建设的话语体系。

由于时间和笔者水平所限，书中难免存在疏漏之处，还请读者多批评指正。

目 录

第一章 导论 …………………………………………………………（1）
  第一节 问题提出与选题意义 ………………………………………（1）
    一 问题提出 ……………………………………………………（2）
    二 选题意义 ……………………………………………………（3）
  第二节 文献综述与现状评述 ………………………………………（3）
    一 文献综述 ……………………………………………………（3）
    二 现状评述 ……………………………………………………（5）
  第三节 研究目标与总体框架 ………………………………………（6）
    一 研究目标 ……………………………………………………（6）
    二 总体框架 ……………………………………………………（6）
  第四节 研究方法与资料收集 ………………………………………（9）
    一 研究方法 ……………………………………………………（9）
    二 资料收集 ……………………………………………………（10）
  第五节 创新之处与可能的局限 ……………………………………（11）
    一 创新之处 ……………………………………………………（11）
    二 可能的局限 …………………………………………………（11）

第二章 基层治理的个体实践者行动场域 …………………………（12）
  第一节 基层执法类公务员基层治理的行动逻辑与实践 …………（12）
    一 基层执法类公务员概念角色 ………………………………（12）
    二 县区执法类公务员基层治理逻辑 …………………………（14）
    三 县区执法类公务员基层治理行为逻辑影响因素调查 ………（15）

第二节 镇街、村居干部基层治理的行动逻辑与实践 …………（56）
　一 镇街、村居干部角色概念 ……………………………（56）
　二 镇街、村居干部进行基层治理的逻辑 ………………（57）
　三 新时代镇街、村居干部基层治理行动逻辑调查 ……（59）
　四 基层干部绩效考核与治理成效的案例分析 ………（100）
第三节 社区工作者等参与基层治理的行动逻辑与实践 …（114）
　一 社区工作者等角色定位 ……………………………（114）
　二 社区工作者等参与基层治理的逻辑 ………………（115）
　三 社区工作者等参与基层治理的现状调查 …………（116）
第四节 新的社会阶层人士参与基层治理的行动逻辑与
　　　实践 …………………………………………………（122）
　一 新的社会阶层人士角色与治理影响因素 …………（122）
　二 新的社会阶层人士参与基层治理的困境与逻辑 …（125）
　三 新的社会阶层人士参与基层治理创新
　　　实践与案例 …………………………………………（127）

第三章 新时代基层治理的多元典型组织主体实践
　　　场域研究 …………………………………………………（134）
第一节 村（居）委会参与基层治理的行动逻辑与实践 ……（134）
　一 村（居）委会角色与治理行动逻辑 …………………（134）
　二 新时代社区居委会基层治理的实践创新案例 ……（138）
第二节 社区业委会参与基层治理的行动逻辑与实践 ……（145）
　一 社区业委会角色与治理行动逻辑 …………………（145）
　二 新时代社区业委会参与基层治理的实践与启示 …（147）
第三节 志愿者组织参与基层治理的行动逻辑与实践 ……（155）
　一 志愿者组织角色与治理行动逻辑 …………………（155）
　二 志愿者组织参与基层治理的实践案例 ……………（159）
　三 志愿者组织参与基层治理创新启示 ………………（160）

第四章　新时代党建引领基层多元主体多层级共治：个体与组织协同视角 (165)

第一节　新时代基层社会治理多元主体共治的整合困境 (166)
一　基层治理组织结构内卷化与碎片化 (166)
二　治理评价机制滞后 (169)
三　治理资源整合缺乏协同性 (169)
四　超载治理负向后果日益凸显 (170)

第二节　党建引领基层治理优势：个体与组织整合的视角 (170)
一　"超行政"治理：以"政治"激活"共治" (170)
二　发挥多层级、多主体全方位精准激励 (172)
三　党组织的"场结构"嵌入与整合 (172)

第三节　新时代基层多元主体多层级合作共治模式 (173)
一　依从型结构模式 (174)
二　悬浮离散结构模式 (175)
三　竞合结构模式 (176)

第四节　数字化赋能基层公共文化服务 (178)
一　数字化转型背景下基层治理面临的问题 (179)
二　数字赋能基层治理动力机制 (181)
三　数字化赋能基层公共文化服务的应用现状 (183)
四　数字化赋能提升基层公共文化服务策略 (185)

第五章　走向共生共富：以 JN 市 SJX 村多元主体协同治理模式变迁为例 (188)

第一节　历史回溯——脱贫攻坚的多元主体探索之路 (189)
一　脱贫致富环境分析 (189)
二　脱贫攻坚的多元主体分析 (190)
三　多元主体协同创新脱贫攻坚换新颜 (194)

第二节　改革进行时——多元主体协同共富何以可能 (194)
一　数字新时代背景下多元主体利益如何整合 (194)
二　数字化转型赋能，协同共富改革进行时 (195)

三　党建引领治理体系完善，三治融合助力社会
　　　　　和谐稳定 ………………………………………… (196)
第三节　SJX 村多元主体协同治理改革模式探究 ………… (198)
　　　一　为有源头活水来：可持续发展的模式调整机制
　　　　　探析 ……………………………………………… (199)
　　　二　多元主体共治可持续发展的模式特点 ………… (201)
　　　三　多元主体共治可持续发展的模式调整机制整合设计 …… (202)
第四节　多元主体多层级协同共治改革模式优化调整对策 …… (206)
　　　一　链接市场与人民需求，实现乡村治理多元主体
　　　　　协同发展 ………………………………………… (206)
　　　二　立足国家政策导向，完善有效落实政策机制 ………… (207)
　　　三　健全党建引领协同机制，形成共治促共富格局 ………… (209)

结　语 …………………………………………………………… (211)

参考文献 ………………………………………………………… (214)

附　录 …………………………………………………………… (227)

后　记 …………………………………………………………… (243)

第一章

导 论

据中国互联网络信息中心于 2021 年 8 月发布的《中国互联网络发展状况统计报告》,截至 2021 年 6 月,中国网民规模达 10.11 亿人,较 2020 年 12 月增长 2175 万人,互联网普及率达 71.6%。网络化影响着新型社会形态的形成,同时信息化、智能化等也一起塑造着中国基层治理的生态系统。随着中国进入经济社会高质量发展的新时代,互联网、大数据、信息化、智能化等深深地影响着人们获取信息与做出选择判断的方式和渠道。新技术的发展为基层多元主体参与基层治理创新提供了机遇和挑战,亟须厘清基层多元主体多视角的行动逻辑及实践机理。党的二十大报告指出,完善网格化管理、精细化服务、信息化支撑的基层治理平台,健全城乡社区治理体系,及时把矛盾纠纷化解在基层、化解在萌芽状态。这为结合数字化新时代特点,探究基层社会治理多元主体行动逻辑,厘清基层治理主体个体层面和组织层面的逻辑关系与实践路径,与时俱进推动基层治理高质量发展提供了指引。

第一节 问题提出与选题意义

当前,以信息化、智能化、网络化为特征的数字化技术正加速推进基层治理。在此背景下,数字化技术在基层治理领域的应用,给基层社会治理的多元主体带来新挑战。基层政府如何将数据的共享机制与标准化数据信息有效链接,进一步加强基层各个部门、各个主体间的统筹协作,有效突破基层治理中信息碎片化的短板;基层领导干部如何有效及时地捕捉到群众需要的信息并及时将信息反馈,汇入政府基层公共服务决策之中，提高公共服务的精准化；镇街村居干部如何科学有效地调动基层多元主体协同参与基层治理的积极性；基层各种社会组织、新的社会阶层人士、社区志愿者、社区居民等多元主体如何适应数字化时代新趋势，有效参与到基层社会治理之中；新时代基层社会治理多元主体如何协同共治，以达成有效的基层社会治理；等等。本书通过厘清基层社会治理多元主体行动逻辑，并整合近几年来相关的基层治理实践经验，尝试对上述问题进行回应并提出解决对策。

一　问题提出

党的二十大报告指出，要建设人人有责、人人尽责、人人享有的社会治理共同体。[①] 基层社会治理对于落实党的政策方针要求有着重要影响，基层治理效能直接影响着政策的落实和党在基层的生命力。党的十九大以来，党中央高度重视基层工作，党建引领取得重大进展，同时也要看到基层治理中存在许多问题需要解决。基层党组织是中国基层治理顺利推进的保证，要发挥团结、动员群众的作用，重点提升党组织的组织力，推动改革，打造共建共治共享的社会治理新格局。基层党组织是党开展工作的根基，是党保持生命力和战斗力的基础。基层党组织的优势在于密切联系群众，因此基层党组织更要承担起基层社会治理工作领导者的责任。习近平总书记提出，"要把加强基层党的建设、巩固党的执政基础作为贯穿社会治理和基层建设的一条红线"[②]，"我们党必须以党的自我革命来推动党领导人民进行的伟大社会革命"[③]。探讨研究基层社会治理创新路径，以及基层各治理主体协同共治的可行性，并分析中国基层治理中存在的问题，对于切实提高基层治理效能和促进基层治理高质量发展具有重要意义。

[①] 习近平：《高举中国特色社会主义伟大旗帜　为全面建设社会主义现代化国家而团结奋斗——在中国共产党第二十次全国代表大会上的报告》，人民出版社2022年版。
[②] 《习近平关于社会主义社会建设论述摘编》，中央文献出版社2017年版，第129页。
[③] 《习近平著作选读》第二卷，人民出版社2023年版，第101页。

二 选题意义

（一）理论意义

从跨学科视角，尝试将协同治理理论、共生理论、人力资本理论等与中国基层社会治理的国情相融合，挖掘中国特色党建有效引领基层社会治理共同体建设的理论逻辑；以马克思主义理论中国化、时代化、本土化创新为指导思想和行动指南，跨学科探讨梳理推动基层社会治理融合发展的理论脉络框架，总结基层治理发展的经验。

（二）学术价值

在传统文献研究的基础上，结合访谈法与案例研究法，以及问卷调查法与数据整理，从量化群体层面与质化典型个体层面，将点、线、面结合，综合探究新时代互联网、大数据以及人工智能技术等应用到基层治理实践的优化路径，探索基层治理个体与组织高效协同共治的理论逻辑和具体成效，为新时代科学解决基层治理在数字化新形势下出现的新问题，推动建设高质量的基层社会治理共同体提供实践支持，为地方政府决策提供参考。

第二节　文献综述与现状评述

一　文献综述

基层社会治理是指基层特定的多元治理主体对基层社会诸多公共事务的治理，中国共产党是基层社会共同体生成及效能发挥的主导力量；基层社会治理的根本目标是服务人民群众的根本利益；基层治理遵循依法治国基本方略下的多元主体协同共治；基层治理的整个流程都是在全过程人民民主的制度与情境中实施等。

（一）基层社会治理多元主体联动的渊源与衍化

吉登斯（Anthony Giddens）认为，复兴共同体的召唤蕴含着社会团结的诉求；滕尼斯（Ferdinand Tönnies）认为，共同体由血缘、地缘和宗教等要素构成，共同的地域特征是物质基础；亨廷顿（Samuel P. Huntington）

认为，道德和谐性与互惠互利性原则以及制度化是共同体三要素。① 网络化社区治理"社会响应能力"的共同体是由社区驱动的基于生态系统的管理和环境可持续发展的联动体，涉及地方知识、集体行动和赋权等。社会治理共同体是各种联动集合体。② 城乡"治理共同体"概念正在走出"滕尼斯迷思"。③ "动态变迁社会"中的多元、分阶层的主体寻求社会团结的趋向，是平衡相嵌于社会融合、国家认同、网络共享的联合体。

（二）基层社会治理微观个体行动逻辑研究

基层社会治理微观主体层面表现为干部能力④与工作效率⑤，职位匹配状况与薪酬激励⑥，职业素质提升等⑦。随着国家治理现代化发展，城乡基层治理体系完善和治理能力现代化成为关注的问题。⑧ 研究基层治理的早期西方学者就基层治理的社会影响进行指标测评，将个体治理能力分为经济、社会发展与稳定性、福利、技能的发展、工作和生活的平衡等方面，得出内在动机在很大程度上影响个体能力。干部职业召唤受组织环境、上级信任、领导职级与教育层次等因素影响，遵循使命感的员工具有更强的创新能力，从而影响能效。⑨

（三）基层社会组织参与社区治理研究

（1）将基层社会空间与社会心理服务供给整合，推动基层社会治理创新。城乡社区、"两新组织"、国有企业以及高校的基层党组织将引领

---

① ［美］塞缪尔·P.亨廷顿：《变化社会中的政治秩序》，王冠华等译，上海世纪出版集团2008年版。

② 郁建兴：《社会治理共同体及其建设路径》，《公共管理评论》2019年第3期。

③ 吴晓林、覃雯：《走出"滕尼斯迷思"：百年来西方社区概念的建构与理论证成》，《复旦学报》（社会科学版）2022年第1期。

④ L. M. Spencer, S. M. Spencer, *Competence at Work: Models for a Superior Performance*, New York: Wiley, 1993.

⑤ 李明斐：《公务员胜任力模型的构建与检验研究》，博士学位论文，大连理工大学，2006年。

⑥ 方振邦、葛蕾蕾：《我国正处级领导职务公务员能力构建》，《山东社会科学》2012年第10期。

⑦ 刘振军：《公务员职业能力建设的内涵、意义及路径探析》，《广东行政学院学报》2014年第6期。

⑧ 胡晓燕、曹海军：《社区治理体系和治理能力现代化的思考——基于国家基层政权建设的微观视角》，《经济问题》2018年第1期。

⑨ 张跃、杨旭华、陈娜：《职业召唤对建言行为的影响机制研究》，《中国人力资源开发》2018年第9期。

组织体系—机制优化,达成功能整合—资源支持—能力提升的创新理论与经验。(2)强化"大党建"引领作用,嵌入基层社会治理的"微实事"办理制度与议事协商机制。"大党建"与基层治理建设结合,科学把握"大党建"发展演变的规律。[1] (3)基层社会赋权赋能引领创新机制融入基层治理发展制度体系。激励民众参与政策制定与执行,发挥情感治理作用,结合传统动员型参与,兼顾非制度化和精英主义倾向等参与方式,引领城乡协同治理。[2]

(四)基层社会治理个体—组织整合发展路径研究

(1)多元主体联动促进基层社会治理。围绕城乡居民、基层政府、镇街社区、基层企业、城乡经济合作社和行业协会等社会组织、社区物业管理委员会等主体之间的互动共同体"协同运作"模式展开基层治理。[3] (2)以公共精神、责任与保障机制整合共治效能。基层多元主体自身可参照责任框定、协同创新保障体系,公共精神价值重塑等层面整合共治效能。[4] (3)以顶层政策的有效执行,创平台、健全法治机制等促进整合发展。在县级层面搭建互融互促的总平台,在乡镇街道打造协商平台,在村社找准多元主体参与服务的补位渠道,以点带面建立长效机制;提升融合发展法治化水平和信息化建设及治理要素的赋能型治理。[5]

二 现状评述

综上所述,已有研究对基层社会治理主体行动机制框架、建设路径

---

[1] 滕玉成、臧文杰:《"差序—协同":基层治理主体间关系的意涵与逻辑》,《求索》2022年第1期。

[2] 王佃利、孙妍:《脱域流动与情感共生:城乡融合发展中基层社会治理共同体的构建何以可能——基于空间与治理互塑视角的分析》,《广西师范大学学报》(哲学社会科学版)2022年第3期。

[3] 田毅鹏、苗延义:《"吸纳"与"生产":基层多元共治的实践逻辑》,《南通大学学报》(社会科学版)2020年第1期。

[4] 文宏、林仁镇:《城市基层治理共同体建构中的情感生成逻辑——基于佛山市南海区的实践考察》,《探索》2022年第5期。

[5] 何得桂、公晓昱:《农业价值链视角下小农户融入社会化服务体系的有效实现路径》,《农村经济》2021年第11期。

等方面做了较为深入的分析,为本研究提供了参照。已有研究的不足体现在:(1)跨学科对基层社会治理个体与组织关系的中国特色理论研究尚显不足,本研究预期对基层社会治理多元主体共治发展理论进行一定的补充。(2)关于基层社会多元主体协同治理高质量发展的实践研究付之阙如。已有研究虽关注基层治理多元主体协同与诸多资源整合问题,但是关于如何有效激发基层社会治理共同体发挥效能的内在动力机制尚未深入挖掘。本研究预期在此方面结合新兴数字化技术应用,探索党建引领基层社会治理共同体建设的内在逻辑和具体实现路径,对已有研究提供新的实践支持。

第三节 研究目标与总体框架

一 研究目标

第一,梳理基层社会治理多元主体协同共治的内在逻辑与有效模式,挖掘基层治理高质量发展的有效机制,破解基层社会治理融合发展的短板和弱项,推动基层治理主体协同共治发挥治理效能的理论建构。

第二,结合推进基层社会治理融合发展的基本规律和特点,力图为构建具有科学性和操作性的作用机制提供理论和现实依据,探讨基层社会治理多元主体协同共治发挥治理效能的推进路径。

第三,厘清基层社会治理共同体高质量发展的动力机制与有效路径,探究中国特色基层社会治理共同体的生成逻辑与效能发挥策略。

二 总体框架

(一)理论依据

1. 协同治理理论

协同治理的含义:多个公共部门,以共识为导向,将非国家的利益主体纳入基层正式治理,并协商集体决策的过程。这一过程旨在制定并实施公共政策,抑或对公共项目或资产进行协同管理。本书的基层多元主体协同治理倾向于狭义概念,指的是为解决基层问题与冲突,基层公共部门、基层多元利益群体以及公民之间形成合作的一种技术。① 对公共事务中的参与协商进一步深化，扩大民主一致的范围。

2. 街头官僚理论

街头官僚泛指最前线的政府基层公务员，在西方，典型的街头官僚包括警察、社会工作者、公共福利机构的工作人员和收税员等。参照《中华人民共和国公务员法》，中国街头官僚是指直接面对公民，按照国家法律、法规，实施管理的国家基层公务员，可将中国基层行政执法类公务员纳入典型的"街头官僚"的范畴，包括行政机关的基层部门中直接履行行政监管、行政处罚、行政强制、行政稽查等现场执法职责的公务人员（如交警、城管等），他们具有普适性和适当弹性自由裁量权。这就为行政主体留下了相当大的操作性空间。②

3. 人力资本理论

柏拉图（Plato）作为古希腊思想家，最早认识到人的教育与训练可构成资本价值。后来亚当·斯密（Adam Smith）认为，劳动力是劳动者后天习得的有用能力，它是经济进步的主要力量，可由私人出于追求利益的投资行为来完成，也可由国家推动、鼓励甚至强制全体国民接受最基本的教育来完成。费雪（Irving Fisher）首次提出人力资本的概念，沃尔什（Joseph Leonard Walsh）在《人力资本观》中指出，教育投资符合一般资本投资的性质。美国经济学家舒尔茨（Theodore W. Schultz）和贝克尔（Gray S. Becker）将"人力资本"引进到经济学分析之中，明塞尔（J. Mincer）、贝克尔从理论上解释了人力资本的性质以及人力资本投资行为，并将新古典经济学的基本工具应用于人力资本投资分析。基于新经济增长的人力资本理论主要代表人物包括罗默（Paul M. Romer）、卢卡斯（Robert E. Lucas, Jr.）等，他们认为将人力资本外溢效应模型与内部效应相结合。一个拥有较高人力资本的人，对他周围的人会产生更多的有利影响，并提高全社会的生产率。总之，人力资本是体现于劳动者身上的

---

① 吕文增、季乃礼：《治理模式的多样性与发展序列》，《甘肃行政学院学报》2018年第4期。

② 李旭琴：《街头官僚自由裁量权规范化行使的伦理路径解读》，《内蒙古农业大学学报》（社会科学版）2009年第11期。

由智力、知识、技能和健康状况以及学习过程和技术效应综合构成的资本，它是经过长期性投资动态形成的。

人力资本理论对基层治理主体影响体现在以下方面。（1）基层治理各主体是基层政府管理过程中的重要人力资本。由于人力资本同物质资本一样具备稀缺性和能够增值的能力，对基层治理各主体进行知识技能培训与开发，可总体提升其增值能力从而提升其基层治理能力。（2）基层治理主体差异会使得存在资本投资最优化差异。人力资本理论认为，投资不同能力基础的人会产生不同的收益，体现在个体身上是不同的能力特征。因而基于人力资本差异性的投资，必会带来差异化的最大投资回报，促进不同岗位、职位的基层治理主体发挥不同的作用，从而优化基层人力资本结构。（3）基层治理主体是一个庞大的基础群体，对其进行人力资本投资会促进这一群体治理能力提高，从而最终使得带动这一群体所治理的领域全体劳动者能力的提高。

4. 社会资本理论

"社会资本"概念从20世纪70年代开始就受到了社会科学界很多学者的关注和研究。其本质上是一种社会结构资源，是个人拥有的资本财产。埃莉诺·奥斯特罗姆（Elinor Ostrom）认为社会资本是自然、物质资本和人力资本的必要补充，是在个人结成群体并经常性活动的互动关系中形成的共享知识、规范、理解、规则和期望。[1] 社会资本是一种存在于社会结构关系中的资源，其基础核心要素就是信任关系。[2]

5. 共生理论

共生理论最初属于生物学领域范畴，具体而言是在特定共生环境中，各共生要素单元按照特定模式形成的相应关系。后来诸多学科（如管理学、社会学、政治学等）与该理论融合，从而超越了已有理论局限。其中，共生环境是指各个共生主体所在的自然地理空间样貌、社会经济发展状况以及当地政策与已有的交通地理优势等；共生单元即共生主体，是构成共生关系最基本的生产和交换单元要素，在本书中具体包括政府、

---

[1] ［美］埃莉诺·奥斯特罗姆：《流行的狂热抑或基本概念》，载曹荣湘选编《走出囚徒困境——社会资本与制度分析》，上海三联书店2003年版。

[2] 燕继荣：《社会资本与国家治理》，北京大学出版社2015年版。

城乡基层社区、社会组织以及社区居民等；共生模式涉及共生主体通过一定形式相互作用而形成的共生组织模式和共生行为模式，在基层治理创新领域的共生模式，即指基层多元主体生产、交换以及协同治理的组织模式与行为模式，组织模式与行为模式之间通过共生界面将协同治理创新联结。

（二）思路框架

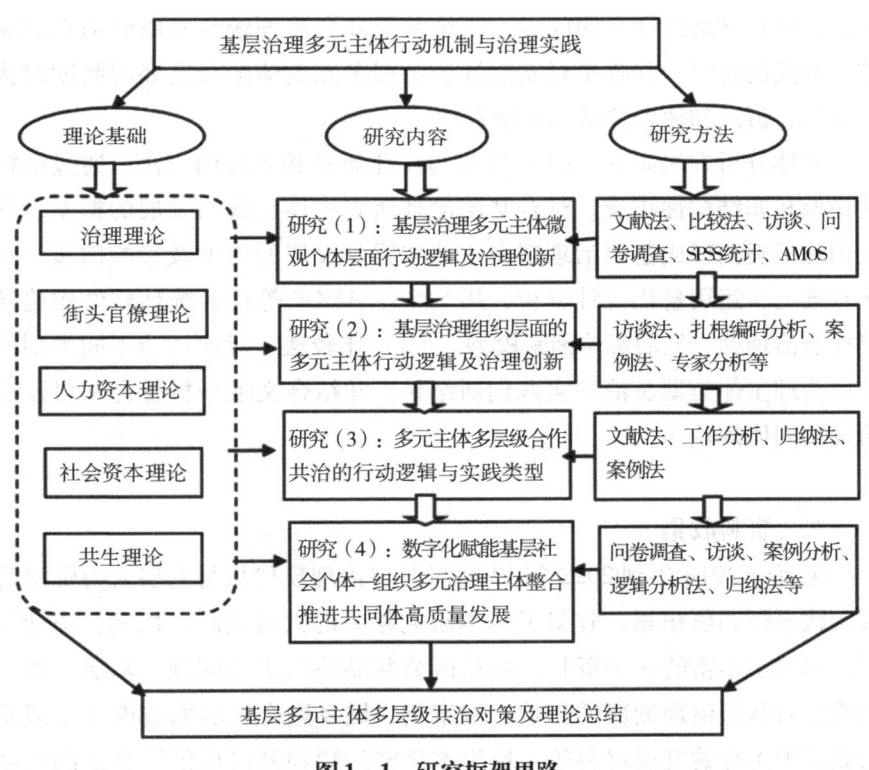

图1-1 研究框架思路

第四节 研究方法与资料收集

一 研究方法

本研究以文献法、观察法和案例法、深度访谈法、问卷法等田野调查法收集资料。(1) 文献法。围绕研究主题，收集资料、政策法规等文献资料。(2) 观察法和案例法。观察分析基层社会治理诸多主体发展过程及影响因素，筛选出经典基层治理创新个案。(3) 深度访谈法。对调查点内各类基层社会治理主体（如基层执法类公务员、镇街乡村干部、社区工作者、普通居民、基层政府负责人、社会组织负责人、新阶层人士等）进行深度访谈，掌握和了解各类基层治理主体参与基层治理的资源互动，掌握现有发展模式的优点和困境。(4) 问卷法。在访谈的基础上，有针对性地设计专题问卷，收集基层社会治理融合发展驱动系统和整合方式的材料，并收集对基层社会治理多元主体融合发展的制度建构的认知、诉求和评价等基本数据资料。

具体分析方法如下。(1) 量化与质化研究相混合的方法。通过结构性访谈和非结构性访谈，整合基层治理诸多主体实践与发展的框架，并运用扎根理论形成基层治理诸多主体实践与发展的维度及影响因素。在此基础上，运用量化统计分析，用 SPSS、AMOS 等社会统计软件构建基层社会治理融合发展影响因素模型。(2) 比较法。对比访谈不同类型的基层治理主体类型及治理实践创新结果，并结合文献分析整合基层社会治理共同体理论。

二 资料收集

笔者于 2018 年到 2022 年 12 月对基层治理现代化与基层人力资源管理实践进行调研积累，收集了与本研究相关的大量文献、档案、统计资料，掌握了丰富的一手资料，如社区公共品协同供给问题，基层干部治理能力对基层治理创新的影响过程案例，城乡融合发展的政府主导或基层党组织主导的发展材料等，均为本研究的顺利开展提供了良好的前期准备。总计进行问卷调查 2200 多份（包括基层执法类公务员样本等），访谈对象 92 人（包括基层执法类公务员、镇街村居干部、社区工作者、网格员、社区志愿者以及社区居民等）。

第五节 创新之处与可能的局限

一 创新之处

（一）学术思想与学术视角创新

从跨学科视角，尝试将街头官僚理论、社会资本理论等与基层社会治理的国情相融合，跨学科从个体与组织以及整合的视角进行探讨，分析基层社会治理个体与组织层面的行动逻辑以及对治理实践的影响，厘清基层治理共同体高质量发展的理论脉络框架。

（二）研究方法创新

在传统文献研究的基础上，结合访谈法与案例研究法，以及问卷调查法与数据整理，从量化群体层面与质化典型个体层面，点、线、面结合，探究推动基层社会多元主体共治发展的现实路径。

二 可能的局限

（1）在基层社会治理中涉及个体层面和组织层面的影响因素中，筛选关键因素是研究的难点，因为选取过程中存在一定的主观性。虽然认真进行调查、修正以确保评价的独立性和统一性，但个人实践与能力所限，因素提取肯定不全面。（2）在为了应对疫情而封控社区的情况下，基层社会治理各主体的行动机制经典案例不够充分。

第 二 章

基层治理的个体实践者行动场域

第一节 基层执法类公务员基层治理的
行动逻辑与实践

基层公务员是身处一线的公务员队伍中的一部分，为便于研究，学术界通常将基层公务员定义为在较低层级的机关单位工作任职的在编公务人员。参考以往研究，本研究将基层公务员界定为在乡镇、街道或县级（包含县级市）、区级各部门工作的非领导职务、科级及以下的公务人员。从整体来看，基层公务员总体数量庞大，而各地区具体人数存在差异。作为政策的最终执行者，基层公务员在国家治理中扮演着十分重要的角色。由于基层覆盖范围广，具体事务庞多且繁杂，基层党政工作不可避免地存在任务重、事务多、压力大等特点。近年来，随着"基层减负"的号召，这些问题虽然得到缓解，但依旧存在。本章的基层执法类公务员指的是狭义范围，是县区一线科级以下的有执法权的交警以及市场监管范畴与群众直接打交道的正式编制的公务员。

一 基层执法类公务员概念角色

执法类基层公务员除了严格执法，还要有民主的行动，不能将思想局限于政府单纯为公民提供服务。传统服务观点只是简单地强调政府为公民提供服务，在传统观念的语境下，公民变成了消费者，公民的作用就仅仅是对政府提供的服务进行消费与评价。公共利益不是由政府决定的，而是在不断对话中产生的，公民参与治理的意义就是确定公共利益，这就是行动上的民主性。新公共服务理论认为，政府的责任具有多样性，其中包括专业责任、法律责任、政治责任、民主责任、行政责任和经济责任，强调能对公民的需求做出及时有力的回应，因此引导公民参与对话、治理、表达自己的诉求就十分必要。新公共服务理论认为，如果不重视基层执法类公务员本身所肩负的公共利益实施职责，而只是单纯注重政府工作人员工作的绩效、效率，希望用可视化指标和考核标准来约束甚至控制政府工作人员，这往往导致失败，甚至造成错位的政绩观，因为忽视了政府工作人员本身的价值和利益。要让基层公务员为人民负责，新公共服务理论认为需要将权力下放，要让基层执法类公务员引导民众在一件件实事中参与决策，有助于提升其责任感和主体意识，有助于激发其积极性和满足感。

（一）概念与定位：街头官僚还是人民调解员？

行政执法类基层公务员具有一定的自由裁量权，但在现实中也面临诸多职业相关问题，主要表现在有些人职业发展目标缺乏与职业困惑、职业信仰与服务意识匮乏、缺少责任意识、工作激情与创新意识不高等方面，需要建构行政执法类公务员的素质提升机制。①

人民调解是非诉讼纠纷解决方式，是化解矛盾纠纷的"第一道防线"。作为行政执法类基层公务员，对自身的定位是街头官僚还是人民群众的调解员，从本质上体现了是官本位还是以人民为中心的理念，影响基层行政执法类公务员的执法方式与为人民服务的效果。

（二）执法方式与"三治融合"治理效果

基层执法类公务员采用强制式、民主式还是家长式执法方式，以及自身所具备的法治素养，会对基层治理的效果产生深远影响。基层公共法律服务体系如何支撑服务基层的自治、德治和法治，其中的基层民主自治是人民当家作主的最直接形式，是社会主义民主政治的基础，保障群众在选举、决策、管理、监督方面的民主权利，充分调动基层人民广泛参与基层治理的主动性与创造性。只有充分协调好法治、德治和自治的关系，坚持以人为本、服务为先，以人民满意为根本标准，以群众工作为基本方法，才能切实解决好基层治理的"最后一公里"问题。

---

① 周美雷：《行政执法类公务员职业发展问题刍议》，《中国人事科学》2018年第11期。

二 县区执法类公务员基层治理逻辑

（一）自由裁量权与情感治理

基层执法类公务员执行所涉及的自由裁量权问题，本质上是"权力本位"还是"为民服务本位"的基准与边界问题。偏向于权力合法有效，还是偏向于民众的"权利本位"，基层执法类公务员行政执法的理念差异以及在信息、资源和权力等方面的优势，使得其在处理不确定的问题时一般会行使其"裁量权"：是以快速执行出效果还是满足社会大众需求作为其主要目标？借助基层执法的政策实施，基层公务员应该正向影响社会大众心理，激发基层民众情感和价值认同，扩散共同的道德情感共鸣，有序推进基层执法类公务员和城乡社区居民更加自愿自觉地执行或配合执行政策。减少或者消除"政策执行停滞化"，① 使得政策目标群体基于深度情感认同，对公共政策执行予以配合与监督，达成基层治理高质量发展。

（二）差序—协同的网络基础

基层治理主体间良性互动是构建基层治理新格局、实现基层治理现代化的重要保障。当前基层治理各主体的关系互动还存在一定程度的困境，基层党组织、基层自治组织、社会力量等基层治理主体，因角色、地位与运行机制的差异，遵循"差序—协同"关系。在以网络组织为基础的彼此互动中，从认知层面归因，关系互动困境源于主体认知偏误和关系认知偏误，在关系构建和互动中，依据亲疏远近关系差异，彼此求同存异，寻求实现共同目标，着力形成与"差序—协同"关系的生成互动逻辑相匹配的衔接机制、责任机制、协调机制、引领机制、动员机制、保障机制等有效实现机制。②

（三）数字化赋能的双刃剑

数字科技的快速发展为社会治理赋能、优化社会治理模式、促进基

---

① 宋雄伟：《基层执行裁量权的生成机理及治理之道》，《中国经济时报》2017年6月2日第4版。
② 滕玉成、臧文杰：《"差序—协同"：基层治理主体间关系的意涵与逻辑》，《求索》2022年第1期。

层社会治理科学化提供了条件，主要体现在如下方面。(1) 基层社会治理通过关联网络数据，掌握更多实情，便于汇聚民智，提高决策的科学性。(2) 加快基层社会治理高效化，信息技术可以打破时空限制，提高获取实时数据便捷性的同时，也提高了基层治理决策效率。(3) 提升基层公共服务精准化。以往信息不对称、反馈信息响应迟滞等问题影响了公共服务的精准性，数字化新技术为基层精细化社会治理提供技术支撑。(4) 推进基层公共服务便捷化。随着数字技术的更新换代，社会治理模式也得到不断创新，这就提升了基层公共服务便捷化水平。利用现代大数据技术，进行数据共享、筛查核对、交叉比对领取养老保险待遇人员信息，将以前的"人找政策"转变为"政策找人"，让广大群众少跑腿，赢得群众的广泛认可。只有将社会治理数字化技术转型和优化社会治理体制相结合，才能提高社会治理现代化水平。

数字化新技术也给基层治理带来新挑战。(1) 大数据背后的算法越来越复杂，当工具理性超过价值理性时，在一定程度上影响实际社会治理成效，应适当管控避免出现风险。(2) 数据共享会出现安全和隐私保护问题，应该采取防控措施，以避免数据泄露风险或者使用不当的问题。(3) 网络扩散效应的不利影响。网络扩散的舆论良莠不齐，审核不严就会出现舆论的大旋涡。

三 县区执法类公务员基层治理行为逻辑影响因素调查

(一) 执法类基层公务员组织支持感、工作倦怠与工作投入关系的问卷调查

1. 引言

工作倦怠是指个体处于紧张压力状况下，出现的情绪耗竭与工作成就感降低的综合表现。[①] 新时代行政执法人员，工作倦怠出现了新特点，如何与时俱进提高行政执法人员组织支持感，降低工作倦怠仍是组织管理领域的重中之重。执法类基层公务员作为典型的行政执法人员，职业压力大、加班多、环境差、与民众互动频繁，更容易出现工作倦怠。当

[①] C. Maslach, W. B. Schaufeli, M. P. Leiter, "Job Burnout", *Annual Review of Psychology*, Vol. 52, No. 1, 2001.

前对基层执法类公务员群体工作倦怠的研究日益增多，但多数仅停留在宏观描述及个体层面，①从组织层面进行研究的很少。而组织在投入资源提高员工工作积极性方面具有直接与间接作用，高水平组织支持感向员工传递组织重视其工作投入，并给予这些积极工作行为以奖励，公共部门人力资源管理的强度、效率与组织支持机制密切相关。②当前缺乏将个体层面工作投入与组织层面支持综合起来，细化深入探讨基层执法类公务员工作倦怠的研究。基层执法类公务员作为一线执法的街头官僚，提高其工作投入与降低其工作倦怠，才能有效树立基层政府执政形象与提升执法效率。探讨组织支持感在工作投入与工作倦怠之间的内部心理机制，有利于行政执法人员有针对性地降低工作倦怠并提供相应对策。

2. 理论文献综述与研究假设提出

（1）工作投入与工作倦怠

对工作投入的相关研究涉及多个角度，较早对其界定是从资源投入角度进行的。工作投入体现了组织成员对工作的投入认知、情感与行动。W. B. Schaufeli 等从完成工作的积极心理过程角度，将工作投入分为活力（为工作积极投入精力）、专注（长时间沉浸工作）、贡献（挑战困难实现理想）三个维度，根据这三个维度编制的工作投入问卷得到广泛应用。③有的研究从工作特征角度出发，探讨公务员工作投入、责任自主性对工作倦怠的影响。④依据行政执法部门本身的制度性特点，结合基层执法类公务员的工作投入认知、情感及行为与自主性进行分析，发现基层执法类公务员自身在执法过程中持续投入精力，挑战各种未知困难、专注于工作等敬业行为会降低情绪耗竭、非人格化与低工作成就感。目前对于组织支持感、工作投入和工作倦怠的研究主要集中在企业员工当中，

---

① 李冰：《新形势下行政执法人员工作倦怠研究及对策——基于山东省高速警察的实证分析》，《中国行政管理》2014 年第 10 期。

② 邵芳、樊耘：《人力资源管理对组织支持动态作用机制模型的构建》，《管理学报》2014 年第 10 期。

③ W. B. Schaufeli, A. B. Bakker, "Job Demands, Job Resources and Their Relationship with Burnout and Engagement: A Multi-sample Study", *Journal of Organizational Behavior*, Vol. 25, No. 1, 2004.

④ 朱立言、胡晓东：《我国政府公务员之工作倦怠研究》，《中国行政管理》2008 年第 10 期。

而对公共组织的人员研究较少。本研究主要讨论 SD 省 JN 市基层执法类公务员工作倦怠、组织支持感、工作投入之间的关系。

综合上述分析，本研究假设如下。

假设1：基层执法类公务员工作投入对工作倦怠起负向作用。

(2) 组织支持感与工作倦怠

组织支持感指的是个体根据自身的感知和体验，对组织在重视成员贡献、关心成员福利程度以及为员工工作和生活方面所提供的支持等方面的总体体验和看法（如采纳员工建议、给予家庭福利等）。[①] 依据社会知觉理论，由于个体知觉器官本身的差异性及社会认知与实践经验的差异性，员工感知到的组织支持感与实际管理者提供的组织支持感是不同的，觉知到的组织支持感是员工对上级管理者与组织提供的所有物质与精神支持，经过复杂心理加工的整体认知和理性评价。基于社会交换理论，组织支持感是双向互惠互利的过程与结果，当员工从组织处感知到经济、情感、社会支持时，就会产生回报组织的态度与行为。[②] 组织支持感的高低往往与个人和单位在物质与情感资源投入方面的认知程度相关，如对服务、地位、信息以及人际关系等方面的支持程度以及沟通程度的认识。基层执法类公务员作为执法群体，其对本单位组织支持的积极认知可形成内在激励力量，从而减少工作倦怠。

综合上述分析，本研究假设如下。

假设2：组织支持感对基层执法类公务员工作倦怠起负向作用。

(3) 组织支持感在工作投入与工作倦怠之间的中介作用

组织支持感体现了员工对组织关心、重视自身价值与贡献并希望组织反馈福利的总体信念。组织支持感对员工决定自身工作态度有重要影响。王桢等认为心理授权可减少情绪耗竭人员的工作倦怠及离职意向。[③] 孙健敏等指出，员工工作投入越少，情感承诺就越低，感知到的组织支

[①] 孙健敏、焦海涛、赵简：《组织支持感对工作投入与工作家庭冲突关系的调节作用》，《应用心理学》2011 年第 1 期。

[②] 杨婷婷、钟建安：《组织内社会交换关系与工作投入：心理资本的中介效应》，《人类工效学》2013 年第 1 期。

[③] 王桢等：《情绪劳动工作人员心理授权与离职意向的关系：工作倦怠的中介作用》，《心理科学》2012 年第 1 期。

持就越少，越容易出现工作倦怠行为。① 张立峰研究得出，组织支持感在人力资源管理强度与工作投入之间起了中介作用。② 在中国行政执法部门，组织支持受传统集体主义文化的影响，在一定程度上可促进组织成员持久投入积极行为并无形中模糊个体与组织的界限，因而在执法过程中高组织支持感的基层执法类公务员往往具有更高的主人翁意识，组织支持感可进一步提升其工作投入与降低其工作倦怠。

综合上述分析，本研究假设如下。

假设3：工作投入对基层执法类公务员组织支持感起正向作用。

假设4：执法类基层公务员组织支持感在工作投入与工作倦怠之间起中介作用。

3. 实证研究设计

（1）研究对象

采用整群随机抽样方式，抽取SD省11个基层执法类公务员部门（包括6个市区大队、2个高速支队、2个车管所、1个直属大队）在岗基层执法类公务员共计800名，删除漏答过多以及态度明显不认真与有典型选择倾向的无效问卷后，获有效问卷720份，有效率为90%。

（2）研究工具与变量测量

①工作倦怠问卷，采用C. Maslach和S. Jackson编制的问卷来测量，分为情绪耗竭、去个性化与低工作成就三个维度。③ 题目举例，"工作让我感觉精神疲惫"。

②组织感支持问卷，采用R. Eisenberger等编制的问卷，共19题。④ 考虑到基层执法类公务员实际情况，删掉3个不符合常识的题项。题目举例，"当我遇到问题时，我能够从单位获得帮助"。

---

① 孙健敏、陆欣欣、孙嘉卿：《组织支持感与工作投入的曲线关系及其边界条件》，《管理科学》2015年第2期。

② 张立峰：《人力资源管理强度对员工敬业度的影响——组织支持感的中介作用》，《沈阳师范大学学报》（社会科学版）2016年第3期。

③ C. Maslach, S. Jackson, "The Measurement of Experienced Burnout", *Journal of Occupational Behavior*, No. 1, 1981.

④ R. Eisenberger et al., "Perceived Organizational Support", *Journal of Applied Psychology*, Vol. 3, No. 1, 1986.

③工作投入问卷，选用 W. B. Schaufeli 等编制的问卷，共 17 个题项。[①] 题目举例，"在工作中，我感到浑身充满了力量"。

④控制变量，在本研究中，控制变量包括性别、工龄、学历和年龄。

运用 AMOS 验证性因子分析量表的结构效度，运用 SPSS 进行相关性分析和描述统计，采用中介回归分析考察工作投入、组织支持感、工作倦怠的关系。

4. 结果

（1）信度与效度检验

工作倦怠问卷总 Cronbach's Alpha 值为 0.86，其中情绪耗竭、去个性化与低工作成就三维度 Cronbach's Alpha 值分别为 0.89、0.87 与 0.89。组织支持感量表的 Cronbach's Alpha 值为 0.92。工作投入问卷的 Cronbach's Alpha 值为 0.96，信度系数均大于 0.8，信度较好。由于所用问卷均是国外发展应用成熟的问卷，在国内也得到广泛应用，因此对三个问卷运用 AMOS 软件进行验证性因素分析以检验其效度。其中，工作倦怠问卷效度分析：$\chi^2/df = 4.073$，$IFI = 0.926$，$GFI = 0.911$，$TLI = 0.927$，$RMSEA = 0.076$；组织支持感问卷效度分析：$\chi^2/df = 4.833$，$IFI = 0.938$，$GFI = 0.914$，$TLI = 0.945$，$RMSEA = 0.078$；工作投入问卷效度分析：$\chi^2/df = 3.542$，$IFI = 0.951$，$GFI = 0.922$，$TLI = 0.953$，$RMSEA = 0.049$。各项拟合指标拟合优度满足 $\chi^2/df < 5$，渐进残差均方和平方根值 $RMSEA$ 小于 0.08，以及 IFI、GFI、TLI 值大于 0.9 的要求。[②] 说明三个问卷结构效度符合测量学要求。

（2）共线性检验

对是否存在共同方法偏差，采用 Harman 单因子分析法，在未旋转条件下采用探索性因素分析得出 6 个因子，最大因子方差解释率为 21.9%，因而本研究共同方法偏差在合理范围内。通过对两个自变量工作投入与组织支持感进行容忍度和方差膨胀因子（VIF）检验来验证共线性问题，结果表明，工作投入与组织支持感容忍度分别为 0.76 和 0.78，VIF 为

[①] W. B. Schaufeli, A. B. Bakker, M. Salanova, "The Measurement of Work Engagement with a Short Questionnaire: A Cross-national Study", *Educational and Psychological Measurement*, Vol. 4, No. 66, 2006.

[②] 邱皓政、林碧芳：《结构方程模型的原理与应用》，中国轻工业出版社 2009 年版。

1.31 和 1.32，远远满足容忍度大于 0.1，VIF 小于 10 的标准。因此变量间的共线性可忽略不计。

(3) 变量人口统计学差异分析

如表 2-1 所示，t 检验表明，在工作倦怠与组织支持感上存在显著性别差异；5 个年龄段在工作倦怠上差异显著（$F = 3.263$，$P < 0.05$），在工作投入、组织支持感上差异不显著。具体而言，在情绪耗竭维度存在显著年龄差异（$F = 3.477$，$P < 0.01$），其中 31—40 岁年龄段工作倦怠、情绪耗竭得分最高，26 岁以下基层执法类公务员工作倦怠及其三维度得分最低。进一步进行两两比较可得，26 岁以下年龄段与 31—40 岁年龄段在工作倦怠（$t = 0.296$，$P < 0.05$）以及情绪耗竭维度（$t = 2.621$，$P < 0.05$）差异显著，26 岁以下年龄段与 51 岁以上年龄段在工作倦怠（$t = 0.305$，$P < 0.01$）和情绪耗竭维度（$t = 2.183$，$P < 0.01$）差异显著。工作倦怠在四个警龄段上差异显著。三个学历分段在工作倦怠和工作投入上没有显著差异，具体两两比较分析可得，仅有情绪耗竭维度存在显著学历差异（$F = 3.293$，$P < 0.05$），即随着学历的升高，情绪耗竭显著降低。这表明，高学历基层执法类公务员情绪耗竭感更低。进一步两两分析可得，学历为硕士及以上的基层执法类公务员，其情绪耗竭远远低于大专（$t = 3.461$，$P < 0.01$）及本科学历（$t = 2.871$，$P < 0.01$）。工作投入、组织支持感和工作倦怠在职位上都差异显著：常年路面执勤的基层执法类公务员与无须路面执勤的基层执法类公务员相比，工作投入显著更低，组织支持感显著更低，工作倦怠显著更高。

(4) 相关分析结果

相关分析结果如表 2-2 所示，工作投入与工作倦怠显著负相关（$r = -0.331$，$P < 0.01$）。具体而言，工作投入与情绪耗竭（$r = -0.352$，$P < 0.01$）、去个性化（$r = -0.573$，$P < 0.01$）、低工作成就（$r = -0.303$，$P < 0.01$）均呈显著负相关。组织支持感与工作倦怠总分（$r = -0.426$，$P < 0.01$）及 3 个维度得分均呈负相关（$r = -0.393$，$P < 0.01$；$r = -0.546$，$P < 0.01$；$r = -0.131$，$P < 0.01$）。工作投入与组织支持感显著正相关（$r = 0.493$，$P < 0.01$）。组织支持感与工作倦怠显著负相关（$r = -0.426$，$P < 0.01$）。

表 2-1　基层执法类公务员人口统计学变量差异分析

人口特征	工作投入	组织支持感	职业倦怠	情绪耗竭	去个性化	低工作成就
性别						
男 (n=602)	4.038±1.202	3.760±0.923	3.096±0.667	3.382±1.116	2.488±1.090	3.667±0.822
女 (n=111)	4.019±1.080	4.014±0.814	2.876±0.586	2.771±0.987	2.138±1.009	3.610±0.711
t 值	0.024	7.312**	10.545***	5.252***	3.065**	-2.865*
年龄						
<26 (n=5)	4.259±0.763	4.313±0.543	2.875±0.756	2.250±0.681	1.950±0.719	3.417±0.701
26—30 (n=21)	3.929±1.350	3.929±1.127	2.830±0.565	2.819±0.985	2.267±1.184	3.310±0.744
31—40 (n=231)	3.767±0.943	3.727±0.943	3.124±0.684	3.351±0.117	2.513±1.120	3.456±0.758
41—50 (n=392)	3.789±0.919	3.789±0.919	3.077±0.656	3.358±1.322	2.439±1.081	3.399±0.848
>50 (n=62)	3.889±0.660	3.889±0.660	2.830±0.558	2.882±0.943	2.144±0.895	3.204±0.838
F 值	2.113	0.736	3.263*	3.477**	1.728	1.245
警龄（年）						
1—5 (n=68)	4.043±1.327	3.876±0.843	2.931±0.680	3.124±1.037	2.367±1.362	3.189±0.919
6—10 (n=218)	3.790±1.121	3.649±0.810	3.210±0.660	3.433±1.096	2.538±1.053	3.459±0.751
11—20 (n=196)	4.024±1.165	3.797±0.916	3.040±0.626	3.245±1.128	2.457±1.107	3.407±0.758
>20 (n=218)	4.217±1.165	3.851±0.941	3.004±0.615	3.258±1.153	2.287±1.039	3.428±0.871
F 值	4.818**	2.299	5.462***	1.844	2.109	1.973

续表

人口学特征	工作投入	组织支持感	职业倦怠	情绪耗竭	去个性化	低工作成就
职位						
处级 (n=49)	5.016±0.878	4.578±0.801	2.745±0.547	2.772±1.065	1.537±0.665	3.712±0.718
科级 (n=198)	4.278±1.150	3.962±0.913	3.052±0.665	3.284±1.162	2.316±1.508	3.490±0.795
一般 (n=451)	3.826±1.158	3.644±0.870	3.099±0.660	3.352±1.090	2.561±1.069	3.403±0.812
F值	30.756***	30.733***	6.740***	6.162**	23.378***	6.640**
是否路面执勤						
是 (n=374)	3.933±1.190	3.699±0.907	3.150±0.675	3.526±1.101	2.613±1.127	3.293±0.843
否 (n=313)	4.149±1.173	3.904±0.913	2.951±0.636	3.008±1.075	2.210±0.996	3.524±0.776
不确定 (n=18)	4.304±0.967	3.906±0.798	3.298±0.478	3.765±1.001	2.635±0.947	3.435±0.684
F值	3.256*	4.470*	9.066***	20.876***	12.490***	6.893**

注：* $P<0.05$，** $P<0.01$，*** $P<0.001$。

表 2-2　　　　各变量描述性统计与相关分析（r，n=720）

变量	组织支持感	工作投入	工作倦怠	情绪耗竭	去个性化	低工作成就
组织支持感	1					
工作投入	0.493**	1				
工作倦怠	-0.426**	-0.331**	1			
情绪耗竭	-0.393**	-0.352**	0.811***	1		
去个性化	-0.546**	-0.573**	0.762***	0.571***	1	
低工作成就	-0.131**	-0.303**	0.415**	0.012	0.098*	1
平均值（M）	3.805	4.038	3.064	3.299	2.421	3.403
标准差（SD）	0.916	1.183	0.662	5.589	5.373	4.871

注：* $P<0.05$，** $P<0.01$，*** $P<0.001$。

（5）组织支持感中介作用分析检验

借鉴温忠麟等对中介效应分析的方法。① 如表 2-3 所示，第一步建立两个回归方程。其一，以工作倦怠为自变量，以工作投入为因变量，建立回归模型。结果表明，工作倦怠对工作投入起了显著负向作用（$\beta = -0.335$，$P<0.001$）。其二，以组织支持感为自变量，以工作投入为因变量，建立回归模型。结果表明，组织支持感对工作投入起了显著正向

表 2-3　　　　组织支持感在工作倦怠与工作投入之间
中介效应分析（n=720）

步骤	自变量	偏回归系数						标准化回归系数
		系数（β）	标准误（SE）	t	P	R^2	ΔR^2	
第一步	工作倦怠	-0.678	0.069	-9.829	$P<0.001$	0.112	0.111	-0.335
	组织支持感	0.643	0.043	14.886	0.002	0.240	0.239	0.490
第二步	工作倦怠	-0.303	0.059	-4.431	$P<0.001$	0.264	0.262	-0.159
	组织支持感	0.595	0.044	11.889	$P<0.001$			0.427

---

① 温忠麟、叶宝娟：《中介效应分析：方法和模型发展》，《心理科学进展》2014 年第 5 期。

作用（$\beta=0.490$，$P=0.002$）。第二步将工作倦怠与组织支持感同时加入回归方程，以工作投入为因变量进行回归分析。结果表明，工作倦怠对工作投入起了显著负向作用（$\beta=-0.159$，$P<0.001$），组织支持感对工作投入起了显著正向作用（$\beta=0.427$，$P<0.001$）。第二步跟第一步相比，工作倦怠对工作投入的负向作用减弱，因而组织支持感在工作倦怠与工作投入之间起了部分中介作用。

5. 讨论

变量在人口统计学上的差异表明，女性基层执法类公务员在组织支持感上显著高于男性，在工作倦怠上显著低于男性。工作倦怠存在显著年龄差异，具体分析可得，26岁以下年龄段与31—40岁年龄段在工作倦怠（$t=0.296$，$P<0.05$）以及情绪耗竭维度（$t=2.621$，$P<0.05$）差异显著，26岁以下年龄段与51岁以上年龄段在工作倦怠（$t=0.305$，$P<0.01$）和情绪耗竭维度（$t=2.183$，$P<0.01$）差异显著。原因可能为26岁以下年龄段基层执法类公务员入职时间短，家庭负担较轻，可以全心投入工作；处于31—40岁年龄段的基层执法类公务员对工作已逐步失去新鲜感，多数正面临着工作与家庭之间平衡的压力，更容易出现工作倦怠；而51岁以上的基层执法类公务员已经度过工作倦怠高原期，年龄处于知天命阶段，更不容易出现情绪耗竭。此外，26岁以下年龄段正是"90后"新生代，其生长于改革开放观念变革的年代，他们更倾向于在工作中实现自我价值，而非被动担负所谓的责任与义务，这就在无形中减少了他们工作倦怠的倾向。这也与尤佳等研究认为新生代员工更注重工作自主权与价值实现观点一致。[①] 分析表明，情绪耗竭维度存在显著学历差异（$F=3.293$，$P<0.05$），即随着学历的升高，情绪耗竭显著降低。进一步两两分析可得，学历为硕士及以上的基层执法类公务员，其情绪耗竭远远低于大专（$t=3.461$，$P<0.01$）及本科学历（$t=2.871$，$P<0.01$）。本次调查中，本科及以上学历占86.5%。这表明，新时代基层执法类公务员群体随着学历大幅度提高、认知与掌握相关知识的水平提高，其心理素质也得到提升，调控自身情绪能力更强。

---

① 尤佳、孙遇春、雷辉：《中国新生代员工工作价值观代际差异实证研究》，《软科学》2013年第6期。

相关分析表明，可以创设相对公平、有效率、积极向上的组织团队氛围，通过敬业榜样良性示范作用，将敬业转化为组织支持与获得感来减少工作倦怠。基层执法类公务员部门应该明确鼓励引导下属服从组织整体目标，激发下属自主权力、权威和责任的增长。杨红明、廖建桥研究表明，可以通过提高工作投入来减少工作倦怠。[①] 通过科学满足基层执法类公务员实际需求，将个体工作投入与组织优化融合，积极有效地进行组织文化建设，进而通过提高组织支持感来提升基层执法类公务员工作投入与降低工作倦怠。

中介效应分析得出，组织支持感是双向互惠互利的过程与结果。基层执法类公务员从组织处感知到组织在经济、情感、社会上的支持时，会产生回报组织的态度与行为。组织支持感的高低往往与个人和单位在物质与情感资源投入（如服务、地位、信息以及人际关系等方面的支持程度以及沟通程度）方面的认知程度相关。基层执法类公务员作为执法群体，其对本单位组织支持的积极认知可形成内在激励力量，从而减少工作倦怠。组织公平感知会提升组织支持感，对员工决定自身工作态度有重要影响。[②] 在基层执法类公务员部门，组织支持感也受传统集体主义文化的影响，在一定程度上可促进组织成员持久投入积极行为，因而在执法过程中高组织支持感的基层执法类公务员往往具有更高的主人翁意识，组织支持感可进一步维持与提升工作投入并降低工作倦怠。因而，提高组织支持感可以通过促进个人工作投入来降低工作倦怠。

（二）辱虐管理、领导—成员交换、组织支持感与工作倦怠的关系

根据李普斯基（Micheal Lipsky）提出的街头官僚理论，街头官僚是普遍而又独具特色的社会行动者，其身份、情绪、地位、话语与传统意义官僚制不同，具有落实政策执行和一定自由裁量权等特征，日趋成为超越国界和时代的理论，执法类公务员就是典型的街头官僚类型。越来越多的研究表明，减少其消极工作态度是激励的关键，辱虐管理是一种典型的消极领导行为，容易出现简单粗暴的管理行为来督促下属员工完

[①] 杨红明、廖建桥：《公务员敬业度及其影响因素的实证研究》，《管理学报》2011年第6期。

[②] 周箴、杨柳青：《中国新生代员工敬业度的影响机理研究》，《东南学术》2017年第5期。

成任务，而引发员工工作倦怠。工作倦怠是个体处于紧张压力状态下综合的身心反应，探讨引起工作倦怠的前因后果一直是管理学的热点研究领域，而当前关于消极破坏型领导方式对工作倦怠的影响研究日益增多。辱虐管理行为存在于企业、学校、教育培训服务等诸多领域。当前公共部门辱虐管理的研究甚少，基本没有关于对执法类公务员的辱虐领导与工作倦怠的相关研究。通过对执法类公务员的问卷调查数据，运用相关分析、回归分析、验证性因素分析以及中介调节模型等方法，构建辱虐型领导与下属工作倦怠关系的模型，综合探讨了组织支持感的中介作用与领导—成员交换的调节作用。结合街头官僚理论、领导—成员交换理论，可通过塑造积极人格、增加"关系—情感资源"、优化组织干预—培训与工作再造体系、多方面对员工渗透组织文化理念，对员工进行情绪管理相关培训，通过提高理性认知等途径提升员工组织支持感，来综合减少执法类公务员的工作倦怠。

1. 文献综述与研究假设

（1）辱虐管理与工作倦怠关系

辱虐管理有时亦被称为"职场冷暴力"，是指下属觉知领导持续表现敌意行为，其主观目的并非伤害而是督促其提高效率，但粗鲁、藐视、嘲笑、发脾气等表现方式确实存在破坏性，而导致下属出现倦怠行为。下属感觉到领导者长期表现出的辱虐敌意行为与工作倦怠高度相关。员工感知的辱虐管理会激发下属愤怒情绪，辱虐管理会降低组织人员的工作成就感。

假设1：辱虐管理对下属工作倦怠起正向作用，辱虐管理对情绪耗竭、去个性化以及低工作成就感均起正向作用。

（2）组织支持感在辱虐管理与工作倦怠中的中介作用

辱虐管理会引发下属负向情感与工作偏离行为，并对积极工作行为造成打击而导致工作倦怠；下属感知到的辱虐管理，会给组织带来消极影响；辱虐管理与工作倦怠受到多种形式的组织效能感的影响。组织支持感也是减轻辱虐管理对下属情绪耗竭及工作倦怠的影响的一种情感策略；员工感知到的组织支持感越低、情感承诺越低，其工作投入就越少，越容易出现工作倦怠行为。本研究在整合社会交换理论与认知情绪理论基础之上，深入揭开辱虐管理与下属工作倦怠之间的内部心理作用机制。

以往研究表明，辱虐管理会提高下属工作倦怠，但是并没有弄清两者之间心理作用机制的"黑箱"。根据心理学家艾利斯（Albert Ellis）的认知情绪理论（ABC 理论），对诱发事件 A 的不同认识和看法 B（Belief）会导致不同的行为后果 C（Consequence）。下属对领导辱虐管理的认知，倾向于积极的理解（恨铁不成钢抑或激将法）还是消极方面的理解（对我个人或我做的工作不满意），会直接影响组织支持感，进而影响工作倦怠程度。下属感知到的组织支持感会减弱辱虐管理对工作倦怠的促进作用，因而假设如下。

假设2：辱虐管理对组织支持感起负向作用。

假设3：组织支持感对工作倦怠起负向作用。

假设4：组织支持感在辱虐管理与工作倦怠关系中起中介作用。

（3）领导—成员交换的调节作用

在具体互动的过程中，领导和下属掌握的资源差异以及各种条件的约束，导致交换的资源实际并不对等。这会导致下属圈外人的不公平感，引发负向情绪而降低组织支持感。感知到领导辱虐管理的员工，组织支持感等心理需求满足会随着领导—成员交换质量的提高而提升，从而在提升了组织支持感的同时减弱了工作倦怠。基于以上分析，做出如下假设。

假设5：领导—成员交换在辱虐管理与组织支持感关系中起调节作用。

综上所述，本研究理论假设模型框架如图 2-1 所示。

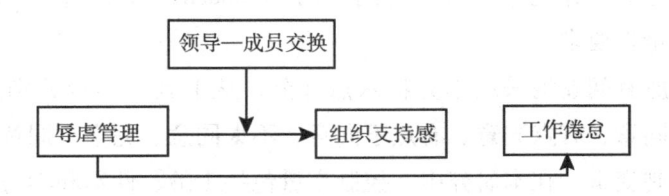

图 2-1　辱虐管理、组织支持感、领导—成员交换与工作倦怠关系框架

2. 研究方法

（1）研究对象

采取现场问卷调查方式，事先统一培训高校教师及研究生作为问卷施测者，使其明确进行问卷调查的科学程序，选取S市6区10个基层执法类公务员部门，所有在岗的正式编制基层执法类公务员共计750名，当天回收问卷，删除无效问卷后，有效问卷为711份，有效率为94.8%。

（2）研究过程

①辱虐管理问卷。采用M. S. Mitchell和M. L. Ambrose在Tepper编制的15个项目量表基础上修订的5个项目简版量表。[①] 该量表被广泛应用，信度和效度良好。题项例如"领导在别人面前贬低我"。在本研究中，该量表的信度为0.93。

②领导—成员交换量表。研究使用的问卷是J. B. Bernerth等开发的量表，量表共8个题项。[②] 比如，"我的领导和我之间存在一种双向交换关系"。在本研究中，经信效度检验后的一致性系数为0.85。

③组织支持感问卷。采用R. Eisenberger等编制的问卷共19题项。[③] 删去载荷分低的3个题目，有效题项16个。采用李克特六点评分，量表题项举例，"单位会重视我的价值和目标等"。该量表的Cronbach's Alpha值为0.92。

④工作倦怠问卷。采用C. Maslach等1981年编制的问卷，共16个题项。采用李克特六点计分法，分为三个维度：情绪耗竭（5个项目）、去个性化（5个项目）、低工作成就（6个项目）。题目举例，"工作让我感觉精神疲惫"。三维度的Cronbach's Alpha值分别为0.89、0.87、0.89，由于三个维度相关性很高（相关系数为0.8—0.9），因而将所有项目加总平均得到总的工作倦怠情况，总问卷的Cronbach's Alpha值为0.863，信度符合测量学要求。

以上所有问卷均采用李克特六点计分，从1到6等级分别为完全同意、基本同意、有点同意、有点不同意、不太同意、完全不同意。

⑤控制变量。在本研究中，控制变量包括工龄、性别和学历。

[①] M. S. MitchellI, M. L. Ambrose, "Abusive Supervision and Workplace Deviance and the Moderating Effects of Negative Reciprocity Beliefs", *Journal of Applied Psychology*, Vol. 92, No. 4, 2007.

[②] J. B. Bernerth et al., "Leader-member Social Exchange (LMX): Development and Validation of a Scale", *Journal of Organizational Behavior*, Vol. 28, No. 8, 2007.

[③] R. Eisenberger et al., "Perceived Organizational Support", *Journal of Applied Psychology*, Vol. 71, No. 3, 1986.

(3) 具体分析方法

采用 SPSS 和 AMOS 软件对数据进行分析处理。采用 SPSS 进行相关分析、回归分析、中介作用分析以及调节作用分析，运用 AMOS 进行验证性因素以及结构效度分析与假设检验。

3. 结果

(1) 共同方法偏差检验

由于调研时，被试在同一时间段填完所有测量问卷，都是由基层执法类公务员自我评价或者评价上一级领导，这样调查数据就有可能存在同源性偏差与共同方法偏差。采用 Harman 单因素检验法，将辱虐管理、领导—成员交换、组织支持感、工作倦怠全部题目放在 SPSS 中进行因子分析，4 个量表的所有项目在未旋转情况下，因子分析中得到特征值大于 1 的 9 个因子，总共解释了所有变量总变异的 56.55%。第一个因子的方差贡献率没有超过 40%，因而并未出现一个共同因素解释大部分变异的情况，说明本研究中共同方法偏差符合要求。[①]

(2) 假设模型验证性因素分析结果

在对假设模型做验证性因素分析时，依据 AMOS 结构方程模型处理数据的程序，由于工作倦怠题项较多，因而将其问卷本身三个维度作为测量指标；而组织支持感共 16 个题项，原来问卷自身没有划分维度，通过 SPSS 探索式因素分析，最大旋转得到两个因子，将这两个因素作为测量指标，进行区分度与结构效度检验。最终得到验证性因素分析结果如表 2-4 所示。结合温忠麟等的建议，对于验证性因素分析，模型的 *IFI*、*GFI*、*TLI* 等拟合指数达标，模型与数据拟合较好。通过与备择模型的各项拟合指标比较得出，四因素的模型结构效度与区分度最好。

表 2-4　　　　　　　　　　验证性因素分析结果

模型	χ^2	*df*	χ^2/df	*IFI*	*GFI*	*TLI*	*RMSEA*
M1	91.79	39	2.35	0.99	0.99	0.98	0.04

---

① 周浩、龙立荣：《共同方法偏差的统计检验与控制方法》，《心理科学进展》2004 年第 6 期。

续表

模型	χ^2	df	χ^2/df	IFI	GFI	TLI	RMSEA
M2	104.70	26	4.03	0.98	0.98	0.95	0.07
M3	140.01	45	3.08	0.97	0.96	0.96	0.09
M4	460.03	48	9.59	0.63	0.65	0.78	0.17

注：n=711，M1 是将全部题项负荷在本来的理论维度进行辱虐管理、领导—成员交换、组织支持感、工作倦怠四因素模型分析，M2 是将领导—成员交换与组织支持感合成一个潜变量与辱虐管理、工作倦怠进行三因素模型分析，M3 是将领导—成员交换、组织支持感和工作倦怠合成一个潜变量与辱虐管理进行二因素模型分析，M4 是所有题项合成一个因素。

（3）描述性统计与相关分析结果

样本中辱虐管理、组织支持感与领导—成员交换，以及工作倦怠几个维度的变量的描述性统计分析结果如表2-5所示。

表 2-5　　　　　　　　各变量的描述性统计分析

	均值	标准差	方差
辱虐管理	2.58	1.23	1.52
组织支持感	3.80	0.92	0.85
领导—成员交换	22.61	7.62	58.13
工作倦怠	49.03	10.75	115.50

从表2-6各变量的相关分析结果可知，辱虐管理和工作倦怠显著正相关（$r=0.28$，$P<0.01$），和组织支持感显著负相关（$r=-0.51$，$P<0.01$）；工作倦怠与组织支持感呈显著负相关（$r=-0.24$，$P<0.01$）；领导—成员交换和组织支持感呈显著负相关（$r=-0.63$，$P<0.01$）；领导—成员交换与工作倦怠呈显著负相关（$r=-0.42$，$P<0.01$）。

表 2-6　　　　　　　　多变量的描述性统计分析

变量	Mean	SD	1	2	3	4	5	6	7
1 性别	1.16	0.36	—						
2 工龄	15.46	8.80	-0.17**	—					
3 学历	2.81	0.52	0.15**	-0.31**	—				
4 辱虐管理	2.57	1.23	-0.14**	0.02	-0.08	—			

续表

变量	Mean	SD	1	2	3	4	5	6	7
5 领导—成员交换	3.15	1.61	-0.09*	-0.01	-0.08	0.55**	—		
6 组织支持感	3.19	1.48	0.10*	-0.06	0.07	-0.51**	-0.63**	—	
7 工作倦怠	3.06	1.07	-0.12**	-0.09*	-0.04	0.28**	-0.42**	-0.24**	—

注：*$P<0.05$，**$P<0.01$；$n=711$。

（4）假设模型的中介与调节作用分析

①辱虐管理与工作倦怠

经过相关性分析后，进一步分析辱虐管理与工作倦怠之间的关系，并考虑组织支持感在二者之间的中介作用。以辱虐管理为自变量，以工作倦怠为因变量，进行线性回归分析。

由表2-7可知，辱虐管理能够解释工作倦怠7.8%的变异量，显著性水平$P<0.05$，表明辱虐管理对工作倦怠有显著影响，可以构建回归方程。由表2-8可知，常量为42.70，辱虐管理的回归系数为2.45，可以验证假设：交警辱虐管理对工作倦怠起显著正向作用。

表2-7 辱虐管理对工作倦怠的回归统计量

模型	R	R^2	调整R^2	标准估计的误差	更改统计量				
					R^2更改	F更改	df1	df2	Sig. F更改
1	0.28[a]	0.08	0.08	10.33	0.08	59.60	1	700	0.000

a. 预测变量：（常量），辱虐管理

表2-8 辱虐管理对工作倦怠的回归系数

模型		非标准化系数		标准系数	t	Sig.
		B	标准误差	试用版		
1	（常量）	42.70	0.91		47.14	0.000
	辱虐管理	2.45	0.32	0.28	7.72	0.000

a. 因变量：工作倦怠

②辱虐管理与组织支持感

以辱虐管理为自变量，以组织支持感为因变量，进行线性回归分析。

由表2-9可知，辱虐管理能够解释组织支持感26.7%的变异量，显著性水平P<0.05，表明辱虐管理对组织支持感有显著影响，可以构建回归方程。由表2-10可知，常量为76.75，辱虐管理的回归系数为-6.19，可以验证假设：辱虐管理对组织支持感起显著负向作用，即辱虐管理得分越高，组织支持感就越低。

表2-9　　　　　　　　辱虐管理对组织支持感的回归统计量

模型	R	R^2	调整 R^2	标准估计的误差	更改统计量				
					R^2 更改	F 更改	df1	df2	Sig. F 更改
1	0.52[a]	0.27	0.27	12.65	0.27	253.33	1	694	0.000

a. 预测变量：（常量），辱虐管理

表2-10　　　　　　　　辱虐管理对组织支持感的回归系数

模型		非标准化系数		标准系数	t	Sig.
		B	标准误差	试用版		
1	（常量）	76.75	1.11		68.92	0.000
	辱虐管理	-6.19	0.39	-0.52	-15.92	0.000

a. 因变量：组织支持感

③组织支持感与工作倦怠

以组织支持感为自变量，以工作倦怠为因变量，进行线性回归分析。

由表2-11可知，组织支持感能够解释工作倦怠18.3%的变异量，显著性水平P<0.05，表明组织支持感对工作倦怠有显著影响，可以构建回归方程。由表2-12可知，常量为67.79，组织支持感的回归系数为-0.31，可以验证假设：组织支持感对工作倦怠起显著负向作用。

(5) 组织支持感的中介效应分析

本研究将自变量定义为辱虐管理（X），将中介变量定义为组织支持感（M），将因变量定义为工作倦怠（Y）。

表2-11　　　　　　组织支持感对工作倦怠的回归统计量

模型	R	R²	调整 R²	标准估计的误差	更改统计量				
					R² 更改	F 更改	df1	df2	Sig. F 更改
1	0.43ª	0.18	0.18	9.67	0.18	152.27	1	681	0.000

a. 预测变量：（常量），组织支持感

表2-12　　　　　　组织支持感对工作倦怠的回归系数

模型		非标准化系数		标准系数	t	Sig.
		B	标准误差	试用版		
1	（常量）	67.79	1.56		43.44	0.000
	组织支持感	-0.31	0.03	-0.43	-12.34	0.000

a. 因变量：工作倦怠

对中介变量的中介效应进行检验。

表2-13中，将组织支持感带入辱虐管理与工作倦怠的回归模型中，辱虐管理对工作倦怠的变异量的解释程度由8.4%增加到10.5%，标准估计的误差减小，$P<0.05$，表明组织支持感在辱虐管理与工作倦怠的关系中起中介作用。

表2-13、表2-14中辱虐管理对工作倦怠具有良好的回归效应，回归系数为2.51，显著性$P<0.05$；组织支持感对工作倦怠具有良好的回归效应，回归系数为-0.273，显著性$P<0.05$。

表2-13　　　　　　组织支持感中介效应的回归统计量

模型	R	R²	调整 R²	标准估计的误差	更改统计量				
					R² 更改	F 更改	df1	df2	Sig. F 更改
1	0.29ª	0.08	0.08	10.24	0.08	62.50	1	680	0.000
2	0.44ᵇ	0.19	0.19	9.64	0.11	87.93	1	679	0.000

a. 预测变量：（常量），辱虐管理
b. 预测变量：（常量），辱虐管理，组织支持感

表2-14　　　　　　　　组织支持感中介效应的回归系数

模型		非标准化系数		标准系数	t	Sig.
		B	标准误差	试用版		
1	（常量）	42.58	0.91		46.83	0.000
	辱虐管理	2.51	0.32	0.29	7.91	0.000
2	（常量）	63.57	2.40		26.52	0.000
	辱虐管理	0.81	0.35	0.09	2.30	0.022
	组织支持感	-0.27	0.03	-0.38	-9.38	0.000

a. 因变量：工作倦怠

同时可以得出，组织支持感进入辱虐管理与工作倦怠的回归模型后，辱虐管理与工作倦怠之间的相关性得到了增强，回归系数由2.512减弱为0.805，辱虐管理对工作倦怠的变异量的解释程度由8.4%增加到10.5%，显著性$P<0.05$。因此，组织支持感在辱虐管理对工作倦怠的预测中起到部分中介作用。可以验证假设：组织支持感在辱虐管理与工作倦怠关系中起中介作用。

用层级回归法对中介变量进行分析时，采用R. M. Baron和D. A. Kenny推荐的步骤。[①] 在控制了性别、工龄与学历变量基础上，具体分析组织支持感的中介作用，步骤如下。（1）将辱虐管理作为自变量，工作倦怠作为因变量，辱虐管理对工作倦怠有显著正向影响，具体见表2-15的模型3和模型4（$\beta=0.26$，$P<0.001$），假设1得到验证。（2）辱虐管理（自变量）对组织支持感（中介作用）有显著负向影响，具体见模型1和模型2（$\beta=-0.50$，$P<0.01$），假设2得到验证。（3）组织支持感（中介作用）对工作倦怠（因变量）有显著负向影响（$\beta=-0.40$，$P=0.001$），假设3得到验证。（4）同时将辱虐管理和组织支持感加入回归方程，组织支持感对工作倦怠仍然有显著负向影响，具体见模型5和模型6（$\beta=-0.36$，$P<0.001$），但辱虐管理对工作倦怠的作用减弱（$\beta=0.09$，$P=0.05$）。本研究中组织支持感对辱虐管理与工作倦怠的

---

① R. M. Baron, D. A. Kenny, "The Moderator-mediator Variable Distinction in Social Psychological Research: Conceptual, Strategic, and Statistical Considerations", *Journal of Personality and Social Psychology*, Vol. 51, No. 3, 1986.

关系起了部分中介作用，假设 4 得到验证。

表 2-15　辱虐管理对工作倦怠层级回归的分析结果：组织支持感的中介作用

	组织支持感		工作倦怠		工作倦怠	
	模型 1	模型 2	模型 3	模型 4	模型 5	模型 6
性别	0.06	0.04	0.03	-0.08	-0.06	-0.07
工龄	0.05	0.07	-0.06	-0.12**	-0.06	-0.05
学历	-0.06	0.04	0.04	-0.04	-0.03	-0.02
辱虐管理		-0.50***		0.26***		0.09*
组织支持感					-0.40***	-0.36***
R^2		0.27***		0.10**	0.19**	0.29**
ΔR^2	0.01	0.26***	-0.06	0.09**	0.18**	0.19**

注：* $P<0.05$，** $P<0.01$，*** $P<0.001$；$n=711$。

为了探讨领导—成员交换在辱虐管理与组织支持感之间的调节作用，先将变量的数据进行标准化处理，分析领导—成员交换调节作用的步骤如下：(1) 将控制变量（性别、年龄、学历）加入回归方程；(2) 将辱虐管理、领导—成员交换同时加入回归方程；(3) 将两者（辱虐管理、领导—成员交换）交互作用项放入回归方程，探讨其调节作用。结果如表 2-16 所示，模型 9 表明，在控制了辱虐管理、领导—成员交换的主效应之后，辱虐管理与领导—成员交换的交互项对组织支持感有显著影响（$\beta=-0.12$，$P<0.05$），证明领导—成员交换对辱虐管理与组织支持感的关系有调节作用。

表 2-16　领导—成员交换对辱虐管理和组织支持感关系的调节作用

	组织支持感		
	模型 7	模型 8	模型 9
控制变量			
性别	0.07	0.04	0.03
工龄	0.08	0.07	0.07

续表

	组织支持感		
	模型7	模型8	模型9
学历	0.07	0.05	0.03
主效应			
辱虐管理		-0.50***	-0.24**
领导—成员交换		-0.62***	-0.50***
调节效应			
辱虐管理 * 领导—成员交换			-0.12*
R^2	0.02	0.27***	0.44***
ΔR^2	0.01	0.27***	0.44***

注：* $P<0.05$，** $P<0.01$，*** $P<0.001$，均为双尾检验，n = 711，其中的系数为标准化回归系数。

为了进一步验证领导—成员交换的调节作用趋势，将其得分从高到低排序，选出得分最高的27%为高分组，得分最低的27%为低分组，形成高—低领导—成员交换组；同样以此方法将辱虐管理分为高低分组，构建领导—成员交换的调节效应图（见图2-2）。当领导—成员交换质量水平高时，辱虐管理对组织支持感的作用减弱。进一步进行简单斜率分析表明，当领导—成员交换质量水平高于1个标准差时，辱虐管理和组织支持感的回归斜率为0.77（$P<0.01$）；当领导—成员交换质量水平低于1个标准差时，回归斜率为0.53（$P>0.05$）。因此，假设5得到验证。最后采用Bootstrapping方法检验中介作用整体上是如何被综合调节的，将中介和调节效应同时纳入一个分析框架，以探讨有调节的中介模型特点。结果表明，在高领导—成员交换时，组织支持感对辱虐管理与工作倦怠的间接效应显著（$\beta=0.11$，$P<0.05$）；在低领导—成员交换时，间接效应不显著（$\beta=0.02$，$P>0.05$）。这说明领导—成员交换水平越高，组织支持感在辱虐管理和工作倦怠之间的中介作用越强。

4. 讨论

无论是企业还是公共部门要降低工作倦怠，提升员工绩效与积极工作态度是激励的重中之重，而公共部门的集体主义文化使得领导容易以简单粗暴的虐辱管理行为来督促下属员工完成任务，引发员工工作倦怠。

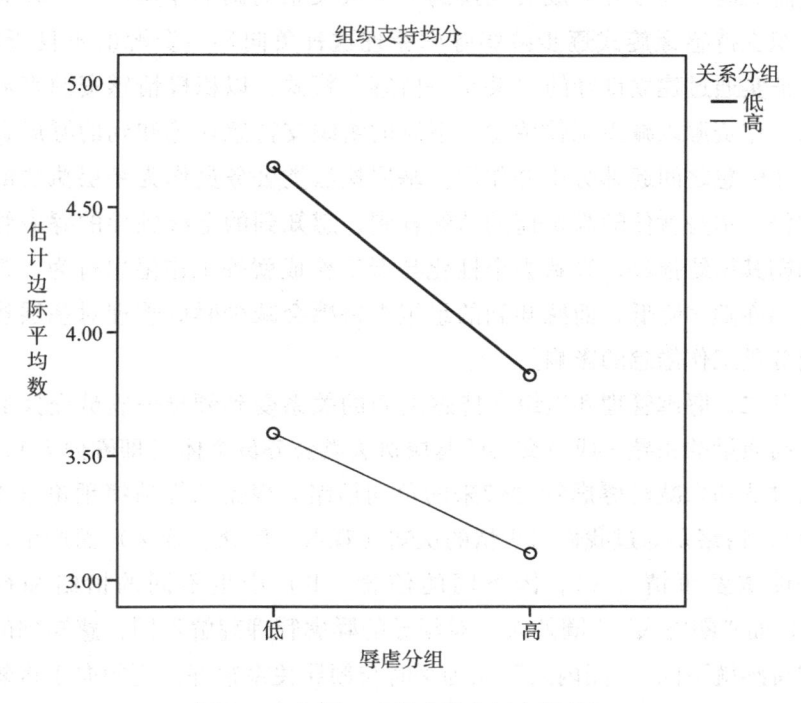

**图 2–2　领导—成员交换在辱虐管理与
组织支持感之间的调节作用**

本书尝试构建辱虐管理对工作倦怠有调节的中介模型，深入探讨了组织支持感的中介影响与领导—成员交换的调节作用机制，改进了以往关于辱虐管理与工作倦怠的研究仅局限于主效应，而对潜在的中介和调节综合作用的研究不足的情况。研究表明，辱虐管理对下属工作倦怠具有正向作用，对组织支持感起负向作用；组织支持感在辱虐管理和工作倦怠之间起中介作用。

其一，本研究融合了社会交换、认知情绪与工作需求—资源理论，从心理学和管理学角度细化探讨辱虐管理对工作倦怠的内部心理机制，特别是组织支持感所起的中介作用与领导—成员交换所起的调节作用，具有一定的理论指导意义。辱虐管理作为基层执法类公务员被管理情境中的负压力资源，"辱虐管理感知—工作倦怠"的路径通过组织支持感的认知可降低工作倦怠，而辱虐管理感知作为负面工作环境资源，与组织支持感之间受到领导—成员交换的上下级关系的调节作用。上下级关系与组织支持感螺旋式逐步减弱辱虐管理这种负向环境资源的不良影响，这也证实通过建立良好的"关系—情感"模式，以积极情感资源来弱化负向工作资源以减少工作倦怠。下属的组织支持感在感知到的辱虐管理与工作倦怠之间起部分中介作用。基层执法类公务员作为基层执法的街头官僚，本身就伴随高负荷的情绪耗竭，感知到的上级领导的辱虐管理会加剧其情绪损耗，导致去个性化与低工作成就等工作倦怠行为，组织支持感亦随之降低，而感知到的组织支持感会减少辱虐管理对基层执法类公务员工作倦怠的影响。

其二，辱虐管理和组织支持感之间的关系受到领导—成员交换的调节。高质量的领导—成员交换的基层执法类公务员个体（即圈内人），能够通过认知来减轻辱虐管理带来的负向情绪。根据认知情绪理论（ABC理论），情绪是通过我们对事情的认知（观点、信念、看法）而产生，对同一件诱发事情（A），因不同的信念（B）产生不同的情绪和行为（C），而"圈内人""圈外人"对领导的辱虐管理理解不同，感知到的组织支持感就不同。"圈内人"认为平时与领导关系很好，更倾向于将领导的辱虐管理理解为督促自己进步，只是方式有些激烈，因而辱虐管理对组织支持感与工作倦怠的负向影响较小；而"圈外人"由于本身与领导缺乏交流，更倾向于将领导的辱虐管理理解为对自己不满的表露，因而辱虐管理对组织支持感与工作倦怠的负向影响就较大，更容易出现低组织支持感与高工作倦怠。高质量的领导与成员之间的交流，不仅会提高基层执法类公务员组织支持感，还减少了辱虐管理对工作倦怠的负面影响。这不仅厘清了辱虐管理与工作倦怠之间关系的机制，还丰富了有关辱虐管理与基层执法类公务员自身心理因素（特别是情绪、情感因素）相关变量的交互研究。

本研究对基层执法类公务员工作倦怠的精准干预有一定的实践指导意义。从实践价值来看，研究结论可以对组织管理者有针对性地改进领导方式，改善领导—成员交换关系，提升员工组织支持感并减少工作倦怠提供指导性建议与对策。首先，虽然领导的辱虐管理初心可能是为了员工提高绩效，但是由于其方式本身具有消极作用，无疑会降低员工积极性，那么在组织管理中应该加强源头管理，科学地对领导层进行筛选与培训，避免有严重辱虐倾向的管理者进行组织管理，对组织管理者进行领导方式的相关培训。可通过增加"关系—情感资源"来降低辱虐管理的负面影响。其次，从多方面对员工渗透企业文化理念，对员工进行情绪管理相关培训，通过提高理性认知来提升员工组织支持感，可以减少个别辱虐管理者对员工整体工作投入造成的负面影响。最后，领导者与员工之间良好的互动交流与沟通，可在促进培育高质量关系的同时，进一步提升组织支持感与减少工作倦怠。

本研究也存在需要进一步完善之处。首先，本研究通过问卷调查仅截取横断面进行研究，没有对数据进行纵向追踪检验，以后研究可以将横向与纵向研究相结合，使研究更科学。其次，本研究运用自评与他评相结合的方式，对基层执法类公务员群体进行数据收集。虽然通过共同方法检验不存在同源偏差，但是仍可能受到共同方法的影响。再次，本研究重点探讨的是组织支持感中介作用下辱虐管理对工作倦怠的影响，并加入领导—成员交换对整体关系的调节作用，但是没有涉及领导者人格特征的影响，以后的研究可以考虑人格特征对辱虐管理的作用机制。此外，本研究选取的对象为基层执法类公务员群体，研究样本可拓展到企业、各事业单位及社会组织，对不同层级群体进行研究。最后，本研究仅探讨辱虐管理对员工工作倦怠的影响，而辱虐管理对诸多积极变量（如组织公民行为、工作投入、敬业度、创新行为等）与一些消极变量（离职行为、人际偏差、情绪痛苦、回避行为等）都有影响，并且辱虐管理可能受到其他组织集体层面因素（比如集体效能、团队凝聚力、组织效能等）的影响。未来的研究可分层探讨辱虐管理对前因后果诸多变量的作用机制，从个体与团体角度展开研究也很有价值。

（三）组织文化认同对基层执法类公务员情绪耗竭与敬业度的影响

探讨组织文化认同对基层执法类公务员情绪耗竭和敬业度关系的影响，对基层执法类公务员进行情绪耗竭、组织文化认同与敬业度问卷调查。情绪耗竭与敬业度的三个维度均呈显著负相关，情绪耗竭与组织文化认同的三个维度均呈显著负相关，组织文化认同的三个维度与敬业度的三个维度呈显著正相关。组织文化认知认同维度和行为认同维度对情绪耗竭与敬业活力的关系起了部分中介作用；组织文化情感认同维度和行为认同维度对情绪耗竭与敬业奉献的关系起了部分中介作用；组织文化情感认同维度和行为认同维度对情绪耗竭与敬业专注的关系起了部分中介作用；组织文化认知认同维度对情绪耗竭与敬业专注的关系起了完全中介作用。因此，应通过提高组织文化认同来减少情绪耗竭，提升基层执法类公务员的敬业度。

在新时代的社会转型发展进程中，人的价值理念与生活方式等诸多方面发生改变的同时，传统敬业美德面临挑战。无论是企业还是公共部门，都认识到提高员工敬业度才能从本质上提升绩效及满意度。[①] 而作为基层执法人员的基层执法类公务员，因职业原因与民众互动频繁，所以更容易出现情绪耗竭从而影响其敬业度。组织文化认同作为组织成员对组织文化的理念、价值观的深层认同动力，可在一定程度上产生积极激励的力量，从而提升员工敬业度。

1. 理论文献综述与研究假设提出

(1) 情绪耗竭与敬业度

对敬业度的研究涉及多个角度，较早的对其界定是从资源投入角度进行的，敬业度体现了组织成员对工作的投入认知、情感与行动；[②] 也有学者从完成工作的积极心理过程角度将敬业度分为活力（为工作积极投入精力）、专注（长时间沉浸工作）、贡献（挑战困难实现理想）三个维度，根据这三个维度编制的敬业度问卷得到广泛应用；[③] 也有从工作特征角度出发，探讨公务员工作投入、责任自主性对情绪的影响。[④] 因而依据基层行政执法部门本身特点，结合基层执法类公务员的工作投入认知、情感及行为与自主性，情绪耗竭会促使基层执法类公务员自身在执法过程中持续投入精力、挑战各种未知困难、专注于工作等敬业行为降低。综合以上分析，假设如下。

---

① J. A. Gruman, A. M. Saks, "Performance Management and Employee Engagement", *Human Resource Management Review*, Vol. 21, No. 2, 2011.

② A. W. Kahn, "Psychological Conditions of Personal Engagement and Disengagement at Work", *Academy of Management Journal*, Vol. 33, No. 4, 1990.

③ W. B. Schaufeli, A. B. Bakker, "Job Demands, Job Resources and Their Relationship with Burnout and Engagement: A Multi-sample Study", *Journal of Organizational Behavior*, Vol. 25, No. 1, 2004.

④ 朱立言、胡晓东：《我国政府公务员之工作倦怠研究》，《中国行政管理》2008年第10期。

假设1：情绪耗竭对敬业度三维度（敬业活力、敬业奉献、敬业专注）均起显著负向作用。

（2）组织文化认同与敬业度的关系

组织文化认同是指组织成员自觉归属并投入某一文化群体的程度，可以从认知、情感、行为等层面将群体价值观联结在一起，可以将成员间碎片化的观念、差异的理念有机融合。① 组织文化认同通过共识达成的共同参考框架，包容成员间价值观的差异而将成员凝聚在一起。基层执法类公务员因为职业特点需要消耗大量情绪，当其组织文化认同较高时，在共同价值观潜移默化的激励中，基层执法类公务员对工作的专注程度会提升，更乐于奉献，对工作充满热情与活力，因而提出假设如下。

假设2：组织文化认同三维度对敬业度三维度（敬业活力、敬业奉献、敬业专注）均起显著正向作用。

（3）组织文化认同在情绪耗竭与敬业度之间的中介作用

沙因（E. H. Schein）得出组织文化认同是组织成员在解决外在适应和内部整合过程中，发展出一种基本模式来应对各种问题，并取得一定的成效。② 基层执法类公务员日常需要处理大量烦琐及突发事件，根据资源保存理论，基层执法类公务员在工作过程中积极情绪不断在消耗，而一旦运用相关积极有效基本模式，会无形化解工作压力的同时减少负向情绪，所以敬业度无疑会受到此种共同价值观模式的影响。组织文化认同可以衡量个体价值观与对组织及工作态度的匹配程度。基层执法类公务员在基层执法时，需要有效平衡与整合"公共道德"与执法权限，形成"凝聚性文化"则能够很大程度地提升敬业度，因而提出假设如下。

假设3：组织文化认同在情绪耗竭与敬业度之间起中介作用。

2. 研究过程

（1）情绪耗竭量表，由 C. Maslach 和 S. Jackson 编制，在研究中运用成熟的工作倦怠问卷的情绪耗竭分量表来测量。③ 题目举例，"工作让我

---

① 陈致中、张德：《中国企业背景下组织文化认同度之概念与模型建构》，《中国软科学》2009 年第 S2 期。

② E. H. Schein, *Organizational Culture and Leadership*, San Francisco: Jossey-Bass, 1985.

③ C. Maslach, S. Jackson, "The Measurement of Experienced Burnout", *Journal of Occupational Behavior*, No. 1, 1981.

感觉精神疲惫"。

（2）敬业度量表，选用 W. B. Schaufeli 和 A. B. Bakker 编制的问卷。[①] 共17个题项，采用李克特六点计分。在本研究中，Cronbach's Alpha 值为 0.955，分为敬业活力、敬业奉献、敬业专注三维度，三个分量表表明信度较好。题目举例，"在工作中，我感到浑身充满了力量"。

（3）组织文化认同量表，借鉴陈致中、张德编制的3个维度信度和效度较高的20个题项。[②] 结合基层执法类公务员的实际情况，对题目表达方式进行修订，删掉不符合基层执法类公务员实际情况的5个题目，采用李克特五点计分。

（4）统计分析，采用 AMOS 统计软件进行因子检验以及相关分析和层级回归分析，通过 SPSS 进行验证性因素分析。

3. 结果

（1）信度与效度检验

情绪耗竭维度的 Cronbach's Alpha 值为 0.89，敬业度问卷的 Cronbach's Alpha 值为 0.96，其中敬业活力维度、敬业奉献维度与敬业专注维度的 Cronbach's Alpha 值分别为 0.92、0.94 与 0.88，信度系数均大于 0.8，信度较好。由于情绪耗竭所用工作倦怠问卷和敬业度问卷是国内外经过广泛验证的发展应用成熟的问卷，因此对这个问卷运用 AMOS 软件进行验证性因素分析以检验其效度。其中，工作倦怠问卷效度分析：$\chi^2/df = 4.07$，$IFI = 0.92$，$GFI = 0.91$，$TLI = 0.92$，$RMSEA = 0.07$；敬业度问卷效度分析：$\chi^2/df = 3.52$，$IFI = 0.95$，$GFI = 0.92$，$TLI = 0.95$，$RMSEA = 0.04$。各项拟合指标拟合优度满足 $\chi^2/df < 5$，渐进残差均方和平方根值 $RMSEA$ 小于 0.08，以及 IFI、GFI、TLI 值大于 0.9，说明这个问卷结构效度符合测量学要求。由于组织文化认同依据基层执法类公务员的组织文化特点对原有的问卷进行修订，因而对20个题项进行最大方差旋转法，删掉载荷度低的5个题目，15个题项得到载荷度均大于0.6 的

[①] W. B. Schaufeli, A. B. Bakker, "The Measurement of Work Engagement with a Short Questionnaire: A Cross-national Study", *Educational and Psychological Measurement*, Vol. 25, No. 1, 2006.

[②] 陈致中、张德：《中国背景下的组织文化认同度模型建构》，《科学学与科学技术管理》2009年第12期。

三个因子,命名为文化认知认同、文化情感认同与文化行为认同(见表2-17),其三个维度的信度系数分别为 0.95、0.92 与 0.93,信度较好。

表 2-17　　　　　　　　组织文化认同三因子载荷

题项	组织文化认同公因子		
	文化认知认同	文化情感认同	文化行为认同
A1	0.717		
A2	0.761		
A3	0.740		
A4	0.779		
A5	0.725		
A6		0.690	
A7		0.706	
A8		0.749	
A9		0.684	
A10		0.753	
A11			0.647
A12			0.725
A13			0.708
A14			0.803
A15			0.817

(2)共线性检验

通过对自变量情绪耗竭和组织文化认同三维度进行容忍度和方差膨胀因子(VIF)检验来验证共线性问题,结果表明,情绪耗竭和组织文化认同三维度的容忍度分别为 0.76、0.78、0.81、0.75,VIF 分别为 1.31、1.32、1.43、1.38,满足容忍度大于 0.1、VIF 小于 10 的标准。因此,变量间的共线性问题可忽略不计。

(3)相关分析

相关分析如表 2-18 所示,情绪耗竭与敬业三维度均显著负相关($r = -0.354$,$P < 0.01$;$r = -0.401$,$P < 0.01$;$r = -0.313$,$P < 0.01$);情绪耗竭与组织文化认同三维度均显著负相关($r = -0.264$,$P < 0.01$;

$r=-0.341$,$P<0.01$;$r=-0.241$,$P<0.01$);组织文化认同三维度与敬业度三维度均呈显著正相关。

表2-18　情绪耗竭、组织文化认同与敬业度相关分析

	情绪耗竭	认知认同	情感认同	行为认同	敬业活力	敬业奉献	敬业专注
情绪耗竭	1.00						
认知认同	-0.264**	1.00					
情感认同	-0.341**	0.707**	1.00				
行为认同	-0.241**	0.541**	0.662**	1.00			
敬业活力	-0.354**	0.369**	0.419**	0.457**	1.00		
敬业奉献	-0.401**	0.417**	0.518**	0.482**	0.872	1.00	
敬业专注	-0.313**	0.383**	0.446**	0.481**	0.896	0.857	1.00

注：*$P<0.05$，**$P<0.01$。

（4）组织文化认同对情绪耗竭与敬业度关系的层级回归分析

根据温忠麟等对中介效应分析的方法，探讨中介作用流程。① 如表2-19所示，结果表明情绪耗竭对敬业活力负向作用显著，组织文化认同三维度均对敬业活力正向作用显著（见模型1）。将情绪耗竭和组织文化认同三维度同时作为自变量，以敬业活力为因变量建立回归模型，结果表明，情绪耗竭对敬业活力的负向作用减弱（$\beta=-0.235$，$P<0.001$），组织文化认知认同维度和行为认同维度对敬业活力的正向作用减弱，但仍然显著，这表明组织文化认知认同维度和行为认同维度对情绪耗竭与敬业活力的关系起了部分中介作用（见模型2）。模型3是以敬业奉献为因变量，分别以情绪耗竭和组织文化认同三维度为自变量进行回归分析的结果，结果表明情绪耗竭对敬业奉献负向作用显著，组织文化情感认同维度和行为认同维度对敬业奉献正向作用显著。模型4是以情绪耗竭和组织文化认同三维度同时作为自变量，以敬业奉献为因变量建立回归模型，结果表明情绪耗竭对敬业奉献的负向作用减弱（$\beta=-0.245$，$P<0.001$），组织文化情感认同维度和行为认同维度对敬业奉献的正向作用

---

① 温忠麟等：《国内中介效应的方法学研究》，《心理科学进展》2022年第8期。

减弱但仍然显著，这表明组织文化情感认同维度和行为认同维度对情绪耗竭对敬业奉献的关系起了部分中介作用。模型5则表明情绪耗竭对敬业专注负向作用显著，组织文化认同三维度均对敬业专注正向作用显著（见模型5）。模型6是以情绪耗竭和组织文化认同三维度同时作为自变量，以敬业专注为因变量建立回归模型，结果表明情绪耗竭对敬业专注的负向作用减弱（$\beta = -0.178$，$P<0.001$），组织文化情感认同维度和行为认同维度对敬业专注的正向作用减弱但仍然显著，而组织文化认知认同维度对敬业专注的正向作用从模型5中的显著变为模型6中的不显著，这表明组织文化情感认同维度和行为认同维度对情绪耗竭与敬业专注的关系起了部分中介作用，组织文化认知认同维度对情绪耗竭与敬业专注的关系起了完全中介作用。

表2-19　组织文化认同对情绪耗竭与敬业度关系的层级回归分析

变量	敬业活力		敬业奉献		敬业专注	
	模型1	模型2	模型3	模型4	模型5	模型6
情绪耗竭	-0.354***	-0.235***	-0.401***	-0.245***	-0.313***	-0.178***
认知认同	0.109*	0.104*	0.065	0.060	0.093*	0.087
情感认同	0.134*	0.054	0.315***	0.239***	0.163***	0.113*
行为认同	0.312***	0.310***	0.239***	0.231***	0.323***	0.316***
R^2		0.289		0.359		0.292
ΔR^2		0.285		0.355		0.288
F		70.709***		96.864***		71.778***

注：* $P<0.05$，** $P<0.01$，*** $P<0.001$。

4. 讨论与建议对策

由前文可知，情绪耗竭与敬业度的三个维度均呈显著负相关，情绪耗竭与组织文化认同的三个维度均呈显著负相关，组织文化认同的三个维度与敬业度的三个维度显著正相关。组织文化认知认同维度和行为认同维度对情绪耗竭与敬业活力的关系起了部分中介作用；组织文化情感认同维度和行为认同维度对情绪耗竭与敬业奉献的关系起了部分中介作用；组织文化情感认同维度和行为认同维度对情绪耗竭与敬业专注的关系起了部分中介作用；组织文化认知认同维度对情绪耗竭与敬业专注的关系起了完全中介作用。当前网络大数据普遍应用，一线执法的灵活自主性要求越来越高，特别是处于一线的基层执法类公务员，在执勤时面临环境多变以及烦琐的事故处理，导致其情绪衰竭，而敬业度本质上体现的是持续、专注投入工作的行为与态度，因而基层执法类公务员对组织文化的认同可以以不变应万变，通过持续解决随时出现的交通新问题产生成就感来减少负向情绪以提升敬业度。可针对影响敬业度的个体、工作与组织因素，通过精准介入组织文化认同来减少情绪损耗和提高敬业度。行政执法部门应该明确鼓励引导下属服从组织整体目标，激发下属勇气、耐力等个人特质以及自主权力、权威和责任的增长。通过科学精准满足基层执法类公务员的实际需求，将个体组织文化认同与提升敬业度有效融合，积极有效地进行组织文化建设，也是本研究为类似基层执法类公务员的公共部门提供的一些实际数据支持。切实提高组织文化认同"获得感"，需要优化制度设计。基层执法类公务员因文化认同而产生的自我效能感，亦对工作态度起重要影响。因而通过组织文化认同来提升自我效能的同时，构建与时俱进而又有实效的组织文化，针对基层执法类公务员实际需求，让基层执法类公务员感知到"实在的"组织制度文化支持，并积极从认知、情绪、行为上认同组织文化以提升敬业度。

（四）家长式领导方式、领导—成员交换与工作倦怠关系研究

1. 问题提出

当前在组织行为学、管理学、心理学等领域，工作倦怠涉及员工负面工作态度与行为，如何降低工作倦怠一直是研究领域的热点。诸多研究表明家长式领导（PL）方式是影响工作倦怠的重要变量，但家长式领导到底对工作倦怠是起了积极还是消极的作用，因国情文化、研究工具等差异的影响而没有定论。在中国以郑伯埙为代表对华人组织的家长式领导进行的相关研究认为，家长式领导是将父亲般的仁慈与高尚道德综合表达的领导行为。[1] 家长式领导方式"理所当然地"直接影响员工的工

---

[1] B. S. Cheng, L. F. Chou, J. L. Farh, "A Triad Model of Paternalistic Leadership: The Constructs and Measurement", *Indigenous Psychological Research in Chinese Societies*, Vol. 14, No. 1, 2000.

作态度与行为;① 家长式领导与下属关系对工作行为的作用受到感知的领导—成员交换的影响。龙立荣等研究认为，领导行为对下属工作疏离感的影响与组织支持感有关。② 近年来，土耳其学者 Zeynep Aycan 的家长式领导理论因在东西方一些国家（包括中国）的理论适用性而备受关注。当前中国家长式领导公共部门的相关研究较少，而公共部门内部权力距离较高、官本位思想较重以及集体主义倾向氛围浓厚，家长式领导较为常见。家长式领导如何影响下属工作态度？在不同社会关系中家长式领导的作用机制如何？这些都是家长式领导理论本土化与国际化研究的重要之处。

本研究以 S 市基层执法类公务员为研究对象，探讨家长式领导对基层执法类公务员工作倦怠的影响，以及领导—成员交换的中介作用机制，尝试探究家长式领导在中国基层执法类公务员群体的适用性，为当前公共部门在新媒体法治新形势下积极主动转变领导方式，提高领导—成员交换质量，降低公务员工作倦怠提供相应对策。

2. 文献回顾与研究假设提出

家长式领导与其他领导理论一样，最初都源于西方文化情境的研究，诸多研究者发现东方文化情境下的"家长式作风"与西方家长式领导的概念理解、组织方式与有效性等差异明显。李艳等指出，家长式领导的外部效度及构念整合性解释力有待讨论。③ 因而从国外引进并借鉴先进的家长式领导理论以促进国内家长式领导理论发展是现实国情与时代所趋，而 Zeynep Aycan 的家长式领导理论及开发的问卷的适用性近几年来在诸多不同文化背景的国家得到验证。其研究发现，家长式领导与变革型、独裁型、参与型和养育任务型领导一样，具有跨文化适用性。经过国际比较研究与不断修订问卷，Zeynep Aycan 等将家长式领导简化为三个维度：一是工作场合为下属创设家庭环境，二是全面平等关怀和指导下属

---

① D. S. DeRue, S. J. Ashford, "Who will Lead and Who will Follow?: A Social Process of Leadership Identity Construction in Organizations", *Academy of Management Review*, Vol. 35, No. 1, 2010.

② 龙立荣等：《组织支持感中介作用下的家长式领导对员工工作疏离感的影响》，《管理学报》2014 年第 11 期。

③ 李艳、孙健敏、焦海涛：《分化与整合——家长式领导研究的走向》，《心理科学进展》2013 年第 7 期。

非工作领域生活，三是预期下属的忠诚与顺从。[①] 与国内占主流的三元家长式领导理论相比，Zeynep Aycan 等的理论没有德行这一维度，而预期下属的忠诚与顺从维度与威权维度意义相近。当前对基层执法类公务员群体的相关研究极少，而中国公共部门实际上是家长式领导容易自发生长的领域，揭开家长式领导对基层执法类公务员工作倦怠作用机制的"黑箱"，值得深入研究。

（1）家长式领导与下属工作倦怠

Zeynep Aycan 在领导角色理论的基础上得出，家长式领导方式会直接影响员工的参与度。基于 Zeynep Aycan 理论的三个维度，基层执法类公务员部门家长式领导方式前两个维度主要体现在工作场合为下属创设家庭环境，像家庭长者一样，不仅关心下属工作，还平等全面关心下属个人生活。依据霍桑实验结果，员工觉知到工作环境优化与感受到关怀，会提高工作效率与激发积极的工作态度。家长式领导的这两个维度无疑会提高下属的敬业度，降低工作倦怠；而对于要求下属服从与忠诚维度，基层执法类公务员部门本身作为执法部门，就要求必须服从上级命令，忠于职守，这与家长式领导方式含义一致。因此综合所述，提出假设如下。

假设1：家长式领导方式对基层执法类公务员的工作倦怠有负向影响。

（2）家长式领导与领导—成员交换

从社会交换理论的角度来说，个体与组织间的交换过程包括物质交换、社会交换，其主要表现形式为工资报酬、鼓励、支持、荣誉等。领导—成员之间的物质、社会交换越频繁，领导—成员交换越好。表明家长式领导一方面秉承应该平等对待所有下属，另一方面又强调下属绝对服从。同时中国传统的差序关系原则默认的是领导应与关系不同的下属亲疏有别，默认的是领导应与关系不同的下属亲疏有别，更加关心关系近的下属，基层执法类公务员感受到的家长领导也有差异；而基层执法类公务员本身的职业特征又要求秉公执法，这些矛盾就有可能让下属感到无所适从，而负向影响领导—成员交换。领导—成员交换对家长式领导与组织支持感调节作用假设如下。

[①] Z. Aycan et al., "Convergence and Divergence of Paternalistic Leadership: Across-cultural Investigation of Prototypes", *Journal of International Business Studies*, Vol. 44, No. 9, 2013.

假设 2：家长式领导方式对基层执法类公务员感知到的领导—成员交换起正向作用。

假设 3：基层执法类公务员感知到的领导—成员交换对基层执法类公务员的工作倦怠有负向影响。

（3）领导—成员交换在家长式领导与下属工作倦怠中所起的作用

根据公平理论，在上下级之间双重关系中，当给予者的付出与接受者的回报基本达到均衡时，最能达到共赢。而在中国公共部门组织中，领导有时会将家长的角色用于影响下属工作领域之外的生活安排，这些涉及工作内外的交往和互动，会把领导对下属的指导、照顾、关怀与体恤渗透到个人与工作关系之中，这对高质量领导—成员关系的形成发挥重要作用。领导—成员交换在领导行为与工作绩效和态度之间有重要作用，已经得到不同程度的探讨。① 心理资本与绩效之间的关系也得到证实。② 邓志华、陈维政认为，工作满意度无疑会受到家长式领导行为与支持感的影响，低质量的上下级关系会导致员工消极怠工与工作偏离而出现工作倦怠。③ 可见通过提高领导—成员交换质量，可以促使家长式领导行为降低下属工作倦怠。对于领导—成员交换对家长式领导方式与基层执法类公务员工作倦怠关系的中介作用，假设如下。

假设 4：领导—成员交换对家长式领导方式与基层执法类公务员工作倦怠之间的关系起中介作用。

综上所述，本研究的理论假设模型如图 2-3 所示。

3. 研究程序与方法

（1）研究工具

1）家长式领导问卷。采用的问卷是土耳其学者 Zeynep Aycan 等开发的家长式领导问卷，问卷包括 10 个题项。因为考虑到文化与施测群体的差异，对问卷里面的语言表述做了适当修订。该问卷分为三个维度，分别为

---

① 许彦妮、顾琴轩、蒋琬：《德行领导对员工创造力和工作绩效的影响：基于 LMX 理论的实证研究》，《管理评论》2014 年第 2 期。
② 倪艳、熊胜绪：《员工心理资本与工作绩效的关系研究——领导成员交换的中介作用》，《管理现代化》2012 年第 4 期。
③ 邓志华、陈维政：《家长领导对员工工作态度和行为影响的实证研究——以工作满意感为中介变量》，《大连理工大学学报》（社会科学版）2013 年第 1 期。

```
          领导—成员交换
         ↗            ↘
   家长式领导  →  工作倦怠
```

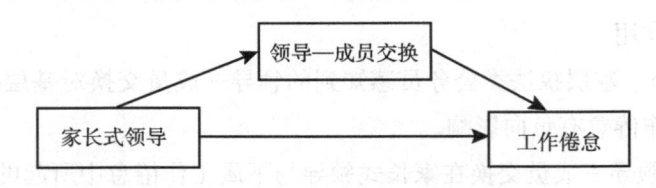

图2-3 领导—成员交换作用下的家长式领导与工作倦怠的关系假设模型

工作场所创设家庭环境（J1）、平等关心下属非工作领域的个人生活问题（J2）、期望下属忠诚与顺从（J3）。[①] 该问卷的 Cronbach's Alpha 值为0.94，其中问卷三个维度的 Cronbach's Alpha 值分别为0.95、0.87、0.85。通过 AMOS 验证性因素分析问卷结构效度，$\chi^2/df = 3.18$，$df = 32$，$IFI = 0.94$，$GFI = 0.93$，$TLI = 0.94$，$RMSEA = 0.03$，信度与效度符合测量学要求。

②领导—成员交换问卷。采用 J. Bernerth 等在2007年开发的量表。[②] 此问卷共8个题目，题目举例，"我的领导和我之间存在一种双向交换关系，我的努力会得到我领导的回报"等。在本研究中，经信效度检验后的一致性系数为0.825。通过探索性因素分析最大旋转得到两个因子，分别命名为日常交流（XX1）与精神互动（XX2），这两个维度的 Cronbach's Alpha 值分别为0.87、0.85。运用 AMOS 验证性因素分析问卷结构效度，$\chi^2/df = 5.03$，$df = 9$，$IFI = 0.89$，$GFI = 0.91$，$TLI = 0.90$，$RMSEA = 0.06$，信度与效度符合测量学要求。

③工作倦怠问卷。采用 C. Maslach 和 S. Jackson 编制的问卷。[③] 分为情绪耗竭（QX）、去个性化（FS）与低工作成就（DX）三个维度，共16个题项。其中总问卷的 Cronbach's Alpha 值为0.863，三维度 Cronbach's Alpha 值分别为0.89、0.87、0.89。通过 AMOS 验证性因素分析问卷结构

[①] Z. Aycan et al., "Convergence and Divergence of Paternalistic Leadership: Across-cultural Investigation of Prototypes", *Journal of International Business Studies*, Vol. 44, No. 9, 2013.

[②] J. Bernerth et al., "Leader-member Social Exchange (LMX): Development and Validation of a Scale", *Journal of Organizational Behavior*, Vol. 28, No. 8, 2007.

[③] C. Maslach, S. Jackson, "The Measurement of Experienced Burnout", *Journal of Occupational Behavior*, No. 2, 1981.

效度，$\chi^2/df = 4.07$，$df = 101$，$IFI = 0.92$，$GFI = 0.91$，$TLI = 0.92$，$RMSEA = 0.05$，信效度符合测量学要求。

以上问卷均采用李克特六点计分，1—6 等级分别为完全同意、基本同意、有点同意、有点不同意、不太同意、完全不同意。

（2）具体分析方法

采用 SPSS 和 AMOS 软件对数据进行分析处理，首先采用 SPSS 探索式因素分析，运用 AMOS 验证性因子分析量表的结构效度，其次运用 SPSS 进行相关性分析和描述统计，最后运用 AMOS 以中介回归分析考察家长式领导、领导—成员交换、工作倦怠之间的关系。

4. 结果分析

（1）同源偏差与共同方法偏差检验

由于调研时，被试在同一时间段填完所有测量问卷，都是由基层执法类公务员自我评价或者评价上一级领导，这样调查数据就有可能存在同源性偏差与共同方法偏差。根据以往研究，在分析数据阶段，采用 Harman 单因素检验法，将家长式领导、领导—成员交换、工作倦怠全部题目放在 SPSS 中进行因子分析。在未旋转情况下，量表的项目的因子分析中得到特征值大于 1 的 11 个因子，总共解释了总变异的 69.35%，并未出现一个共同因素解释大部分变异的情况。说明本研究中，共同方法偏差在合理范围内。[①]

（2）多重共线问题

就家长式领导及其三个维度对组织支持感、基层执法类公务员敬业度、工作倦怠的影响，在做回归分析时，考虑到多重共线问题，而 VIF 和容差是多重共线性的量度，本研究模型中所有的 VIF 都低于 2，满足 VIF≤5、容忍度均大于 0.1 的要求，因此共线性处在合理范围内。

（3）相关分析

研究中各变量的平均值、标准差及相关系数具体见表 2–20。相关分析表明，家长式领导与工作倦怠（$r = 0.28$，$P < 0.01$）和领导—成员交换（$r = 0.66$，$P < 0.01$）呈正相关，即家长式领导得分越高，工作倦怠及领导

[①] 周浩、龙立荣：《共同方法偏差的统计检验与控制方法》，《心理科学进展》2004 年第 6 期。

—成员交换得分越高。具体分析家长式领导的三个维度表明，工作场所创设家庭环境维度与工作倦怠呈显著正相关（$r=0.30$，$P<0.01$）；全面平等关怀下属非工作领域维度与工作倦怠呈显著正相关（$r=0.27$，$P<0.005$）；期望下属忠诚与服从维度与工作倦怠呈显著正相关（$r=0.10$，$P<0.05$）。领导—成员交换与工作倦怠呈正相关（$r=0.24$，$P<0.05$）。

表2-20　　　　　　　　　相关变量的描述性统计

变量	1	1.1	1.2	1.3	2	2.1	2.2	3	3.1	3.2	3.3
1 家长式领导	1.00										
1.1 创设环境	0.93***	1.00									
1.2 平等关怀	0.90***	0.79***	1.00								
1.3 期望忠顺	0.68**	0.44**	0.46**	1.00							
2 领导—成员交换	0.66**	0.63**	0.62**	0.39**	1.00						
2.1 日常交流	0.54**	0.51**	0.51**	0.32**	0.77***	1.00					
2.2 精神互动	0.65**	0.62**	0.60**	0.39**	0.97***	0.70***	1.00				
3 工作倦怠	0.28**	0.30**	0.27*	0.10*	0.24**	0.18*	0.23**	1.00			
3.1 情绪耗竭	0.25**	0.26**	0.24*	0.09	0.21**	0.14*	0.21**	0.81***	1.00		
3.2 愤世嫉俗	0.41**	0.43**	0.40**	0.18*	0.40**	0.28**	0.39**	0.76***	0.57**	1.00	
3.3 低工作效能	-0.13*	-0.12*	-0.12*	-0.09	-0.18*	-0.07	-0.17*	0.41**	0.01	-0.09	1.00
平均值（M）	28.92	11.58	8.59	8.78	22.05	34.45	12.53	48.99	16.45	12.11	20.42
标准差（SD）	10.78	5.63	3.88	3.05	7.59	8.28	4.61	10.55	5.56	5.35	4.85

注：*$P<0.05$，**$P<0.01$，***$P<0.001$。

（4）AMOS结构方程模型分析

研究中因为使用的均为成熟量表，所以除了组织支持感问卷因为本身题目太多而又没有划分维度，故采用探索性因素分析法（具体见研究工具里的效度报告），其他两个问卷只需进行验证性因子分析。运用A-MOS进行验证性因素分析，并构建模型，包含的拟合优度指标主要如下。①卡方与自由度之比χ^2/df，一般认为，当$\chi^2/df<5$时，模型拟合可接受。卡方与自由度之比越小，模型拟合越好。②渐进残差均方和平方根值 $RMSEA$，一般认为小于0.08拟合较好。$RMSEA$不超过0.1，模型也可以接受。其值越小，模型拟合越好。当大于0.1时，模型拟合不好，需要进行修正。③拟合指数 GFI，其值要求大于0.9。越接近1，说明模型拟

合越好。① 本研究中，以工作倦怠为因变量的模型，各拟合指标具体见表 2–21。

表 2–21　　　　　　以工作倦怠为因变量的模型拟合指标

模型	χ^2	df	χ^2/df	IFI	GFI	TLI	RMSEA
三因素模型	38.16	17	2.25	0.99	0.99	0.98	0.04

注：三因素模型（家长式领导、领导—成员交换、工作倦怠关系）。

本研究中有三个潜变量，并且潜变量的观测指标存在大量误差，因而适合运用结构方程模型（AMOS）进行分析，得出家长式领导、领导—成员交换对下属工作倦怠的影响，结果如下。家长式领导对工作倦怠有显著的正向影响，这与假设 1 相反。家长式领导对领导—成员交换有显著的正向影响，即家长式领导得分越高，领导—成员交换质量越好，这验证了假设 2。领导—成员交换对工作倦怠有显著的负向影响，即领导—成员交换水平越高，下属工作倦怠越低，这验证了假设 3。具体模型中的主要路径如图 2–4 所示，这表明领导—成员交换在家长式领导与工作倦怠之间起了中介作用，假设 4 得到验证。对假设模型的路径分析结果，通过分析变量间的线性关系，根据以往文献解决中介效应的做法，即当自变量与中介变量对因变量都分别影响显著时，如果把自变量与中介变量同时加入回归方程来探讨两者对因变量存在的影响程度，当自变量对因变量的影响不显著而中介变量对因变量效应显著，表明完全的中介效应；而如果加入中介变量后，自变量对因变量的影响仍然显著，但明显减弱时，则表明起了部分中介效应。这进一步表明在本研究中，领导—成员交换对家长式领导与工作倦怠之间起了部分中介作用。最后依据图 2–4 与表 2–21，综合具体深入分析可得，家长式领导的三个一级指标因子负荷分别为 0.50、0.88、0.90。这三个因子负荷指标均很显著，很好地解释了三个一级指标。领导—成员交换的两个因子载荷分别为 0.76、0.92，负荷指标均很显著，也很好地解释了该潜变量的两个一级指标。

---

① 邱皓政、林碧芳：《结构方程模型的原理与应用》，中国轻工业出版社 2009 年版，第 75—89 页。

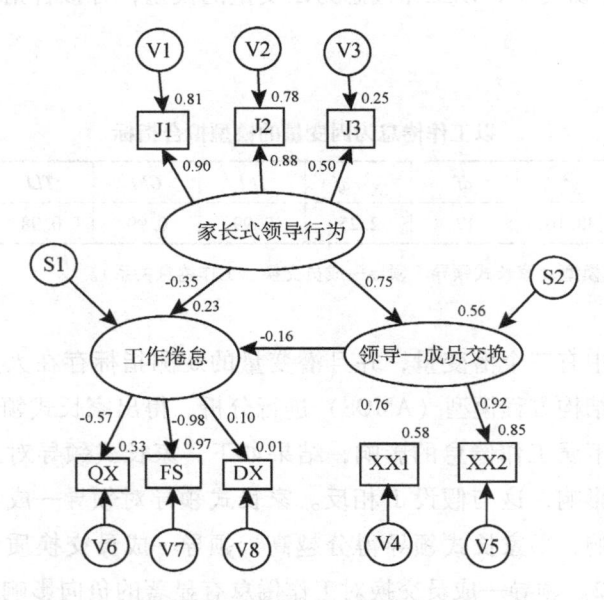

图-4 家长式领导、领导—成员交换与工作倦怠关系

工作倦怠的三个因子中，情绪耗竭与去个性化因子负荷分别为0.57、0.88，很好地解释了观测值的一级指标，但是去个性化因子负荷仅为0.1，不能很好地解释该观测值的一级指标。

表2-22　　　　　　各主要变量之间标准化路径系数及显著性

路径	路径系数	P 值
家长式领导→工作倦怠	0.23	0.03 *
家长式领导→领导—成员交换	0.75	0.001 ***
领导—成员交换→工作倦怠	-0.16	0.05 *

注：* $P<0.05$，** $P<0.01$，*** $P<0.001$。

5. 讨论

本研究结果表明，家长式领导方式对基层执法类公务员工作倦怠有显著正向作用，这与之前假设完全相反，原因可能如下。(1)基层执法类公务员的职业本身特点及工作环境因素，使得家长式领导在工作场合为员工创设的家庭环境流于形式，导致其负面情绪不断积累，而相应的建舒缓室、优化办公环境等，不但难以缓解基层执法类公务员的工作压力等，反而有引起其反感之嫌。（2）家长式领导全面平等关怀员工工作与生活维度，对于基层执法类公务员而言，领导无论在工作还是非工作领域，不分差别地关怀下属私人领域，有可能使得下属感知到私人领域受到侵犯而起防御之心，会使得领导—成员交换内耗过度，引发工作倦怠。（3）从领导要求下属服从、尊重与忠诚维度来说，基层执法类公务员队伍执法的灵活自主性要求越来越高，执勤时面临环境多变问题，需要秉公执法同时充分授权，而本研究基层执法类公务员样本中接近一半是军转干部，多奉行半军事化管理，可能造成执法僵化而导致工作倦怠。

家长式领导方式对基层执法类公务员感知到领导—成员交换起直接负向作用，领导—成员交换对工作倦怠起正向作用，领导—成员交换对家长式领导方式与基层执法类公务员工作倦怠起了部分中介作用。这可以运用社会交换理论与社会认同理论进行解释。依据社会交换理论，个体自利性促使人们在社会交换中趋向于以最小的成本获取最大的收益，基层执法类公务员感知到的家长式领导方式，更多的是要求配合优化办公环境，全面关怀过度，过分强调忠诚服从，缺乏适当授权与制度性规范，使得上下级之间本应该顺利进行的一些信息、服务与关怀等的交换出现了阻碍，供需失衡使得领导—成员交换变得更差。根据社会认同理论，如果基层执法类公务员感知到的家长式领导过分强调服从权威，反而有可能感到领导权威不够、原则性不强、不愿授权或者不认同自身能力，导致表面虚假认同领导，组织认同感降低，最终致使工作倦怠升高。欧文·E. 休斯曾指出，"公共管理改革应该明确鼓励领导力，领导者要做的不仅是传达命令，还要使下属服从组织整体目标。公共部门的领导力被认为与个人特质和职位相关，即一方面要求领导具有勇气、耐力、超凡魅力等在内的个人特质，另一方面同时还要拥有分配权力、权威和责任的地位"①。

---

① ［澳］欧文·E. 休斯：《公共管理导论（第四版）》，张成福等译，中国人民大学出版社2015年版。

(五) 基层执法类公务员提升治理效能的启示与对策

降低基层执法类公务员工作倦怠可从优化组织结构与制度、转变领导方式、构建积极组织文化与提高认知四个方面进行。第一，政府部门应探索动态的、以公共服务需求为导向的"需求型公共服务组织结构"的设计与制度优化，在明确领导与下属职权的大范围内，尝试基层执法类公务员非正式干部正式化机制。当前基层执法类公务员编制不足，"三定"干部数量不能满足实际需要，因而可以尝试引进激励非正式编制的"二定"干部以及志愿者来动态补充，探索基层执法类公务员非正式干部正式化的组织结构与制度创新的长效机制。第二，当家长式领导方式撞上街头官僚执法，转变领导方式是关键。家长式领导应结合基层执法类公务员职业特点，注重领导权力配置的有效性与适应性，保障一线基层执法类公务员权威与自由裁量权，超越基层执法绩效问责之困境。第三，构建实效的组织文化，绩效考核应酌情考虑到基层执法类公务员情绪耗竭。减少像简单创设员工活动中心这种表面型的环境优化与组织文化建设，应设身处地考虑到基层执法类公务员执法情绪耗竭并进行相应的补偿。第四，基层执法类公务员个人应努力提高自身认知水平。有学者指出，政府对街头官僚通过绩效问责来实现工作考核，但忽略了街头官僚本身对其工作过程和环境的认知。[①] 基层执法类公务员只有不断学习与创新，协调好上下级，持续提升自身认知水平，才能既做到执法公正公平，又能不断满足人民群众日益增长的弹性需求。

第二节 镇街、村居干部基层治理的行动逻辑与实践

一 镇街、村居干部角色概念

(一) 概念与定位：自治的边界

在乡村振兴战略实施的过程中，基层镇街以及村社发挥着基础性作用，镇街、村居干部更是实施乡村振兴战略的直接推动者、组织者和实

[①] 颜海娜、聂勇浩：《基层公务员绩效问责的困境——基于街头官僚理论的分析》，《中国行政管理》2013 年第 8 期。

践者，肩负着协助基层政府开展社会治理、促进农村经济社会发展的重要使命。近年来，随着经济的迅猛发展，社会事务的复杂化，村民民主法治观念的增强，特别是在疫情的影响下，镇街村居干部面临着前所未有的挑战。从宣传防疫政策、逐户登门排查到供应生活物资、恢复农业生产，都需要基层干部亲力亲为。面对高强度的工作压力，基层镇街干部却面临着工作待遇低、晋升渠道狭窄等现实问题。这往往会降低村干部工作的积极性和主动性，因此，增强基层治理效能具有重要的理论意义和实践意义。

虽然镇街、村居干部都处于基层一线，但社区、农村干部与国家公务员、事业单位公职人员不同，他们独立于国家正式行政干部体制之外，由社区居民、村民自治机制选举产生，为居民提供公共服务。

（二）服务动机、社会资本与治理创新关系

创新行为产生需要内在动机与外部条件的有机融合，基层工作琐碎又复杂，处理起来需要平衡灵活性与原则性，需要基层干部整合工作资源，适当创新地解决。根据工作要求—资源模型理论，个人使命感水平越高，即个人对工作的要求越高，个体创新行为就越强。在个人内在需求满足的驱动下，在做好本职工作的基础上做一些角色外的活动，这会在充分利用已有资源的基础上，拓展新资源，从中所体验到的成就感会激发持续创新，从而通过个人价值与使命感的内部认同激发创新动机，出现更多创新行为。

二 镇街、村居干部进行基层治理的逻辑

2019年，党的十九届四中全会提出，要建立不忘初心、牢记使命的制度，坚持"持续推进党的理论创新、实践创新、制度创新"。基层干部是落实国家政策与推动基层治理现代化的直接执行者，基层干部如何响应使命感，综合基层社会资本聚力效应与知识共享作用，激发使命感并转化成创新行为的深入探究，有助于厘清基层干部创新行为的心理机制。

(一) 办实事还是"不出事"?

中国的经济发展、结构变迁、利益分化与社会失序等交错共存。① 基层政府在应对社会抗争事件时,主要遵循"大事化小、小事化了"的"不出事"逻辑。② 基层干部身处基层,其思想和能力素质直接影响基层社会治理的效果。新时代对基层干部提出新挑战,做到肯干事、干实事、不出事。肯干事,就是要主动乐于花心思去干实事。基层的工作生活条件相对艰苦,面临着发展、稳定、民生等各项琐碎而艰巨的任务。干实事,就是"为官一任,造福一方"。干部要干事,就是要以身作则地干、真心实意地干。不出事,就是勤政清廉,认真履职,圆满地完成自己所承担的职责和任务。不出事是一种底线,更是把工作干成、办好的责任。常修为政之德,常思贪欲之害,常怀律己之心,严格按规矩办事,不出事,努力做到为群众办实事。

(二) 权责清单还是"全责"清单?

作为常规化的治理工具,清单制已经成为中国公共治理常用办法,城市基层治理的复杂性为清单制的介入提供了制度空间,清单对于解决城市基层治理中的部门与条块协同、社区减负和有效公共服务供给等均具有契合性。③ 在"乡政村治"和"街政居治"体制下,基层政府及其派出机关与群众自治组织间互动关系的失衡,以及由此导致的村(居)委会"附属行政化""过度自治化""被边缘化"等问题,可通过建立村(居)公共服务站、梳理镇(街)和职能部门与村(居)委会双方责任清单、建立政府购买服务制度以及制定双向考核办法等举措,破解基层政府行政与村(居)民自治关系困境。④ 在政府日常运行中强化权责清单制度的综合应用,避免出现基层背锅的全责现象;健全权责清单制度运行的保障机制,在权责清单制度建设中植入道德元素建设。⑤

---

① 贺雪峰、刘岳:《基层治理中的"不出事逻辑"》,《学术研究》2010年第6期。
② 杨建国:《基层政府的"不出事"逻辑:境遇、机理与治理》,《湖北社会科学》2018年第8期。
③ 彭勃、付建军:《城市基层治理中的清单制:创新逻辑与制度类型学》,《行政论坛》2017年第4期。
④ 温松:《权责清单、双向考核与基层组织关系重构——以增城区双向考核试点为例》,《岭南学刊》2018年第4期。
⑤ 陶立业:《论地方政府权责清单制度的执行梗阻》,《学术界》2021年第4期。

(三) 数字化赋能智慧社区与网格化：服务路径变革的顺应

街道融合综合执法、交管、消防管理、矛盾化解、便民服务等职能，依托街道可视化指挥平台，深度应用基层治理"四平台"（平安村居在线警务站、在线消防站、在线交治站、智慧工地和智慧楼宇模块等），打造智慧小区，使得"站在数字上治理街道"变为现实。在全科网格基础上的迭代升级的街道线下"网格化"主要由三级体系构成，即以街道为核心，划分村居综合网格、二级小网格，每个综合网格配备专职网格员。整合公安、城管、交警、消防等部门力量，共同下沉至村居网格，汇聚起基层智慧网格化强大力量。

三 新时代镇街、村居干部基层治理行动逻辑调查

(一) 使命感、社会资本、知识共享对基层干部创新行为影响调查

1. 引言

创新行为是在辨析问题的基础上，产生新的构思和方案，并寻求相关支持，将新构想付诸行动的过程。[1] 以往对企业员工个人创新行为研究主要从以下角度展开：员工创新行为与工作环境和背景资源激发的效能感的关系;[2] 组织氛围等组织与个体变量（包括前因与后果变量）对创新行为的影响;[3] 以及创新行为的过程和结构（单维或多维度）探讨；等等。当前对基层干部创新行为及其影响机制的研究付之阙如。基层干部创新行为是指基层干部以问题为导向，产生创新想法或问题解决方案，整合相关资源，有效并创造性地推动、落实国家各项政策，解决组织与个人问题，提升个人与组织管理效率以及公共服务效果的行为。当前基层干部的使命感如何通过社会资本与知识共享来影响基层干部的创新行为？基层干部直接接触基层各种资源，使命召唤如何影响社会资本，为

---

[1] S. G. Scott, R. A. Bruce, "Determinants of Innovative Behavior: A Path Model of Individual Innovation in the Workplace", *The Academy of Management Journal*, Vol. 37, No. 3, 1994.

[2] C. E. Shalley, L. L. Gilson, C. T. Blum, "Interactive Effects of Growth Need Strength, Work Context, and Job Complexity on Self-reported Creative Performance", *The Academy of Management Journal*, Vol. 52, No. 3, 2009.

[3] 刘云、石金涛：《组织创新气氛对员工创新行为的影响过程研究——基于心理授权的中介效应分析》，《中国软科学》2010年第3期。

基层政府、各个社会组织间以及组织个体成员间的互动与合作创造良好条件？如何借助知识经验交流共享来产生创新行为机制？这都有待进一步探讨。当前涉及使命感与个人创新行为的研究日益增多，但缺乏从使命召唤的角度出发，基于使命激发—资源凝聚创新理论，综合探讨社会资本、知识共享在使命感和个体创新行为关系中的机制。

2. 文献综述与研究假设

（1）使命感与创新行为关系

使命召唤概念的提出最早是以西方宗教为背景，后来逐步扩展到管理学、社会学等领域。[①] 在中国经过本土化后曾有"感召""召唤""工作使命感"等诸多译法。[②] 使命感所蕴含的个人自发动机是创新的关键因素与重要来源；个体创新行为体现在如何将创新想法落实到行动。召唤可促进知识型员工积极的工作态度，[③] 而积极的工作态度可在内化为创新动机的同时促进创新行为的产生[④]。

综上所述，提出假设1：使命感对创新行为起正向作用。

（2）社会资本的中介作用

布尔迪厄（Pierre Bourdieu）最早提出"社会资本"理论，科尔曼（James S. Coleman）、帕特南（Robert D. Putnam）等则继续拓展该理论。社会资本是从自身所具有的社会网络中获取的总的资源（包括潜在的和实际的），社会资本可分为属于资源整合的硬件条件的结构性资本（客观存在的相关组织、制度与规范及构成的社会网络）和属于资源合理调配的软件基础的认知性资本（信任、合作与互助等主观期望与心理资源）。[⑤]

使命感作为激发共同价值观的内部动力与信念认知，可促进积极的工作态度，并促使员工在问题解决过程中形成规范、互惠、信任的关系，

[①] 赵小云、郭成：《感召及其相关研究》，《心理科学进展》2011年第11期。

[②] 胡利利、谭楠楠、熊璐：《职业召唤研究评述》，《生产力研究》2017年第11期。

[③] 裴宇晶、赵曙明：《知识型员工职业召唤、职业承诺与工作态度关系研究》，《管理科学》2015年第2期。

[④] 杨浩等：《建设性责任知觉对真实型领导与员工创新绩效关系的中介作用研究》，《管理学报》2016年第4期。

[⑤] A. Krishna, "Understanding Measuring and Utilizing Social Capital: Clarifying Concepts and Presenting a Field Application from India", *Agricultural Systems*, Vol. 82, No. 3, 2004.

引导成员加深彼此间了解与实现社会网络的合作行为。① 社会资本是强化组织间信任、促进组织间合作以及编织良好基层社会网络的核心要素，它可通过促进社会网络关系与组织创新行为②和强化个人创新意识来提升个人创新行为。③ 高使命感的基层干部个体会完成超越工作本身的任务，有效整合结构性资本和激发认知社会资本，激发出个体创新自我效能以及团队创新的氛围，引发自信、激情等积极的工作情感，并激励员工建言，④ 出现更多组织公民行为而提升个体创新行为。⑤

综上所述，提出假设2：社会资本对使命感与创新行为的关系起中介作用。

（3）知识共享的中介作用

①知识共享在使命感对创新行为的影响中的中介作用

使命感作为利他的亲社会心理资源，受到个体对自身价值认同与利他动机与能力的影响。个体通过崇高使命感投入自身职业角色，借助已有的经验与才能，将感知到的他人需要和单位及社会利益作为人生意义，去履行职业目标。知识共享作为环境与社会网络资源，从"互动"角度来说，影响知识、经验交换的效率与效果。当个体为实现召唤的使命感，主动顺应工作环境以创新地解决问题时，就会通过分享最佳榜样经验与探讨分享失败案例途径进行知识交流与分享。召唤的使命感促使个体自觉贡献自身资源和才能，与其他成员一起达成组织目标。⑥ 而在当前信息时代，微信等新媒体工具为成员间知识共享以共同达成目标提供了极为便利的条件。通过知识共享，员工间的知识与经验增值的同时，个体感

---

① A. Sward, "Trust, Reciprocity, and Actions: The Development of Trust in Temporary-organizational Relations", *Organization Studies*, Vol.37, No.12, 2016.

② 朱慧、周根贵：《社会资本促进了组织创新吗？——一项基于Meta分析的研究》，《科学学研究》2013年第11期。

③ 熊艾伦、蒲勇健：《社会资本与个人创新意识关系研究》，《科技进步与对策》2017年第16期。

④ 张跃、杨旭华、陈娜：《职业召唤对建言行为的影响机制研究》，《中国人力资源开发》2018年第9期。

⑤ A. Hirschi, A. Herrmann, "Calling and Career Preparation: Investigating Developmental Patterns and Temporal Precedence", *Journal of Vocational Behavior*, Vol.83, No.1, 2013.

⑥ 谢宝国、辛迅、周文霞：《工作使命感：一个正在复苏的研究课题》，《心理科学进展》2016年第5期。

知到的组织集体凝聚力也在增强。这就引导个体主动切入解决问题模式，提出提高组织效率的新想法并付诸行动，从而提升创新行为。① 使命感水平较高的个体，不仅会努力完成组织正式要求的既定目标，常参与一些职责外的超越既定目标的组织公民活动。② 良好社会网络有助于与他人共享知识，进一步激发提升工作创新的内在动力。知识分享意愿越强，出现的创新行为就越多。③

根据以上分析，提出假设3：知识共享在使命感对创新行为的影响关系中起中介作用。

②社会资本和知识共享所起的链式中介作用

使命感的利他倾向与使命感信念强化了实现组织共同目标的认知，而信息时代网络"结构洞"与位置中心联结成的结构性社会资本，则提高了知识互惠与分享的速度与效益。④ 社会资本显著正向影响员工创新行为，知识共享在社会资本和员工创新行为之间起一定的中介作用。⑤ 主动性人格、知识分享能力均对其创新行为具有显著的正向作用，知识分享能力在主动性人格与创新行为之间起调节作用。⑥ 高使命感的基层干部团结基层的力量，分享知识与经验，从而创新地落实政策与解决问题。

综合以上分析，提出假设4：社会资本、知识共享在使命感对创新行为的影响关系中起链式中介作用。

---

① 王士红、徐彪、彭纪生：《组织氛围感知对员工创新行为的影响：基于知识共享意愿的中介效应》，《科研管理》2013年第5期。

② A. R. Elangovan, C. C. Pinder, M. Mclean, "Callings and Organizational Behavior", *Journal of Vocational Behavior*, Vol. 76, No. 3, 2010.

③ 马鸿佳、侯美玲、宋春华：《社会网络、知识分享意愿与个人创新行为：组织二元学习的调节效应研究》，《南方经济》2015年第6期。

④ 邓渝、邵云飞：《创新网络结构性社会资本对个人知识收益的影响》，《中国科技论坛》2016年第7期。

⑤ 杨德祥、侯艳君、张惠琴：《社会资本对企业员工创新行为的影响——知识共享和信任的中介效应》，《科技进步与对策》2017年第20期。

⑥ 张振刚、李云健、余传鹏：《员工的主动性人格与创新行为关系研究——心理安全感与知识分享能力的调节作用》，《科学学与科学技术管理》2014年第7期。

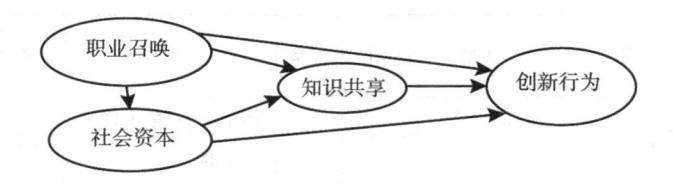

图 2-5 假设理论模型

3. 实证研究设计与程序
（1）研究对象与测量工具、研究方法

采取问卷调查法，结合深入访谈与质性分析。选取 SD 省东部、中部和西部地区 9 市 20 个街道和乡镇，总共发放纸质问卷 900 份，回收纸质问卷 785 份（有效问卷 678 份），电子问卷 480 份（收集有效问卷 472 份），回收问卷 1265 份，回收率为 91.67%，去掉答题倾向明显以及漏答过多的不合格问卷后，有效问卷为 1160 份。具体人口统计学变量分布如表 2-23 所示。

表 2-23　　　　人口统计统计学变量分布情况　　　　（单位：人,%）

变量	分类	人数	百分比	变量	分类	人数	百分比
性别	男	695	59.91	婚姻	未婚	178	15.34
	女	465	39.57		已婚	965	83.19
年龄	25 岁及以下	66	5.69		离婚	12	1.03
	26—30 岁	208	17.93		丧偶	5	0.44
	31—40 岁	382	33.93	工作地点	东部地区	408	35.17
	41—50 岁	373	32.16		中部地区	421	36.29
	51 岁以上	131	11.29		西部地区	331	28.54
学历	高中/中专及以下	219	18.88	工资水平	3000 元及以下	323	27.83
	大专	189	16.29		3001—6000 元	709	61.13
	本科	617	53.19		6001—9000 元	106	9.13
	硕士及以上	136	11.64		9001 元及以上	22	1.91

续表

变量	分类	人数	百分比	变量	分类	人数	百分比
单位隶属	街道办	288	24.83	职务	街道、乡镇党政领导干部	182	14.83
	乡镇	457	39.40		街道、乡镇普通工作人员	397	34.22
	社区居委会	119	10.26		社区居委会"两委"成员	156	13.45
	村"两委"、村干部	172	14.79		村"两委"、村干部	216	18.60
	其他	124	10.69		其他	209	18.00

研究使用的使命感问卷是在 S. R. Dobrow 等开发的 12 个条目的量表基础上,[①] 借鉴裴宇晶等对问卷本土化修订的方法,[②] 结合基层干部工作实际,对题目表达进行适当修改。采用李克特七点计分,从 1(很不同意)到 7(非常同意)进行评价,典型条目为"我对自己的职业有一种使命感"。依据温忠麟等的处理方法,将 12 个直接观测指标打包成两个维度: 召唤 1 和召唤 2。知识共享量表参照文鹏和廖建桥的本土化研究,结合研究实际进行适当修订后包括 5 个题项,并根据在中国的修订与应用,结合基层干部情况修订为 4 个题项,采用李克特六点量表。社会资本量表是在 D. R. Krause 开发的问卷基础上,[③] 借鉴杨德祥等本土化修订的方法,修订后的问卷单维度共 6 个题项,包含关系、互动、合作与信任等内容。依据温忠麟等的处理方法,将 6 个直接观测指标打包成两个维度: 资本 1 和资本 2,采用李克特六点量表。创新行为问卷采用的是在 S. G. Scott 和 R. A. Bruce 等编制的 6 个题项问卷的基础上,与研究的基层干部实际工作需要相结合,修订后共 4 个题项,采用李克特六点量表。

---

① S. R. Dobrow, J. Tosti-Kharas, "Calling: The Development of a Scale Measure", *Personnel Psychology*, Vol. 64, No. 4, 2011.

② 裴宇晶、赵曙明:《知识型员工职业召唤、职业承诺与工作态度关系研究》,《管理科学》2015 年第 2 期。

③ D. R. Krause, "The Relationships Between Supplier Development, Commitment, Social Capital Accumulation and Performance Improvement", *Journal of Operations Management*, Vol. 64, No. 4, 2007.

具体采用 SPSS 和 AMOS 软件对数据进行分析处理。

(2) 信度与效度分析

运用 SPSS 对使命感、社会资本、知识共享与创新行为四个问卷进行信度检验，检验结果表明，四个问卷信度为 0.85—0.94，均达到统计学上要求的大于 0.8 的水平。

(3) 共同方法偏差检验

为控制共同方法偏差对数据的影响，在问卷施测的过程，除了采取三种途径分不同时间段来收集数据，防止单一路径收集数据带来的同源偏差负面影响外，同时还通过部分题项反向计分与编排形式变化，强调仅为学术研究的匿名性等途径来减少偏差，并对有效数据采用 Harman 单因子法进行检验，在未旋转的情况下采用主成分法得到特征值 > 1 的因子 6 个，其中最大因子解释的方差变异为 33.76%，本研究的共同方法偏差问题控制在合理的范围之内。

(4) 相关分析

对使命感、社会资本、知识分享和创新行为进行 Pearson 相关分析和描述性统计（见表 2 - 25），使命感与社会资本（$r = 0.572$, $P < 0.001$）、知识共享（$r = 0.476$, $P < 0.001$）及创新行为（$r = 0.519$, $P < 0.001$）均呈显著正相关，社会资本与知识共享（$r = 0.419$, $P < 0.001$）呈显著正相关，知识共享与创新行为（$r = 0.636$, $P < 0.001$）呈显著正相关。各变量之间均呈中等程度相关，可以进一步作深入潜变量间的因果分析。

(5) 结构方程模型路径分析与假设验证结果

①使命感与创新行为关系

根据结构方程模型构建理论，先对预测变量（使命感）对结果变量（创新行为）的直接作用构建结构方程模型 1，采用 AMOS 进行检验，得到模型 1 的数据拟合指标如下：$\chi^2/df = 1.935$, $CFI = 0.998$, $TLI = 0.996$, $RMSEA = 0.016$。符合 L. Hu 和 P. M. Bentler 提出的模型拟合的标准，即良好的模型拟合一般要满足 χ^2/df 小于 5，CFI、IFI、TLI 大于 0.9，$RMSEA$ 小于 0.08。[①] 结果表明，使命感单独对创新行为的直接正向作用显著，标

---

① L. Hu, P. M. Bentler, "Cut off Criteria for Fit Indexes in Covariance Structure Analysis: Conventional Criteria Versus New Alternatives", *Structural Equation Modeling*, Vol. 6, No. 1, 1999, pp. 1 - 55.

准化路径系数 β 为 0.568（$P<0.001$），假设 1 得到验证。这表明使命感能够显著正向作用于基层干部创新行为。

表 2-24 使命感、社会资本、知识共享与创新行为问卷信度检验

潜变量	题目	标准化系数	问卷信度	问卷来源
使命感	1. 我对基层工作充满热情	0.783	0.963	S. R. Dobrow 等以及裴宇晶等
	2. 我享受做基层工作胜过其他任何事情	0.838		
	3. 从事我的职业让我有巨大的满足感	0.859		
	4. 为了我的职业，我会不惜一切代价	0.833		
	5. 当向别人介绍时，我通常首先想到的是我的职业	0.757		
	6. 即使面临困难，我仍将坚持选择从事我的职业	0.895		
	7. 我的职业将一直是我生命的一部分	0.879		
	8. 我会为基层工作努力奋斗	0.853		
	9. 从某种意义上，我内心深处一直装着我的职业	0.844		
	10. 即使没有做基层工作，我也常考虑要从事它	0.788		
	11. 投身目前的职业让我的生命活得更有意义	0.887		
	12. 我的职业能够深深触动我内心，给我带来喜悦	0.881		
社会资本	1. 您的家族成员之间的关系程度	0.586	0.880	D. R. Krause 以及杨德祥等
	2. 当前本乡镇（街道）党委、政府等的工作配合程度	0.816		
	3. 您所在部门内部工作人员之间的工作配合程度	0.846		
	4. 本乡镇（街道）和下面的村（居）委会间工作配合	0.866		
	5. 您周围大多数同事之间的信任程度	0.859		
	6. 您认为社会上大多数人之间的信任程度	0.762		
知识共享	1. 我经常把自己的工作经验分享给同事或合作者	0.874	0.871	Chennananeni 以及文鹏和廖建桥
	2. 当有新知识或新信息时，我会与合作者分享	0.890		
	3. 在参加集体讨论时常发表自己的建议、观点	0.830		
	4. 当合作者需要时，我会分享工作文档或资料	0.801		
创新行为	1. 在基层工作中，我经常产生创新性的想法	0.875	0.911	S. G. Scott 和 R. A. Bruce
	2. 我经常改进同事或合作者提出的观点、建议	0.867		
	3. 在基层我能够寻求新方法改进当前的工作	0.894		
	4. 总体来说，我认为自己在基层工作具有创新性	0.899		

表2-25　　　　　　　　变量间的相关分析及描述性统计

	1	2	3	4
1 使命感	1			
2 社会资本	0.572***	1		
3 知识分享	0.476***	0.419***	1	
4 创新行为	0.519***	0.420***	0.636***	1
均值	5.71	4.15	5.16	4.74
方差	1.25	0.66	0.78	0.97

注：$*P<0.05$，$**P<0.01$，$***P<0.001$。

②社会资本在使命感与创新行为之间的中介效应

依据构建结构方程模型验证中介效应的方法来探讨中介效应，以使命感为预测变量，以创新行为为结果变量，以社会资本为中介变量，构建结构方程模型2，得到模型2的数据拟合指标如下：$\chi^2/df=1.778$，$CFI=0.996$，$IFI=0.992$，$TLI=0.998$，$RMSEA=0.026$，模型拟合良好。结果表明，使命感对创新行为的直接正向作用仍然显著，标准化路径系数 $\beta=0.446$（$P<0.001$）；社会资本对创新行为的直接正向作用也显著，$\beta=0.177$（$P<0.001$）；使命感对社会资本的直接正向作用也显著，$\beta=0.660$（$P<0.001$）。社会资本对使命感与创新行为之间关系起了部分中介作用，假设2得到验证。对直接效应与间接效应的处理，当两个变量间有一个中介变量，如果变量与变量间的直接效应有一条不显著，则间接效应不显著；如果变量与变量间直接效应均显著，则间接效应显著。间接效应强度等于两个直接效应的回归系数相乘。因而，本模型中的中介效应为两个直接效应相乘，为0.117，中介作用效果量为0.117/0.563=20.78%，即社会资本解释了使命感与创新行为关系的20.78%。

③知识共享在使命感与创新行为之间关系作用的中介效应

以使命感为预测变量，以创新行为为结果变量，以知识共享为中介变量，构建结构方程模型3，得到模型3的数据拟合指标如下：$\chi^2/df=4.044$，$CFI=0.990$，$IFI=0.986$，$TLI=0.983$，$RMSEA=0.052$，模型拟合良好。结果表明，使命感对创新行为的直接正向作用仍然显著，标准化

路径系数 $\beta=0.284$ ($P<0.001$); 知识共享对创新行为的直接正向作用也显著, β =为0.541 ($P<0.001$); 使命感对知识共享的直接正向作用也显著, $\beta=0.520$ ($P<0.001$)。依据邱政浩等对中介变量的处理, 社会资本对使命感与创新行为之间关系起了部分中介作用, 假设3得到验证。中介效应为两个直接效应相乘, 为0.281, 中介作用效果量为0.281/0.565=49.73%。

④社会资本和知识共享所起的链式中介作用分析

依据以往学者处理中介作用的程序。以理论假设为依据基础, 构建以使命感为预测变量、以社会资本和知识分享为中介变量、以创新行为为结果变量的结构方程模型4, 模型4的数据拟合指标为: $\chi^2/df=3.248$, $IFI=0.990$, $CFI=0.990$, $TLI=0.984$, $RMSEA=0.044$, 该模型与数据拟合良好。具体路径关系见图2-6。图2-6表明, 除了"社会资本→创新行为"路径系数不显著外, 其他路径系数均显著 ($P<0.001$)。具体路径系数见表2-26, 从使命感到创新行为的直接效应是0.260; 中介效应有三条路径, 其中"使命感→知识共享→创新行为"路径的间接中介效应量为0.346×0.536=0.185, "使命感→社会资本→创新行为"路径的间接中介效应为0.660×0.057=0.038, "使命感→社会资本→知识共享→创新行为"路径的间接中介效应为0.660×0.236×0.536=0.083, 总的中介路径之和为三条分路径相加, 为0.306; 总效应等于直接效应加总的中介效应, 结果为0.566。各个路径效果量分别为: (1)"使命感→知识共享→创新行为"路径效果量为0.185/0.566=32.69%; (2)"使命感→社会资本→创新行为"路径效果量为0.038/0.566=6.71%; (3)"使命感→社会资本→知识共享→创新行为"路径的效果量为0.083/0.566=14.66%。三条中介效应总共解释了总效应的54.06%, 直接效应解释了总效应的45.94%。根据总体的显著性检验, 可判断出社会资本和知识共享在对使命感与创新行为关系中所起的链式中介效应显著。进一步采用Bootstrap检验重复取样2000次, 以95%的置信区间结果来验证中介作用效果。从使命感到创新行为的链式中介路径的置信区间为[0.05, 0.22], 根据置信区间不包括0, 则说明其路径具有显著的中介效应。各中介路径的效应值和中介效果量如表2-26所示, 结果进一步表明三条中介效应均显著, 社会资本和知识共享所起的链式中介作用成立, 假设4得到验证。

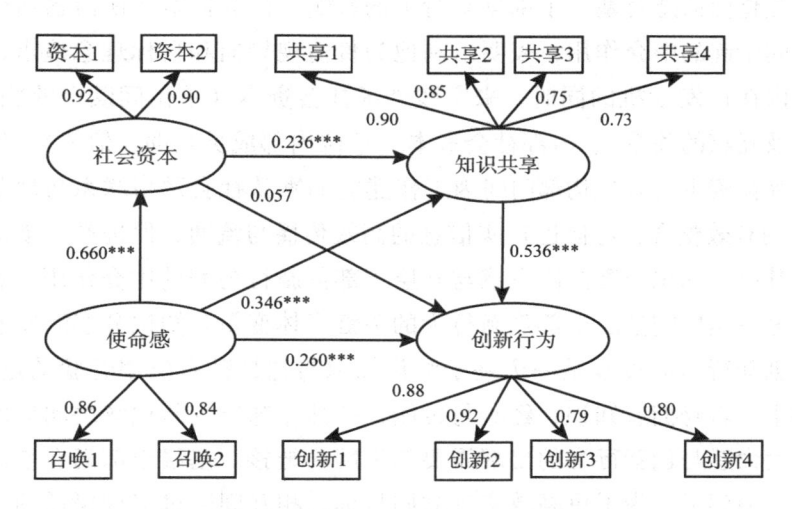

图 2-6　社会资本与知识共享对使命感和创新行为所起的链式中介作用

表 2-26　使命感作用于创新行为的中介效应值及效果量

效应	路径	效应量	95%置信区间	效果量（%）
直接效应	使命感→创新行为	0.260	[0.05, 0.22]	45.94
中介效应	使命感→知识共享→创新行为	0.185	[0.83, 0.35]	32.69
	使命感→社会资本→创新行为	0.038	[0.03, 0.09]	6.71
	使命感→社会资本→知识共享→创新行为	0.083	[0.04, 0.17]	14.66
总的中介效应		0.306	[0.19, 0.46]	54.06
总效应		0.566		100

4. 讨论

（1）结论建议

首先，激发使命感能促进基层干部治理能力。结果证实了理论假设的使命感对基层干部使命感的直接效应显著，并且该效应的效果量最大，占总效应的 45.94%。这可以解释如下：依据对使命激发—资源凝聚创新理论的应用，通过强化基层干部使命感的激励机制，凝聚社会资本，进一步强化使命感对基层干部创新行为的影响。社会资本在使命感与创新行为间所起的中介作用，表明以利他为价值观导向和目标理念追求，在激发内在自发动机的同时，来实践外部社会资本（单位间既定的联结、信任及互惠的关系）、内部社会资本（单位内部成员互助、信任），外加隐形社会资本（各机构部门间因工作建立的默认社会网络联系与规章制度）的有效整合，可促进现实信息的高效传播与流通，促进产生创新行为。其次，知识分享在使命感与基层干部创新行为间的中介作用，表明知识分享是影响基层干部创新行为的关键个体变量。知识分享激发基层干部创新行为的过程是一个基于汇集知识与超越已有应用经验的过程。基层干部自身拥有知识、经验与技能，是其在基层创新地解决问题的基础，使命感与创新行为的出现需要知识网络链接。基层干部间在彼此强烈的使命感下，为了更高效实现共同目标，相互间通过多种渠道的知识分享缩减了知识、经验与技能的获取与运用的时间成本，并在知识分享中不断强化与激发创新思维，产生创新行为。最后，以凝聚社会资本与加大知识共享的联动来强化使命感对基层干部治理创新行为的作用效果。依据社会资本与知识共享所起的链式中介作用，使命感水平高的个体，对其未来的创新行为具有正向预测性。激发基层干部使命感，凝聚社会资本，就会获得更多工作资源。通过与他人知识分享可以快速找到创新工作所需的知识和技能，从而对创新活动投入更多，并取得更高水平的创新。因而可通过整合社会资本与强化知识分享的双驱动，以经验学习分享以及人际关系网络的建构来综合强化使命感对基层干部创新行为的影响机制。

（2）理论建构

使命感作为对基层干部创新行为影响的内在作用机制，促进基层干部的创新行为。首先，本研究着眼于基层干部个体的使命感与创新行为关系，这就丰富了该领域特殊创新行为的相关影响因素研究；其次，自主动机和信念（使命感）对于基层干部未来的创新行为和绩效具有很强的预测作用，本研究聚焦的使命感和基层干部创新行为的关系则为发展该群体激励性研究建立一个可参照的框架；最后，通过验证社会资本、知识分享在使命感和基层干部创新行为之间的潜在路径，为基层干部创新行为的深入应用提供了新的实证依据的同时，也为基层干部绩效的科学考核与激励提供了新的视角。

（3）研究不足

首先，本研究对象仅为 SD 省基层干部，虽然 SD 省作为全国的缩影具有代表性，同时东、中、西部地区分布与发展状况与全国相似，但在研究中由于没有涉及其他省份，所以未来研究可以进一步通过探讨其他省基层干部使命感与创新行为状况和机制来进行补充与比较。其次，本研究仅采用横断点研究设计来验证和探讨变量间的因果关系，这就无法厘清基层干部使命感与创新行为动态发展的过程机制。因而未来研究可进一步结合纵向追踪的相关研究进行设计，对发生前因与后果之间的过程机制进行更科学与全面的分析。最后，基层干部创新行为的形成还可能受到人格、领导方式、心理授权和组织氛围等个体与组织变量的影响，因而未来研究可以考虑纳入组织环境、领导方式以及人格等变量因素，综合探讨使命感对创新行为的作用机制。

（二）农村基层干部公共服务动机对绩效的影响

1. 问题提出

党的十九大报告指出，要实施乡村振兴战略。在加快推进基层治理现代化的过程中，除了需要加大农村基础设施建设等硬件的投入，更需要升级农村的公共服务等软件配套措施，这些都需要农村基层干部来直接执行。而农村基层干部要有所作为，就需要从基层要解决的问题出发，顺应基层治理现代化的形势要求，落实国家各项基层政策，不断激发为人民服务的动机以提升基层治理绩效。梳理当前关于公共服务动机及与绩效关系的研究，主要集中在以下三个方面。一是国内外关于公共服务动机概念界定与研究进展的相关理论研究。例如，有学者整合了公共服务动机的概念内涵与拓展方向。[1] 二是公共服务动机在国内本土化过程中，针对不同群体，探讨人口统计学变量以及其他变量对其影响的实证研究。[2] 中国基层公务员公共服务动机与国外相比，独具特色，受组织环

---

[1] 曾军荣：《公共服务动机：概念特征与测量》，《中国行政管理》2008 年第 2 期。
[2] 陈世香、苏建健：《国外公共服务动机研究：概念诠释、变量关系与发展趋势》，《国外社会科学》2017 年第 1 期。

境、上级信任、领导职级与教育层次等因素影响;① 公共服务动机在政府部门领导行为对变革型组织公民行为关系中的影响机制;② 公共服务动机对高承诺工作系统与建言行为关系的影响;③ 中国乡村干部公共服务动机在工资收入认知与经济发展水平上差异显著,并影响工作满意度。④ 三是公共服务动机与绩效之间的直接关系,以及两者关系受到其他变量前因后果影响机制的综合研究。个人—组织匹配对公务员公共服务动机与绩效起调节作用;⑤ 乡镇公务员公共服务动机在组织承诺与绩效之间起中介作用;等等。⑥

综合已有研究,发现存在如下不足。(1)缺乏以农村基层干部为对象进行公共服务动机与绩效关系的研究。已有研究或者是以教师、MPA学生、广泛的公务员群体(例如警察等)为研究对象,或者是仅以基层公务员、乡村干部或乡镇公务员等为研究对象进行相关研究,而以农村基层干部(包含乡镇干部与村干部)为研究对象的付之阙如。农村基层干部是基层治理的最直接主体,其治理绩效更能全面反映当前基层治理的效果。(2)缺乏从社会资本与知识共享的视角出发,探讨农村基层干部公共服务动机与绩效关系的内部机制。当前国外关于公共服务动机的研究已经进入与其他理论与变量相融合的第三潮流阶段。⑦ 而在新时代基层治理的改革进程中,由逐步改革而规范化的组织制度(结构性社会资本)以及信任、合作、互助等主观期望与心理资源等(认知性社会资本)

---

① 李锋、王浦劬:《基层公务员公共服务动机的结构与前因分析》,《华中师范大学学报》(人文社会科学版)2016年第1期。

② 陈振明、林亚清:《政府部门领导关系型行为影响下属变革型组织公民行为吗?——公共服务动机的中介作用和组织支持感的调节作用》,《公共管理学报》2016年第1期。

③ 刘帮成、周杭、洪风波:《公共部门高承诺工作系统与员工建言行为关系研究:基于公共服务动机的视角》,《管理评论》2017年第1期。

④ 王亚华、舒全峰:《中国乡村干部的公共服务动机:定量测度与影响因素》,《管理世界》2018年第2期。

⑤ 葛蕾蕾:《公共服务动机对公务员绩效的影响——个人—组织匹配的调节作用》,《山东社会科学》2016年第3期。

⑥ 马秀玲、梅争超:《乡镇政府公务员的组织承诺对其工作绩效的影响》,《甘肃理论学刊》2017年第6期。

⑦ J. L. Perry, "The Motivational Bases of Public Service: Foundations for a Third Wave of Research", *Asia Pacific Journal of Public Administration*, Vol. 36, No. 1, 2014.

构成的社会资本，正逐步渗透改变农村基层干部的服务动机与治理思维；同时新媒体融合的信息化工具在基层农村的广泛应用，则将农村基层干部之间知识经验共享变得更便捷与高效，使得乡镇干部与村干部等在线联动进行基层治理变得越来越普及。因而将社会资本与知识共享这两个变量引入，探讨其对农村基层干部公共服务动机与绩效关系的影响具有较强的理论与现实意义。本书基于公共服务动机理论假设，通过对问卷调查结果的深入分析，综合探讨农村基层干部社会资本、知识共享在公共服务动机和绩效关系中的作用机制，拓展了公共服务动机理论研究的深度与广度，进一步在本土化公共服务动机理论的同时，验证了其在中国农村基层干部群体的适用性，有利于优化基层农村人力资源管理，可为科学激励与提升农村基层干部公共服务动机和优化绩效考核提供新思路及可参照的框架依据。

2. 理论构建与研究假设

（1）公共服务动机与绩效关系

公共服务动机理论（PSM）与西方传统"理性经济人"假设视角不同，在公共领域倾向于指通过公共互动，激励个体依据内在动机关注更大利益，产生益于他人和提升社会福祉的动机和行动。J. L. Perry 认为，公共服务动机的最终目标是利他与亲社会，是包含理性动机、规范动机与情感动机的多维系统，PSM 包含四个维度：参与公共政策、维护公共利益、同情心与自我牺牲。[1] 公共服务动机与工作绩效正相关，[2] 公务员公共服务动机正向影响个体绩效。[3] 刘晓洋得出，警察公共服务动机正向影响工作绩效。[4]

综合以上分析，提出假设1：公共服务动机正向影响绩效。

---

[1] J. L. Perry, "Measuring Public Service Motivation: An Assessment of Construct Reliability and Validity", *Journal of Public Administration Research and Theory*, Vol. 6, No. 1, 1996.

[2] N. Bellé, "Experimental Evidence on the Relationship between Public Service Motivation and Job Performance", *Public Administration Review*, No. 1, 2012.

[3] 李小华、董军：《公务员公共服务动机对个体绩效的影响研究》，《公共行政评论》2012年第1期。

[4] 刘晓洋：《公共服务动机绩效促进模型与检验》，《学术研究》2017年第5期。

(2) 社会资本与知识共享的中介作用

①社会资本在公共服务动机与绩效关系中的中介作用

社会学家布尔迪厄提出"社会资本"理论，认为社会资本为行为主体创造了一种存在于不同行为者之间相互关系结构中有效的资源，社会资本具有创造性与不可替代性，并为人们实现特定的目标提供便利。[①] 社会资本界定可从三个视角出发：关注社会网络结构及各种信息与资源关系的社会学派视角，着重分析规范、信任、互惠等网络社会组织作用的政治学派视角，侧重于社会互动的主体、制度及关系的数量和质量等的经济学派视角。[②] 对于基层治理领域而言，社会资本是强化组织间信任、促进组织间合作以及编织良好基层社会网络的核心要素。公共服务动机会激发组织与个体完善制度，促使成员之间形成信任、合作与互惠的社会网络关系，从而有效达成绩效。

综上所述，提出假设2：社会资本对公共服务动机与绩效的关系起中介作用。

②知识共享在公共服务动机与绩效关系中的中介作用

基于公共服务理论，参与公共政策与维护公共利益需要多元主体协同合作，以共同解决问题，而知识共享作为环境与社会网络资源，在一定程度上影响知识、经验交换的效率与效果，从而影响个体绩效。知识共享从互动角度来说是知识资源交换与增值的过程，通过资源增值来提高绩效。[③] 高PSM个体倾向于在主动顺应工作环境以创新地解决问题时，促使个体自觉贡献自身资源与才能，与其他成员一起达成组织目标。因而具有高公共服务动机特点的个体，为了实现组织的共同目标，更愿意与人分享知识与经验。而在当前信息时代，QQ、微信等新媒体工具为成员间知识共享以共同达成目标提供了极为便利的条件。通过知识共享，个体间的知识与经验增值的同时，个体感知到的组织集体凝聚力也在增强。这就引导个体主动切入解决问题模式，提出提高组织效率的新想法

[①] 方然：《"社会资本"的中国本土化定量测量研究》，社会科学文献出版社2014年版。

[②] 马得勇：《社会资本对若干理论争议的批判分析》，《政治学研究》2008年第5期。

[③] M. Mura et al., "Promoting Professionals' Innovative Behaviour through Knowledge Sharing: The Moderating Role of Social Capital", *Journal of Knowledge Management*, Vol. 17, No. 4, 2013.

并付诸行动来提高绩效。因而公共服务动机有助于激发与他人共享知识，进而进一步激发提升绩效。

综上所述，提出假设3：知识共享在公共服务动机对绩效的影响关系中起中介作用。

（3）社会资本和知识共享在公共服务动机与绩效关系间所起的链式中介作用

埃莉诺·奥斯特罗姆指出，员工之间的尊重与信任能够促进成员间分享知识与经验。而信息时代网络"结构洞"与位置中心联结成的结构性社会资本，则提高了知识互惠与分享的速度与效益。[①] 嵌入网络关系会增进合作伙伴间的信任和合作，促进深化信息与知识共享来提升创新绩效。[②]

农村基层干部直接接触基层各种资源，良好的公共服务动机可促进其整合社会资本，为基层政府、各个社会组织间以及组织个体成员间的互动与合作创造良好条件，促使知识、经验、数据等资源的高效交流、合理共享与创新性运用，从而提升基层治理的效果。农村基层干部为了解决基层农村问题、完成共同的基层治理绩效目标，通过发挥基层组织内部与组织之间的横向与纵向的关系网络，通过正式与非正式的沟通交流，强化组织与组织、组织与个体以及个体之间的知识传递和增值，从而为提升治理绩效提供支持。

综合以上分析，提出假设4：社会资本、知识共享链式中介作用于公共服务动机与绩效的关系。

综上所述，构建本研究的理论假设模型如图2-7所示。

3. 实证调查与变量测量

（1）研究对象与数据收集过程

采取问卷调查法，对SD省16个市的628名农村基层干部进行治理能力的调研。样本来源有三个途径：一是从SD省东部、中部与西部地区

[①] 邓渝、邵云飞：《创新网络结构性社会资本对个人知识收益的影响》，《中国科技论坛》2016年第7期。

[②] J. Huang et al., "The Impact of Network Embeddedness on Radical Innovation Performance-Intermediators of Innovation Legitimacy and Resource Acquisition", *International Journal of Technology, Policy and Management*, Vol. 17, No. 3, 2017.

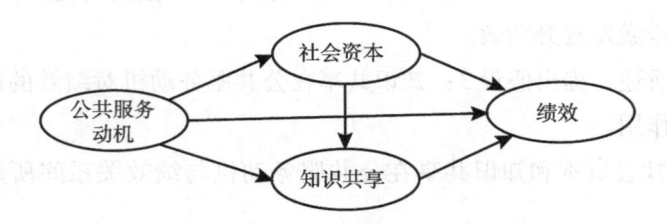

**图 2-7　社会资本、知识共享对公共服务动机与
绩效关系的链式中介作用理论模型**

抽取 11 个乡镇，到现场发放问卷 400 份（回收 375 份），并深入访谈 42 名农村基层干部；二是通过问卷星设计网上电子问卷，通过熟知的 SD 省农村基层干部滚雪球式推荐身边同事与同学，在规定的时间接受问卷调查，共回收 192 份问卷；三是通过 SD 省党校农村基层干部培训班发放纸质问卷 110 份（回收问卷 105 份，有效问卷 90 份）。总共发放纸质问卷 510 份，回收纸质问卷 480 份（有效问卷 448 份），回收电子问卷 192 份（有效问卷 180 份），总的回收问卷为 672 份，回收率为 95.73%，去掉漏答过多以及答题反应倾向明显不合格的问卷后，有效问卷为 628 份，有效率 93.45%。具体人口统计学变量分布如表 2-27 所示。

表 2-27　农村干部总样本人口统计统计学变量分布情况（n=628）

（单位：人，%）

变量	分类	人数	百分比	变量	分类	人数	百分比
性别	男	420	66.9	婚姻	未婚	78	12.5
	女	208	33.1		已婚	536	86.2
年龄	25 岁及以下	42	6.7		离婚	5	1.3
	26—30 岁	113	18.0		丧偶	6	1.0
	31—40 岁	170	27.1	工作地点	东部地区	218	34.8
	41—50 岁	221	35.2		中部地区	205	32.6
	51 岁以上	82	13.0		西部地区	205	32.6

续表

变量	分类	人数	百分比	变量	分类	人数	百分比
学历	高中/中专及以下	159	25.3	工资水平	3000元及以下	221	35.2
	大专	124	19.7		3001—6000元	362	57.6
	本科	283	45.9		6001—9000元	38	6.1
	硕士及以上	62	10.1		9001元及以上	7	1.1
单位隶属	乡镇	459	73.1	是否领导	乡镇领导	117	18.8
	村	169	26.9		乡镇一般干部	233	37.4
					村干部	278	44.27

(2) 研究变量操作性定义与测量工具

①公共服务动机界定与测量

公共服务动机是在公共服务领域通过个体或者组织间互动，激励个体因时制宜做出利他与有利社会行为的内在动力机制。本书结合中国农村基层干部工作实际，将农村基层干部公共服务动机界定为，农村基层干部依据国家和社会的需要，在中国共产党的领导下，在基层将个人价值与职业目标紧密结合，激发出为人民服务的潜能和奉献精神的内在动力机制。依据 J. L. Perry 等的理论，[①] 本研究使用的公共服务动机问卷是在 J. L. Perry 等开发的量表基础上，结合中国基层干部实际情况，将原有问卷 24 个题目进行本土化修订，删除不符合中国国情的题项，并对题目表达进行适当修改后，确定正式问卷为 20 个题项，包含四个维度：参与公共政策、公共利益维护、同情心与自我牺牲，采用李克特五点计分（完全不同意、比较不同意、不太确定、比较同意、完全同意）。题目举例，"我将公共服务看成公民的使命和责任"。

②社会资本界定与测量

社会资本是社会网络中的重要资源，个体与个体、个体与组织通过制度规范、互动、合作、互惠等对网络内的成员产生积极作用。社会资

---

① J. L. Perry, W. Vandenabeele, "Public Service Motivation Research: Achievements, Challenges, and Future Directions", *Public Administration Review*, Vol. 75, No. 5, 2015.

本是从自身所具有的社会网络中获取的总的资源（包括潜在的和实际的），社会资本可分为结构性资本（客观存在的相关组织、制度与规范及构成的社会网络）和认知性资本（信任、合作与互助等主观期望与心理资源）。[1] 本书从中观与微观层面，综合借鉴以往研究，从社会学、政治学与公共管理学视角出发，将社会资本界定为农村基层干部在所辖领域的职权范围，通过正式与非正式途径与个体、群体和组织互动建立的人际关系社会网络资源，并因为信任、互动、合作与互惠而产生相应回报的路径资源。本研究的社会资本量表是在 R. Krause 开发的问卷基础上，[2] 借鉴杨德祥等本土化修订的方法，修订后问卷包含制度规范、互惠关系、互动、合作与信任等内容。问卷共 6 个题项，采用李克特五点量表（很不好、不太好、一般、比较好、很好），题目举例，"您认为当前本乡镇党委、政府、人大之间的工作配合程度如何?"。依据温忠麟等的处理方法，将 6 个直接观测指标打包成两个维度：资本 1 和资本 2。

③知识共享界定与测量

知识共享最初是指单位能为每一位员工提供尽可能公开的信息、数据与知识，同时单位员工有权运用相关资料与知识的机制。本书中的知识共享是指农村基层干部为了共同达成基层治理目标，将自身已有的知识经验及可公开的数据通过新媒体多渠道与他人分享，促使彼此间知识经验增值的过程。知识共享量表根据文鹏和廖建桥在中国的应用，[3] 结合当前农村基层干部情况修订为 4 个题项，采用李克特六点量表（很不符合、比较不符合、有点不符合、有点符合、比较符合、非常符合）。题目举例，"我经常把自己的工作经验分享给同事或合作者"。

④绩效界定与测量

本书中的农村基层干部绩效是指农村基层干部以解决基层问题为出

---

[1] A. Krishna, "Understanding Measuring and Utilizing Social Capital: Clarifying Concepts and Presenting a Field Application from India", *Agricultural Systems*, Vol. 82, No. 3, 2004.

[2] R. Krause, "The Relationships Between Supplier Development, Commitment, Social Capital Accumulation and Performance Improvement", *Journal of Operations Management*, Vol. 25, No. 2, 2007.

[3] 文鹏、廖建桥：《不同类型绩效考核对员工考核反应的差异性影响——考核目的视角下的研究》，《南开管理评论》2010 年第 2 期。

发点,产生问题解决方案并积极寻求各方支持,整合相关资源,有效落实国家各项政策,解决组织与个人相关问题,提升基层公共服务效率、效果的行为总和。绩效问卷采用的是在 W. C. Borman 和 S. J. Motowidlo[①]编制的二维绩效模型问卷的基础上,将绩效分为任务绩效和关系绩效,并与农村基层干部实际治理工作需要相结合,修订后共 12 个题项,采用赋分 1—5 的李克特五点量表(差、较差、一般、较好、优秀)。题目举例,"与上下级、同事、其他部门保持良好的人际关系"。

4. 统计方法

具体采用 SPSS 进行信度分析、相关分析,运用 AMOS 软件进行验证性因素分析和变量间的关系分析。

5. 研究方法与实证结果

(1)问卷信度

运用 SPSS 对公共服务动机、社会资本、知识共享与绩效四个问卷进行信度检验,检验结果表明,四个问卷总的信度(Cronbach's Alpha 值)分别为 0.895、0.880、0.871 与 0.891,其中公共服务动机问卷的四个维度(参与公共政策、公共利益维护、同情心与自我牺牲)信度分别为 0.892、0.883、0.921 与 0.875;社会资本问卷两维度信度分别为 0.912、0.854;绩效两个维度(任务绩效与关系绩效)信度分别为 0.930 与 0.871。问卷信度均达到统计学上要求的大于 0.80 的水平。

(2)相关分析

公共服务动机、社会资本、知识分享和绩效的相关分析和描述性统计具体见表 2-28,公共服务动机与知识共享($r=0.504$,$P<0.001$)、社会资本($r=0.395$,$P<0.001$)及绩效($r=0.515$,$P<0.001$)均呈显著正相关,社会资本与知识共享($r=0.401$,$P<0.001$)呈显著正相关,知识共享与绩效($r=0.637$,$P<0.001$)呈显著正相关。由此可见,各个变量之间均呈中等程度相关,绩效可以进一步作深入潜变量间的因果分析。

[①] W. C. Borman, S. J. Motowidlo, "Expanding the Criterion Domain to Include Elements of Contextual Performance", in N. Schmitt, W. C. Borman eds., *Personnel Selection in Organizations*, San Francisco: Jossey-Bass, 1993, pp. 71-98.

表 2-28　　　　　　　变量间的相关分析及描述性统计

	1	2	3	4
1 公共服务动机	1			
2 社会资本	0.395***	1		
3 知识共享	0.504***	0.401***	1	
4 绩效	0.515***	0.542***	0.637***	1
均值	4.435	4.150	5.161	4.240
方差	0.521	0.663	0.782	0.515

注：$*P<0.05$，$**P<0.01$，$***P<0.001$。

（3）结构方程模型路径分析与假设验证结果

以理论假设框架为基础，根据侯杰泰以及温忠麟等的结构方程模型构建理论，采用 AMOS 建模工具，以公共服务动机为预测变量，以绩效为结果变量，以社会资本和知识分享为中介变量，构建结构方程模型进行检验，得到模型的数据拟合指标如表 2-29 所示。符合模型拟合的标准，即良好的模型拟合一般要求 χ^2/df 小于 5，CFI、IFI、TLI 等指标大于 0.9，RMSEA 小于 0.08。[①]

表 2-29　　　　　　　结构方程模型拟合指标结果

拟合指标	χ^2	df	χ^2/df	CFI	TLI	NFI	IFI	RFI	RMSEA
结果值	190.389	48	3.966	0.963	0.949	0.952	0.963	0.933	0.069

依据邱政浩等构建结构方程模型的方法来验证中介效应。图 2-8 是修订后的最终模型，具体模型的中介效应是三条路径：①"公共服务动机→知识共享→绩效"路径的间接中介效应量为 0.379×0.376＝0.143；②"公共服务动机→社会资本→绩效"路径的间接中介效应为 0.572×0.461＝0.264；③"公共服务动机→社会资本→知识共享→绩效"路径

---

① 周浩、龙立荣：《共同方法偏差的统计检验与控制方法》，《心理科学进展》2004 年第 6 期。

的间接中介效应为 0.572×0.329×0.376 = 0.071。因此所有中介路径之和为三条中介路径相加的总和，为 0.478；总效应等于直接效应与总的中介效应之和，为 0.618。各个路径的效果量为每个中介效应值除以总体效应量，三条中介路径的效果量分别为：①"公共服务动机→知识共享→绩效"路径效果量为 0.143/0.618 = 23.14%；②"公共服务动机→社会资本→绩效"路径效果量为 0.264/0.618 = 42.72%；③"公共服务动机→社会资本→知识共享→绩效"路径的效果量为 0.071/0.618 = 11.49%。三条中介效应总共解释了总效应的 77.35%，直接效应解释了总效应的 22.65%。根据模型的显著性检验，可判断出社会资本和知识共享在对公共服务动机与绩效关系中所起的链式中介效应显著。进一步运用 Mplus 软件，采用 Bootstrap 检验重复取样 2000 次，以 95% 的置信区间结果来验证中介作用效果。社会资本从公共服务动机到绩效的中介路径的置信区间为 [0.22, 0.87]，根据置信区间不包括 0，则说明其路径具有显著的中介效应。各中介路径的效应值和中介效果量如表 2-30 所示，结果进一步表明，三条中介效应均显著，社会资本和知识共享所起的链式中介作用成立，研究假设均得到验证。

表 2-30　　公共服务动机作用绩效的中介效应值及效果量

效应	路径	效应量	95%置信区间	效果量（%）	假设验证
直接效应	公共服务动机→治理绩效	0.140	[0.05, 0.36]	22.65	假设1得到验证
中介效应	公共服务动机→社会资本→绩效	0.264	[0.22, 0.87]	42.72	假设2得到验证
	公共服务动机→知识共享→绩效	0.143	[0.12, 0.65]	23.14	假设3得到验证
	公共服务动机→社会资本→知识共享→绩效	0.071	[0.11, 0.44]	11.49	假设4得到验证
总的中介效应		0.478	[0.08, 0.74]	77.35	
总效应		0.618		100	

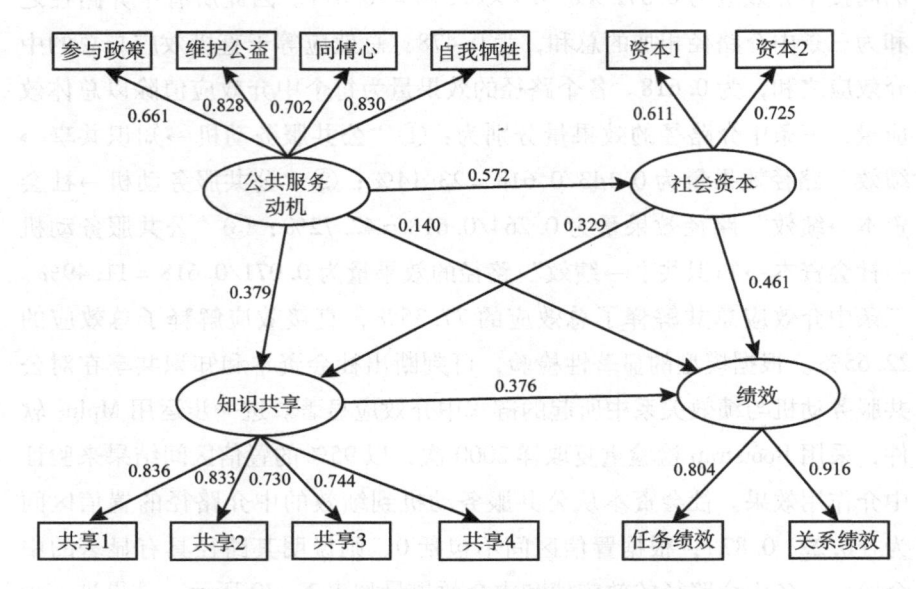

图 2-8 社会资本、知识共享对公共服务动机与
绩效关系的链式中介作用

6. 研究结论与政策建议

（1）研究结论

首先，农村基层干部公共服务动机对绩效的直接正向效应显著，并且该效应的效果量占总效应的22.65%。其次，社会资本在公共服务动机与绩效关系之间起中介作用（效果量为42.72%）。再次，知识共享对公共服务动机与农村基层干部绩效关系起中介作用（效果量为23.14%）。最后，农村基层干部社会资本、知识共享对公共服务动机与绩效之间的关系起链式中介作用（效果量为11.49%）。

（2）政策建议

①加强对农村基层干部的内外激励措施，着重激发其内部自主公共服务动机来提升绩效。农村基层干部公共服务动机越高，其绩效就越好。由于基层农村工作复杂多样态，艰苦而又琐碎，积极参与公共政策制定、自觉维护公共利益、富有同情心与自我牺牲精神的高 PSM 的农村基层干部才会真正扎根基层，投入且有创新地展开工作。因而在选拔干部之初就可通过科学途径筛选出公共服务动机高的个体进入农村基层干部队伍。

②拓宽农村基层干部社会关系网络，通过强化发挥社会资本辐射整合效应来提高绩效。促进信息的高效传播与流通，降低风险获得更多资源，实现跨部门间的交流与合作，综合提高绩效。因而对农村基层干部通过公共服务动机的有效驱动，理顺整合内外、隐性的合法关系与增强彼此间信任和互动来扩充社会资本以提升绩效。

③促进农村基层干部形成知识共享的良好氛围。农村基层治理的过程是一个基于汇集知识与超越已有应用经验的过程，农村基层干部自身拥有知识、经验与技能，这是其在基层创新地解决问题的基础。积极的公共服务动机最终转化成治理绩效，则需要以知识网络链接为切入点。

④以"公共服务动机—社会资本—知识共享—绩效"为参考框架来综合提升绩效。基于农村基层干部的社会资本与知识共享在公共服务动机与治理绩效之间所起的链式中介作用的结果，高 PSM 水平的农村基层干部则会自觉综合已有的社会资本，获得更多治理资源，通过与他人知识共享快速找到治理基层所需知识和技能来解决基层问题。因而可以以农村基层干部公共服务动机的评估与激发为出发点，在对农村基层干部公共服务动机相关影响因素掌控的基础上，通过运用新媒体工具即时互动来激发社会资本的关系联结与知识共享的增值的影响，并科学地综合这三者因素的作用，不断激发该群体的公共服务动机，强化社会资本与知识共享的催化聚合作用，从而综合有效地提升农村基层干部绩效。

（三）基层女干部挑战压力源、社会资本与工作满意度的关系研究

基于工作要求—资源理论，通过对 SD 省 16 个市 554 名基层女干部进行挑战压力源、社会资本、工作满意度的问卷调查，探讨当前基层女干部工作满意度现状和分析社会资本在挑战压力源与工作满意度之间的关系，可通过结合基层女干部身心特点与综合素质进行有针对性地分类、分层与分段培训，强化运用现代信息技术提高基层办事效率；拓展基层女干部社会资本，减少挑战压力源的损耗，提高工作满意度。

1. 问题的提出

习近平总书记在 2018 年 11 月同全国妇联新一届领导班子成员集体谈话时指出，坚持中国特色社会主义妇女发展道路。在当前基层治理现代化深入推进之际，女性基层干部是国家基层干部队伍的重要组成部分，在解决基层的各种问题的过程中发挥着"她力量"。由于女性基层干部自

身特点、社会传统文化与基层治理体制等方面的影响，基层女干部在工作中面临诸多压力与困难时，更易影响工作满意度，而人际关系网络与信任等社会资本也会很大程度影响其工作满意度，因而其在面临压力时，如何克服自身既定的劣势性别刻板模式，充分发挥基层内外的各种力量与资源，有效组织协调基层各组织与团体的沟通，拓展社会资本，将基层工作压力的挑战转化为工作的动力，从而提升其工作满意度的内在机制的探索就尤为重要。

本研究依据的理论是工作要求—资源模型（JD-R 模型），该理论概念框架认为，不同种类的职业工作压力因素都分为工作要求和工作资源两大类型，前者需要持续投入生理、心理成本以达成工作的身心、社会及组织等方面的要求，后者则起到减少身心成本损耗与激励个体成长的作用（具体包含职业机会、工作安全、社会关系网络等）。① 本研究依据 JDR 模型，探讨社会资本作为人际关系和社会网络关系层面的资源变量，在基层女干部挑战压力源与工作满意度之间所起的内部作用机制。

2. 理论构建与研究假设

（1）挑战压力源与工作满意度关系

压力源被分为积极的挑战性压力源与消极的阻碍压力源两类。② 根据 A. B. Bakker 的工作要求—资源理论，积极的工作效果需要有效实现工作要求与平衡工作资源之间的关系。工作满意度本质上是个体对工作环境等外部资源与工作内容本身等内部资源所产生的主观积极的感受。挑战压力源与创新行为之间受领导与成员关系等资源调控的影响。③ 对 490 名基层公务员的调查表明，角色模糊和角色超载的压力源通过情感耗竭和成就感对满意度有显著的负向预测作用，④ 即当工作要求与工作资源都处于超载状态，压力损耗资源则引发负向工作态度，从而降低工作满意度。

---

① 齐亚静、伍新春：《工作要求—资源模型：理论和实证研究的拓展脉络》，《北京师范大学学报》（社会科学版）2018 年第 6 期。

② M. A. Cavanaugh, W. R. Boswell, M. V. Roehling, "An Empirical Examination of Self-reported Work Stress among US Managers", *Journal of Applied Psychology*, Vol. 85, No. 1, 2000.

③ 孙健敏、陈乐妮、尹奎：《挑战性压力源与员工创新行为：领导—成员交换与辱虐管理的作用》，《心理学报》2018 年第 4 期。

④ 郑建君：《基层公务员心理状况实证研究》，中国社会科学出版社 2013 年版。

综上所述，提出假设1：挑战压力源负向影响工作满意度。

（2）挑战压力源与社会资本关系

社会资本是从自身所具有的社会网络中获取的总的资源（包括潜在的和实际的），社会资本可分为结构性资本（客观存在的相关组织、制度与规范及构成的社会网络）和认知性资本（信任、合作与互助等主观期望与心理资源）。基层女干部日常在基层面临工作时间长、压力大、任务重、责任大等挑战性压力源，这些压力源处理不好，则会直接磨损基层女干部的家庭、同事以及上下级关系，并逐步损耗信任等社会资本。挑战压力源对基层女干部社会资本起了损耗作用。

综合上述分析，提出假设2：挑战压力源对基层女干部社会资本起负向作用。

（3）社会资本在挑战压力源与工作满意度关系中所起的中介作用

社会资本能够预期促进实现个体、社会群体、组织以及基层目标。在解决基层问题时，社会资本可增强基层成员间的互信互助关系与基层社会生态系统活力，从而提升其工作满意度。根据JD-R模型理论，高工作要求与丰富的工作资源以及良好的成员间关系能促进员工工作投入。个体资源对压力源所导致的低成就感起中介作用。[①] 挑战工作压力要求可通过寻求支持等复原方式补充消耗的能量而增进个人幸福感。[②] 基层女干部所处的基层政府正是承接着"上面千条线，下面一根针"的领域。同样的政策，由于基层女干部对自身工作要求与外部环境整合社会资源等方面的不同，执行的效果差异很大。高工作要求的基层女干部往往会积极转化挑战压力源，充分调动合法性社会资本实现自身价值，而不是仅仅完成表面工作，从而在创新地落实政策与解决问题的过程中提高工作满意度。

综合以上分析，提出假设3：社会资本在挑战压力源对工作满意度的影响关系中起中介作用。

---

① 黄杰等：《个体资源对JD-R模型与工作倦怠关系的中介作用》，《心理科学》2010年第4期。

② 王赛男：《基于治理现代化的基层干部治理能力评价与发展研究》，博士学位论文，山东大学，2020年。

综上所述，得出本研究的假设框架如图 2-9 所示。

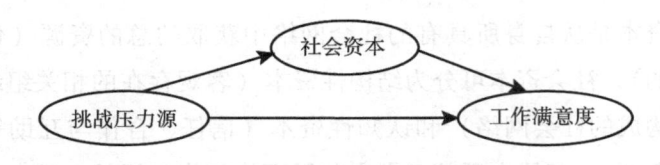

图 2-9 基层女干部挑战压力源、社会资本与工作满意度关系假设框架

3. 数据来源与变量测量

（1）对象与研究方法

2018 年 7—10 月，笔者采取问卷调查法对 SD 省 16 个市的 554 名基层女干部进行调研。样本来源有三个途径：一是从 SD 省 16 个市中抽取东部、中部与西部地区的社区后，到现场发放问卷 350 份；二是通过问卷星设计网上电子问卷，通过熟识的基层女干部向同事滚雪球式定向推介，并规定在两周内完成以收集数据，发放电子问卷 165 份；三是通过基层干部培训班，向参与培训的基层女干部发放问卷，发放问卷 102 份。总共发放问卷 617 份，回收有效问卷 557 份，回收有效率为 90.28%，去掉答题倾向明显以及漏答过多的不合格问卷后，最终有效问卷为 554 份，有效率为 89.79%。具体人口统计学变量分布：年龄 25 岁及以下为 41 人（占 7.4%），26—30 岁为 133 人（占 24.0%），31—40 岁为 220 人（占 39.7%），41—50 岁为 139 人（占 25.1%），51 岁以上为 21 人（占 3.8%）；学历高中/中专及以下为 52 人（9.4%），大专为 78 人（14.1%），本科为 352 人（占 63.8%），硕士及以上为 70 人（12.6%），2 人学历缺失；街道女干部为 226 人（40.8%），乡镇女干部为 186 人（33.6%），社区居委会女干部为 71 人（12.8%），女村干部为 20 人（3.6%），其他为 51 人（9.2%）。

（2）变量测量工具

M. A. Cavanaugh 等开发的挑战压力源问卷包含 6 个题目。让被试评价 3 个月内所体验到的六种压力源对工作的影响程度。通过李克特十点计分赋值，从 "1 = 一点压力也没有" 到 "10 = 压力极大"。在 D. R. Krause 开发的社会资本量表问卷基础上,借鉴杨德祥等本土化修订的方法,修订后的问卷共6个题项,包含关系、互动、合作与信任等内容。采用李克特六点量表。工作满意度问卷采用的是 Anne S. Tsui 等开发的工作满意度问卷,共6个题目,包含工作认知、同事关系、工资、晋升等方面的内容,采用李克特五点量表。①

(3) 统计方法

具体采用 SPSS 进行信度分析、相关分析,运用 AMOS 软件进行变量间关系分析与建模。

4. 研究方法与实证结果

(1) 基层女干部挑战压力源、社会资本与工作满意度的相关分析

对挑战压力源、社会资本和工作满意度进行相关分析和描述性统计可得(见表2-31):挑战压力源与社会资本呈显著负相关($r=-0.124$, $P<0.01$),挑战压力源和工作满意度呈显著负相关($r=-0.203$, $P<0.01$),社会资本与工作满意度呈显著正相关($r=0.568$, $P<0.001$)。

表2-31 基层女干部挑战压力源、社会资本与工作满意度的相关分析

变量	M	SD	1	2	3
1 挑战压力源	7.153	2.359	0.860		
2 社会资本	4.158	0.665	-0.124**	0.893	
3 工作满意度	3.579	0.839	-0.203**	0.568***	0.968

注:* $P<0.05$,** $P<0.01$,*** $P<0.001$。对角线上值为各问卷的信度系数。

(2) 结构方程模型路径分析与假设验证结果

根据侯杰泰以及温忠麟等的结构方程模型构建理论,以理论综述的假设为依据,采用 AMOS,以挑战压力源为预测变量,以工作满意度为结果变量,以社会资本为中介变量,构建结构方程模型进行检验,得到模

---

① Anne S. Tsui et al., "Being Different: Relational Demography and Organizational Attachment", *Administrative Science Quarterly*, No. 37, 1992.

型的数据拟合指标如表 2-32 所示。符合 L. Hu 和 P. M. Bentler 提出的模型拟合的标准，即良好的模型拟合一般要求 χ^2/df 小于 5，CFI、IFI、TLI 等指标大于 0.9，$RMSEA$ 小于 0.08。

表 2-32　　　　　　　　　结构方程模型拟合指标结果

拟合指标	χ^2	df	χ^2/df	CFI	TLI	NFI	IFI	RFI	RMSEA
结果值	541.291	132	4.101	0.950	0.942	0.935	0.950	0.925	0.057

由图 2-10 和表 2-33 可知，挑战压力源对基层女干部的工作满意度直接负向作用显著，标准化路径系数 $\beta = -0.15$（$P<0.001$），假设 1 得到验证；社会资本对工作满意度的直接正向作用也显著，$\beta = 0.61$（$P<0.001$），假设 2 得到验证。依据邱政浩等对中介变量的处理，结合表 2-33 可知，社会资本对挑战压力源的工作满意度关系起了部分中介作用（中介效应量为 36.48%），假设 3 得到验证。

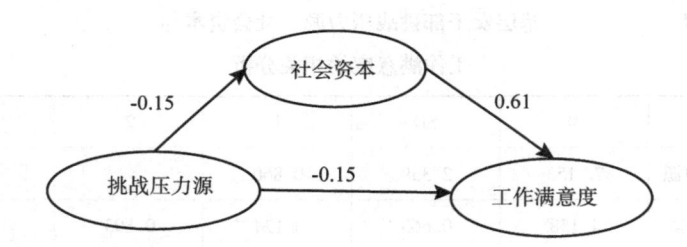

图 2-10　基层女干部社会资本对挑战压力源与工作满意度的中介效应

表 2-33　　　　　　　基层女干部社会资本对挑战压力源与
工作满意度的中介效应值及效果量

效应	路径	效应量	95%置信区间	效果量（%）
直接效应	挑战压力源→工作满意度	0.148	[0.12, 0.24]	63.52
中介效应	挑战压力源→社会资本→工作满意度	0.085	[0.15, 0.38]	36.48
总效应		0.233		100

5. 讨论与建议

（1）讨论

挑战压力源与社会资本呈显著负相关，挑战压力源和工作满意度呈显著负相关，社会资本与工作满意度呈显著正相关。回归分析表明，挑战压力源对社会资本起了显著负向作用，挑战压力源对工作满意度起了显著负向作用，社会资本在挑战压力源与工作满意度之间起了部分中介作用。基层女干部挑战压力源表现为角色模糊和冲突压力，从而降低工作满意度。工作满意度受到工作要求的价值观影响。[①] 新时代女性干部领导力的提升需要增强理性思维能力，挖掘自身潜能，刚柔并济，相信自身能力。[②] 而女干部自身潜能得到发挥与认知提升的过程，则有利于拓展其社会资本作为社会网络中的重要资源的作用，可将基层个体与个体、个体与组织通过制度规范、互动、合作、互惠等对网络内的成员产生积极作用，使得基层女干部面临挑战压力源时，通过信任、互动和网络协作与支持的认知资源将压力积极转化，减少挑战压力源对自身资源的损耗，从而提高工作满意度。

（2）政策建议

第一，根据基层治理工作的现代化进程与信息化升级要求，结合基层女干部的实际身心情况与自身优势素质特点有针对性地培训，以提高基层女干部的工作满意度。

当前在基层改革逐步走向社会治理精细化与现代化的进程中，女性基层干部与男性基层干部相比，她们面临压力时，需要克服既有的像情绪化、非理性等性别刻板印象，因而可尝试如下途径。依据基层女干部特点，通过有针对性地完善培训与晋升机制，具体按照基层女干部个体能力素质情况，通过现代信息手段多渠道减少与协调压力源，以适应基层治理现代化的要求，提高基层女干部工作满意度。参照当前精准化服务要求，重塑女性基层干部基层治理的专业化理念、培训体系与保障体系。尝试改革基层工作成绩可以作为提拔任用、评先树优、事业招聘录

[①] 张建人等：《社区工作人员工作价值观、工作满意度与工作绩效的关系》，《中国临床心理学杂志》2017年第1期。

[②] 张静：《提升新时代女性干部领导力的路径》，《中国党政干部论坛》2019年第3期。

用的重要依据，尤其为高学历、综合素质强的年轻女基层干部精英提供更多发展平台，给予机会对其历练以人尽其才，从而提升其工作满意度。

第二，立足基层社会资源，制订职业生涯规划，多渠道拓展社会资本以提升基层女干部的工作满意度。

立足基层治理的各种社会资源，尝试通过灵活的社会资源供给方式，发挥女性善沟通与易共情的特色，结合基层公共服务与特色化项目运作，激发基层女干部与基层企业、社会团体以及居民组织开展特色社区活动的积极性与创造性来拓展社会资本。制订女性公务员的职业生涯规划，加强其领导能力、战略能力的轮岗培训，以减少压力源与提升女性公务员的工作满意度。[①] 因而基层女干部在面临挑战压力源时，可以借助发挥多元力量与民主主义，通过多方信任、合作、互动等社会资本的支持，减少职业价值感不足而引起的自身资源耗竭。通过外部社会资本的注入，提升自身认知性社会资本，发挥"女性基层干部特色长板优势"来持续拓展社会资本，并把有影响力的基层微观社会组织的力量发挥出来，共同进行基层治理。基层的工作时间长、责任大、任务重、时间紧等挑战性压力源在得到有效分化的同时，进一步深化拓展了基层社会资本，取得更好的基层治理效果，从而提升基层女干部的工作满意度。

（四）知识分享对基层青年干部公共服务动机与创新行为关系的影响

1. 问题的提出

创新是引领发展的动力，基层青年干部是落实国家政策目标与推动基层治理现代化的重要主体，如何激发该群体在自身基层领域的公共服务动机，并通过新时代网络知识共享形成个人创新行为就尤为重要。综合已有研究发现，关于创新行为的研究主要集中于以下方面：（1）创新行为的结构（单维或多维度）和过程机制；（2）工作环境资源、公共服务动机以及其他个体变量与创新行为间的关系；（3）组织变量（例如组织氛围等）对创新行为的影响；[②] 等等。基层青年干部直接接触基层各种

---

① 王文俊：《女性公务员工作满意度、组织承诺与离职倾向的关系研究》，《领导科学》2016年第23期。

② 刘云、石金涛：《组织创新气氛对员工创新行为的影响过程研究——基于心理授权的中介效应分析》，《中国软科学》2010年第3期。

资源，是基层治理的生力军，创新需要融汇集体智慧、基层组织内的知识共享和组织间的知识传递和增值。在新时代基层治理的改革进程中，新媒体融合的信息化工具在基层的广泛应用，则将基层青年干部之间知识经验共享变得更便捷与高效，使得该群体在线联动进行基层治理变得越来越普及。因而将知识分享这个变量引入，探讨其对基层青年干部公共服务动机与创新关系的影响具有较强的理论与现实意义，可为基层治理领域提高基层青年干部公共服务动机与创新行为提供参考和依据。

2. 文献综述

（1）公共服务动机与创新行为关系

公共服务动机理论（PSM）与西方传统"理性经济人"假设视角不同，公共领域倾向于通过公共互动，激励个体依据内在动机关注更大利益，产生益于他人和提升社会福祉的动机和行动。J. L. Perry 认为，公共服务动机的最终目标是利他与亲社会，是包含理性动机、规范动机与情感动机的多维系统。PSM 包含四个维度：参与公共政策、维护公共利益、同情心与自我牺牲。[1] 强化"我能""我愿"工作动机的员工具有更强的创新力。

综合以上分析，提出假设1：公共服务动机正向影响创新行为。

（2）公共服务动机与知识共享的关系

基于公共服务理论，参与公共政策与维护公共利益需要多元主体协同合作，以共同解决问题，而知识共享作为环境与社会网络资源，在一定程度上影响知识、经验交换的效率与效果，从而影响个体创新。知识共享从互动角度来说是知识资源交换与增值的过程，通过资源增值来提高创新行为。高 PSM 个体倾向于在主动顺应工作环境以创新地解决问题时，促使个体自觉贡献自身资源和才能，与其他成员一起达成组织目标。因而具有高公共服务动机特点的个体，为了实现组织的共同目标，更愿意与人分享知识与经验。而在当前信息时代，QQ、微信等新媒体工具为成员间知识共享以共同达成目标提供了极为便利的条件。通过知识共享，个体间的知识与经验增值的同时，个体感知到的组织集体凝聚力也在增

---

[1] J. L. Perry, " Measuring Public Service Motivation: An Assessment of Construct Reliability and Validity", *Journal of Public Administration Research and Theory*, Vol. 6, No. 1, 1996.

强。这就引导个体主动切入解决问题模式，提出提高组织效率的创新想法并付诸行动。因而公共服务动机有助于激发与他人共享知识。

综上所述，提出假设2：公共服务动机正向影响知识共享。

（3）知识共享在公共服务动机与创新行为关系中的中介作用

在信息时代，网络"结构洞"与位置中心联结提高了知识互惠与分享的速度与效益。[①] 基层青年干部直接接触基层各种资源，良好的公共服务动机可为成员间的互动与合作创造良好条件，促使知识、经验、数据等资源的高效交流、合理共享与创新性运用。同样的政策，由于公共服务动机强度及落实团队知识经验共享的凝聚力等方面的不同，执行的效果差异很大。高公共服务动机的基层青年干部往往会乐于分享知识与经验。

综合以上分析，提出假设3：知识共享中介作用于公共服务动机与创新行为的关系。

综上所述，构建本研究的理论假设模型如图2-11所示。

图2-11 基层青年干部公共服务动机、知识分享与创新行为关系假设模型

3. 研究对象与研究方法

（1）研究对象

采取问卷调查法，以SD省16个市基层青年干部为总体进行调研。通过三个途径对样本进行抽样：共发放问卷855份，总回收问卷792份，回收率为92.63%，去掉质量明显不合格问卷后，有效问卷为737份，有效率为93.06%。人口统计学变量分布如下：①男性为343人（占46.5%），女性为394人（占53.5%）；②年龄低于30岁的为395人（占

---

① 邓渝、邵云飞：《创新网络结构性社会资本对个人知识收益的影响》，《中国科技论坛》2016年第7期。

53.6%），31—35 岁为 342 人（占 46.4%）；③学历大专以下的为 124 人（占 16.8%），本科为 506 人（占 68.7%），硕士及以上为 107 人（14.5%）；④镇街党政领导干部 87 人（占 11.8%），镇街道普通工作人员 332 人（占 45.0%），社区居委会"两委"成员 113 人（占 15.3%），村"两委"及村干部 147 人（占 19.9%），其他 58 人（占 8.0%）。

（2）变量测量工具

①公共服务动机测量工具

公共服务动机是在公共服务领域通过个体或者组织间互动，激励个体因时制宜做出利他与有利社会行为的内在动力机制。依据 J. L. Perry 等的理论，本研究使用的公共服务动机问卷是在 W. Vandenabeele 开发的量表基础上，① 结合中国基层干部实际情况，将原有问卷 24 个题目进行本土化修订，删除不符合中国国情的题项，并对题目表达进行适当修改，正式问卷为 20 个题项，包含四个维度：参与公共政策、公共利益维护、同情心与自我牺牲，采用李克特五点计分（完全不同意、比较不同意、不太确定、比较同意、完全同意）。题目举例，"我将公共服务看成公民的使命和责任"。

②知识共享测量工具

知识共享最初是指单位能为每一位员工提供尽可能公开的信息、数据与知识，同时单位员工有权运用相关资料与知识的机制。本书中的知识共享是指青年基层干部为了共同达成基层治理目标，将自身已有的知识经验及可公开的数据通过新媒体多渠道与他人分享，促使彼此间知识经验增值的过程。知识共享量表根据文鹏和廖建桥在中国的应用，② 结合当前青年基层干部情况修订为 4 个题项，采用李克特六点量表（很不符合、比较不符合、有点不符合、有点符合、比较符合、非常符合）。题目举例，"我经常把自己的工作经验分享给同事或合作者"。

---

① W. Vandenabeele, "Toward a Public Administration Theory of Public Service Motivation", *Public Management Review*, Vol. 9, No. 4, 2007.

② 文鹏、廖建桥：《不同类型绩效考核对员工考核反应的差异性影响——考核目的视角下的研究》，《南开管理评论》2010 年第 2 期。

③创新行为测量工具

创新行为是在辨析问题的基础上，产生新的构思和方案，并寻求相关支持，将新构想付诸行动的过程。基层干部创新行为是指基层干部以问题为导向，产生创新想法或问题解决方案，并积极寻求各方支持，整合相关资源，有效并创造性地推动、落实国家各项政策，解决组织与个人遇到的相关问题，从而提升个人与组织管理效率以及公共服务效果的行为。本书中的基层青年干部创新行为问卷采用的是在 S. G. Scott 和 R. A. Bruce 编制的 6 个题项问卷的基础上，[1] 依据基层干部实际工作需要修订后的 4 个题项，采用李克特六点量表。

④基层青年干部界定

本研究中的基层青年干部，具体而言是指年龄为 20—35 岁的基层干部，包括镇街党政班子领导成员，镇街机关事业单位一般干部（不含学校、医院等事业单位人员）以及村居"两委"成员、大学生村干部等。

(3) 统计方法

具体采用 SPSS 进行信度分析、相关分析，运用 AMOS 软件进行验证性因素分析和变量间的关系分析。

4. 结果与分析

(1) 问卷信度分析

对公共服务动机、知识共享与创新行为三个问卷进行信度检验，问卷总的信度（Cronbach's Alpha 值）分别为 0.893、0.887、0.911。其中，公共服务动机问卷的四个维度信度如下：参与公共政策为 0.872，公共利益维护为 0.882，同情心为 0.893，自我牺牲信度为 0.879。问卷信度均达到统计学上要求的大于 0.80 的水平。

(2) 基层青年干部公共服务动机、知识共享与创新行为描述性分析结果

①总体描述性分析结果

基层青年干部公共服务动机均值是 4.232，远高于平均 3.0 的中值分，处于中高水平；创新行为均值为 4.486，也远高于平均 3.0 的值，处

---

[1] S. G. Scott, R. A. Bruce, "Determinants of Innovative Behavior: A Path Model of Individual Innovation in the Workplace", *The Academy of Management Journal*, Vol. 37, No. 3, 1994.

于中高水平；知识共享均值为 4.120，同样也远高于平均 3.0 的值，处于中高水平。

②基层青年干部公共服务动机、知识共享与创新行为在性别、职务、年龄、学历方面的差异分析

公共服务动机不存在显著性别差异（t = 1.699，P = 0.091）；在知识共享上，女性显著高于男性（t = 2.317，P = 0.021）；在创新行为上，不存在显著性别差异，即男性基层青年干部和女性基层青年干部在创新行为得分上差异不大，没有达到统计学上的显著性水平。基层青年干部公共服务动机、知识共享与创新行为在职务上均无显著性差异。

基层青年干部公共服务动机、知识共享与创新行为在年龄方面的差异显著，具体见表 2-34。其中，30—35 岁年龄阶段群体的公共服务动机显著高于 30 岁以下群体（t = 5.565，P = 0.000）；30—35 岁年龄阶段群体的知识共享显著高于 30 岁以下群体（t = 2.285，P = 0.023）；30—35 岁年龄阶段群体的创新行为显著高于 30 岁以下群体（t = 2.143，P = 0.033）。

表 2-34　基层青年干部公共服务动机、知识共享与创新行为在年龄分段描述性结果

变量	年龄分段	M	SD	T	P 值
公共服务动机	30 岁以下	4.213	0.575	5.565	0.000***
	30—35 岁	4.437	0.475		
知识共享	30 岁以下	5.002	0.874	2.285	0.023*
	30—35 岁	5.144	0.775		
创新行为	30 岁以下	4.491	1.077	2.143	0.033*
	30—35 岁	4.657	0.964		

注：*P < 0.05，**P < 0.01，***P < 0.001。

基层青年干部公共服务动机、知识共享与创新行为在学历方面存在显著差异，其中学历为大专以下的基层青年干部的公共服务动机最高，与学历为本科与硕士及以上的群体存在显著差异（F = 6.341，P = 0.002）；学历为硕士及以上的基层青年干部群体的知识共享得分最高，

与其他两个群体存在显著性差异（F=4.554，P=0.011）；学历为大专以下的基层青年干部的创新行为得分最高，与学历为本科与硕士及以上的群体存在显著差异（F=3.468，P=0.032），具体见表2-35。

表2-35　　　　基层青年干部公共服务动机、知识共享与
　　　　　　　创新行为在学历分段描述性结果

变量	学历	M	SD	F	P值
公共服务动机	大专以下	4.489	0.504	6.341	0.002 **
	本科	4.329	0.535		
	硕士及以上	4.253	0.511		
知识共享	大专以下	5.276	0.721	4.554	0.011 *
	本科	5.065	0.858		
	硕士及以上	4.972	0.733		
创新行为	大专以下	4.768	0.946	3.468	0.032 *
	本科	4.582	1.040		
	硕士及以上	4.418	0.943		

注：* P<0.05，** P<0.01，*** P<0.001。

（3）相关分析

基层青年干部公共服务动机、知识分享和创新行为的相关分析和描述性统计具体见表2-36，公共服务动机与知识共享（r=0.553，P<0.001）及创新行为（r=0.508，P<0.001）均呈显著正相关，知识共享与创新行为（r=0.642，P<0.001）显著正相关。由此可见，各个变量之间均呈中等程度相关，可以进一步作深入潜变量间的因果分析。

表2-36　　　　　　　变量间的相关分析及描述性统计

	公共服务动机	知识共享	创新行为
公共服务动机	1		
知识共享	0.553 ***	1	
创新行为	0.508 ***	0.642 ***	1

续表

	公共服务动机	知识共享	创新行为
均值	4.232	4.120	4.486
方差	1.021	1.273	1.060

注：*P<0.05，**P<0.01，***P<0.001。

（4）结构方程模型路径分析与假设验证结果

结构方程模型可以直观呈现潜变量之间的因果关系，即良好的模型拟合一般要符合 χ^2/df 小于5，CFI、IFI、TLI 等指标大于0.9，RMSEA 小于0.08 的要求。

表2-37　　　　　　　　结构方程模型拟合指标结果

拟合指标	χ^2	df	χ^2/df	CFI	TLI	NFI	IFI	RFI	RMSEA
结果值	233.398	51	4.576	0.970	0.950	0.964	0.971	0.939	0.070

依据温忠麟等构建结构方程模型的方法来验证中介效应。图2-12是三个变量之间的模型关系，根据模型的显著性检验，可得出公共服务动机对创新行为起正向作用，公共服务动机正向影响知识共享，知识共享在对公共服务动机与创新行为关系中所起的中介效应显著。具体模型的中介效应，"公共服务动机→知识共享→创新行为"路径的间接中介效应量为 $0.624 \times 0.543 = 0.339$，中介效应总共解释了总效应的 $0.339/(0.339+0.508)=40.02\%$，直接效应解释了总效应的40.02%。

5. 结论与建议

（1）研究结论

研究得出结论如下。①基层青年干部公共服务动机、知识共享与创新行为均处于中高水平，女性基层青年干部知识共享得分显著高于男性，基层青年干部公共服务动机、知识共享与创新行为在年龄、学历方面存在显著差异。②基层青年干部公共服务动机、知识共享和创新行为的相关关系均显著。③结构方程模型分析可得，公共服务动机对创新行为起正向作用，公共服务动机正向影响知识共享，知识共享在对公共服务动

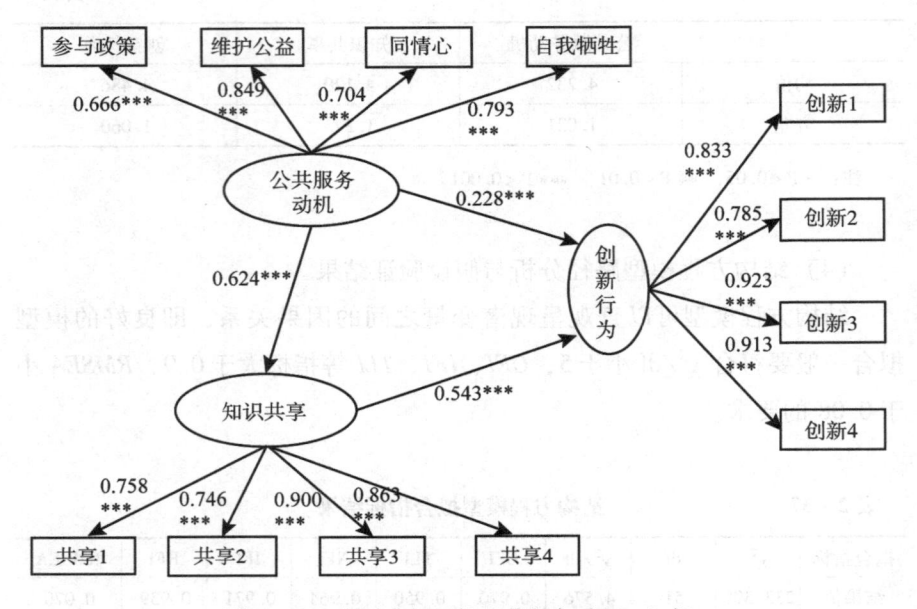

图 2-12　基层青年干部公共服务动机、知识共享与创新行为关系

机与创新行为关系中所起的中介效应显著。

(2) 建议与对策

根据研究结论，结合基层青年干部的特点，提出建议如下。

①依据基层青年干部的年龄、学历等人口统计学变量特点，采取有针对性的激励措施，提高其公共服务动机、知识共享与创新行为。结果表明，基层女青年干部比男青年干部更乐于知识共享，因而发挥女性基层干部善于沟通的优势，通过知识共享提高其自身服务素质，从而提高创新行为。这与之前调研基层年轻干部能力所得出的"该群体具有较高的能力水平，但是创新思维能力方面稍有欠缺"结论一致。[①] 30—35 岁年龄阶段的"85 后"青年基层干部比 30 岁以下的"90 后"青年基层干部公共服务动机、知识共享与创新行为更强，这说明随着年龄与知识经

---

① 王赛男、滕玉成、李玟蕾：《新时代基层年轻干部能力建设现状调查与对策——以 SD 省为例》，《沂蒙干部学院学报》2022 年第 4 期。

验的增长，基层工作的复杂性使得青年基层干部在工作的历练中认识到，公共服务动机和知识共享对创新地解决问题的重要性。学历越高的青年，基层干部公共服务动机、知识共享与创新行为反而越低。这可能是由于学历越高的青年基层干部，其越专注于基层工作的专业化部分，特别是学历为硕士及以上的群体，更着眼于将自身的专业知识应用于基层治理，更愿意独立创新，而学历低的青年基层干部则更愿意从基层治理的实践中摸索解决问题之道，会因为自身知识储备不足而愿意通过知识共享来弥补自身不足，从而创新地解决基层问题。

②加强对基层青年干部的公共服务动机激励措施。这与R. K. Christensen等得出的，公共服务动机在公共管理应用实践中所起的积极作用是一致的。[1] 由于基层工作复杂多样态，艰苦而又琐碎，积极参与公共政策制定、自觉维护公共利益、富有同情心与自我牺牲精神的高PSM的基层青年干部才会真正扎根基层，投入且创新地展开工作。因而在选拔干部之初就可通过科学途径，筛选出公共服务动机高的个体进入基层干部队伍。进一步通过强化青年基层干部公共服务动机的激励机制，在青年基层干部职业生涯发展过程中，通过党建引领、学习培训激发青年基层干部的公共服务动机，作为超越工作本身的终极价值所在，并内化为其职业行为与习惯，则会提升基层青年干部的创新行为。

③促进基层青年干部形成知识共享的良好氛围。基层治理的过程是一个基于汇集知识与超越已有应用经验的过程，基层青年干部往往表现为高素质、专业化，其自身拥有知识、经验与技能，是其在基层创新地解决问题的基础。积极的公共服务动机最终转化成创新行为，则需要以知识网络链接为切入点。因而通过激励基层青年干部养成运用多种新媒体工具及时、乐于与善于分享基层治理知识和经验的习惯，形成多渠道共享知识与经验的氛围，达成知识增值以协同合作解决基层各种问题来提升创新能力。

---

[1] R. K. Christensen, L. Paarlberg, J. L. Perry, "Public Service Motivation Research: Lessons for Practice", *Public Administration Review*, Vol. 74, No. 4, 2017.

四 基层干部绩效考核与治理成效的案例分析

农村基层治理是实施乡村治理的关键环节，而村干部在其中发挥着不可或缺的作用。无论是回应村民的生产生活诉求、调节村民之间的矛盾纠纷，还是宣传落实国家发展农业的方针政策，都推动了农村经济社会的持续发展。但是近年来，受新冠疫情的影响，村级治理工作变得更加繁杂。因此，对农村干部绩效考核的研究有很强的实践意义。

（一）B 镇农村基层干部绩效考核机制访谈案例背景

B 镇位于 G 市东郊，交通区位优越，省道、高速公路穿境而过，距离机场、港口均在 30 千米左右。行政区域面积 11550 公顷，共辖 15 个行政村，全镇总户数为 15244 户，人口为 39644 人，耕地面积为 4569 公顷，共有党组织 132 个、党员 2412 人。2020 年，实现地区生产总值 37.31 亿元，同比增长 3.36%；财政收入为 35709 万元，其中一般公共预算收入为 5699 万元。① 近年来，B 镇坚持低碳发展理念，以产业转型升级带动镇村基础建设，以发展"绿色、生态、宜居小镇"为主线，同时积极规划建设电商产业园、青年创业园及鲜果产业基地。先后拥有两个国家级标准化示范区，被授予全国环境优美乡镇、省级特色农业镇等一系列荣誉称号。

1. 绩效考核主体

B 镇村干部绩效考核工作在党工委的统一领导下，成立考核工作小组，分别由有关部门单位负责实施。对于经济建设类指标考核，由农服中心、水利站、兽医站、经管站、科委科协等部门负责；对于党的建设指标考核，由党工委、团委、妇联、人武部、组织办、宣传办、人大办、监察室等部门负责；对于社会建设指标考核，由建管所、国土所、环卫所、司法所、民政办、信访办、综治办、计生办等部门负责。

2. 绩效考核对象

绩效考核对象为 15 个行政村的"两委"及班子成员，即本研究所说的村干部。

---

① 句容市统计局：《句容统计年鉴（2020）》，2021 年，第 276 页。

3. 年度目标考核流程和标准

根据 G 市委印发的《关于进一步完善村干部激励保障机制的实施办法》《关于推行村干部专职化管理的暂行办法》，B 镇结合本镇实际，对建立农村"两委"干部绩效考核体系提出指导性办法。

考核工作开始后，由 B 镇党委组织办牵头成立考核工作领导小组，小组组长由镇党委书记担任，成员由各分管领导、相关职能部门负责人组成。具体考核分值标准在考核组考核分值的基础上，由镇党政联席会议讨论研究决定，考核结果在一定范围内公布。

为了全面客观地了解并掌握村级工作的实际情况，逐步建立奖优罚劣的激励竞争机制，调动和发挥广大村级干部的工作积极性和创造性，推动全镇各项社会事业的健康发展，经党委研究，制定村级工作目标责任制管理考核方案。

（二）考核内容及标准

对村级工作的考核，采取千分制计分办法，具体考核内容和得分标准如下。

1. 基层组织建设（120 分）

（1）班子建设（20 分）。村"两委"班子健全，能完成村级各项工作，选优配强村班子 10 分，圆满完成年初的"两委"公开承诺制度 10 分，每有一项承诺事项未落实的扣 5 分，扣完为止。

（2）党员发展与管理（15 分）。认真落实"两推一公示"等各项制度，圆满完成党员发展任务 5 分，每有一项制度未落实扣 1 分；发展党员会议记录、档案材料规范、齐全 5 分，每发现一处不规范、不齐全的扣 1 分，每年推荐入党积极分子少于应推名额的，每少一人扣 1 分；加强党员管理 5 分，根据"e 线通"系统，连续 3 个月以上不参加"主题党日"活动的，每有一人扣 1 分，未建立流动党员台账的扣 1 分，支部与外出党员经常保持联系，未落实的扣 1 分，扣完为止。无正当理由 5 年内未发展党员的扣 5 分，无正当理由 3 年内未发展党员的扣 3 分。

（3）努力打造过硬党支部（50 分）。扎实开展"两学一做"学习教育，按时高质量召开专题组织生活会和民主评议党员 15 分，每有一项未落实扣 1 分。制定整改方案，建立整改台账，每发现一处材料不完善的扣 2 分。党建信息化平台建设完成 10 分，未完成此项不得分。按时开展谈心谈话,《谈心谈话记录本》记录规范5分,未按时开展谈话或谈话次数不够、记录不完善的,每发现一处扣2分。按照规定组织学习贯彻党的十九大会议精神5分,未组织集中学习的此项不得分。按时交纳党费,党费收缴台账、报告规范5分,未按时缴纳党费或台账、报告不规范的,每发现一处扣2分。村级活动场所符合"六有"标准10分,活动场所年久失修无法满足需要且无维修计划的,此项不得分。

(4) 规范组织生活(30分)。按时开展"主题党日""民主议政日"活动,活动记录规范5分,活动开展不正常扣2分,参会人数达不到要求的、签名弄虚作假的扣2分。重大事项通过"民主议政日"活动决策5分,未落实的一次扣2分,扣完为止。8月集中研讨,10月、12月专题组织生活会材料完善10分,每缺少一次研讨材料或发言材料不规范,扣5分,扣完为止。严格遵守"三会一课"制度,每月一次支委会、党员大会,每季度上一次党课,《"三会一课"记录本》记录规范5分,每发现一项记录不规范或未上党课的,扣2分。每月按时将活动情况上传"e线通"系统、SD"e支部"系统5分,每发现一次未按时上传的扣5分,可倒扣分。

(5) 党建宣传阵地建设(5分)。党支部建设党建宣传一条街或党建文化广场,达到宣传党建文化要求的得5分,未建设党建文化阵地的,此项不得分。

2. 党风廉政建设(50分)

(6) 积极履行党风廉政建设责任制内容(10分)。党风廉政建设责任制承诺履行不好的,对照承诺,每发现一项未落实扣2分,扣完为止。

(7) 严格落实村"两委"成员、农村党员婚丧喜庆等事宜重大事项申报制度(10分)。未按要求按时申报的,每发现一人次扣2分,未如实申报,经查实的每起扣5分,扣完为止。

(8) 党员干部严格遵纪守法,无违法违纪问题(15分)。凡发生一起村"两委"干部违法违纪问题受到党纪政纪处分的,本项不得分;凡发生一起农村"无职"党员违法违纪受到党纪处分的,每人次扣5分,扣完为止。

(9) 抓好农村廉政教育建设,积极组织开展党风廉政教育活动,大力推进廉政文化建设(10分)。每月至少组织全体党员学习《中国共产党廉洁自律准则》《中国共产党纪律处分条例》等党纪党规一次，并认真做好记录，未组织学习的发现一次扣2分；认真完成上级布置的党风廉政教育和文化建设任务，未如期完成的，酌情扣分。

（10）完成上级交办的其他党风廉政相关工作任务（5分）。未按照上级部署按期完成党风廉政相关工作的酌情予以扣分。

3. 平安建设（120分）

（11）信访案件（50分）。发生群体事件或每发生一起到县以上集体上访的扣20分。每发生一起到镇集体上访的扣5分。个体越级进京以及到省、市、县上访的，分别扣30分、20分、10分、5分；个体越级重复上访的加倍扣分，每发生一次信访扣5分。发生信访问题，须配合政府及时劝返上访人员，劝返不力的，从重处理。本项可得负分。

（12）村级综治阵地建设及综治档案规范（20分）。村"两委"定期研究综治工作，积极组织开展"创安"活动，有方案，有平安建设责任书，有办公场所，有牌子，综治中心各种组织（治保、调解、普法、帮教、巡逻）健全，职责明确，制度上墙。专职巡逻或义务巡逻工作扎实到位，有巡逻台账，有巡逻器械。对矛盾纠纷及时调处，有调解记录并形成调解协议书，做到工作留痕，网格化管理工作底数清楚。每缺一项扣2分，扣完为止。

（13）治安保险（10分）。完成比例90%以上的村得10分，完成比例为70%—90%的得5分，完成比例70%以下的该项不得分。

（14）违法犯罪记录情况（5分）。定期巡逻，有巡逻器械。无违法违章使用枪支爆炸物品，无刑事案件，无村民犯罪，无重大治安案件和重大治安灾害事故，每发生一起，分别扣2分。本项可得负分。

（15）反邪教和反宣品的清理清查工作（5分）。无法轮功练习者，无非法宗教活动，刑释解教人员和失足青少年底数清，帮教措施落实到位，村内无反宣品。每项不达标扣2分，本项可得负分。

（16）七五普法落实情况（5分）。定期集中普法，村内有普法一条街，大村固定标语5条以上，小村固定标语3条以上，并坚持每年更新一次。未进行集中普法学习的，本项不得分。无普法一条街的不得分，每少一条标语扣1分，未更新的扣1分。扣完为止。

（17）高清天网（25分）。按每50人安装一个监控探头的要求完成的村得 10 分，每少一个探头扣 2 分，扣完为止。对监控设备维护管理到位正常使用的得 5 分，不到位的酌情扣分。

4. 精神文明建设（50 分）

（18）组织领导（10 分）。村成立精神文明创建工作领导小组 1 分，分工明确 1 分，有方案 1 分，创建工作有专人负责 1 分，有精神文明建设规划和年度计划 2 分，有活动记录 1 分；村专题研究精神文明建设工作不少于两次，有会议记录 2 分，档案资料规范 1 分。县镇统一安排的主要工作，没有及时完成的本项不得分。

（19）群众文体活动（10 分）。积极参加县镇组织的读书文化节、广场文化活动、农民艺术节等各种文化活动 2 分；有 10 人以上的健身队伍，并定期开展活动 2 分；精神文明创建活动丰富多彩，村文化建设氛围浓、成效大 2 分；重大节日组织开展群众性文体活动，有活动记录、有图片资料 2 分（每年至少两次，每增一次加 1 分）；围绕全县全镇的"品牌文化活动"组织相应的活动，有记录、有图片 2 分。

（20）阵地建设（10 分）。有文明宣传标语（不少于两条）2 分；村庄宣传栏、阅报栏、公示栏齐全，定期刊登精神文明建设内容并及时更换 3 分；及时向村民宣传党的政策、道德规范，张贴村规民约 2 分；建有道德评议会、村民议事会、禁毒禁赌会、红白理事会等群众组织并充分发挥作用 3 分。

（21）创建活动（10 分）。组织开展好媳妇、好婆婆、和谐家庭等评选活动，有记录、有图片、有专人负责 2 分；"四德工程"建设、未成年人思想道德建设工作开展扎实有效 3 分；在"创城"活动中有得力措施、有领导小组、有争创计划，创建成效显著 3 分；积极开展文明村镇创建活动 2 分。

（22）加减分因素（10 分）。代表镇办积极参加上级宣传文化部门组织的各项活动，在镇级活动中获一等奖 3 分，二等奖 2 分，三等奖 1 分，优秀奖 0.5 分；代表镇办参加的县级活动中获一等奖 5 分，二等奖 4 分，三等奖 3 分，优秀奖 1 分；村先进人物、先进事迹被县级以上媒体报道的，每次加 1 分；在迎接上级督查和精神文明创建过程中受到镇、县、市通报批评曝光，分别扣 1 分、2 分、3 分。总分加满 10 分为止。

5. 农业生产（120 分）

（23）积极改善农业生产条件，全面推行河长制。清理疏浚沟渠，积极做好树木、农作物等迁占工作（5分），工作落实不到位的不得分；完善配套水利设施，有计划、有投入，效果明显（5分），无投入且生产条件较差的，不得分；积极完成河长制各项工作（15分）。

（24）大力发展高产高效农业，积极成立合作组织。积极推广科学种植、科技入户，大力实施农业结构调整（良种繁育、扩大蔬菜种植面积等）且成效明显的得15分。达不到要求的扣5分。

（25）发展现代农业，做好"三品一标"认证工作（20分）。年内新上项目具有示范带动作用，农民增收明显，经上级主管部门验收达标的得10分。达不到要求的扣5分。"三品一标"认证工作中，获得有机认证得10分，绿色认证得5分，无公害认证得3分。

（26）农村土地流转工作（60分）。在本次考核中，本年土地总耕地面积的计算：总面积以去除往年的流转土地后的面积为准。流转面积满总面积的20%得20分，满30%得25分，满40%得30分，满50%得35分，满60%得40分，满70%得45分，满80%得50分。程序合法、资料完善得10分。各村的土地流转面积依据经管站的档案资料为准。

6. 农村"三资管理"（60分）

（27）按财务管理规定定期理财（5分）。未按规定理财每次扣1分，扣完为止。

（28）资金的取得符合"三资"规定，并及时"代管"（10分）。每出现一次坐收坐支现象，扣2分，扣完为止。

（29）按财务管理规定取得收支单据，无代签现象（10分）。每少签或代签一处扣2分，扣完为止。

（30）按财务管理规定执行重大事项申报制度（10分）。每少一项或代签一处扣2分，扣完为止。

（31）积极参加"三资"报账工作（20分）。年内报账单据次数满1—4次得15分，满5—6次得16分，满7—8次得17分，满9—10次得19分，满11—12次得20分。因财务问题，导致到镇反映问题的每次扣5分；导致本镇以外单位及上级部门处理财务的，每次扣10分。

（32）在镇中心工作中，积极配合"三资"管理工作，财务方面在全镇起模范带头作用（5分）。

7. 安全生产（50分）

（33）建立安全生产领导小组，要求安全生产领导小组分工明确，责任到人（5分）。

（34）安全生产会议定期开展，有会议记录并规范（5分）。

（35）制订安全生产宣传培训计划，开展安全生产培训宣传活动（5分）。

（36）建立健全安全生产管理制度，并有专人负责落实（5分）。

（37）配合党委政府及镇安委会安排的各项工作，积极参与"打非治违"（5分）。

（38）查出隐患及时上报，并配合相关部门对隐患进行治理（5分）。

（39）每存在一处非法生产、经营业户（点）扣5分，共10分。扣完为止。

（40）发生火灾、煤气中毒事故的无人员伤亡每起扣5分，共10分。如造成人员伤亡的，整个安全生产目标责任制考核按不合格处理。

8. 环境保护（50分）

（41）存在县级及以上环保信访案件，并经查实，管辖村积极配合处理的，发生一起扣20分，扣完为止。

（42）存在县级及以上环保信访案件，并经查实，管辖村不作为的，发生一起扣50分。

（43）存在镇环保信访案件，并经查实，管辖村不作为的，发生一起扣20分，扣完为止。

（44）存在镇环保信访案件，并经查实，管辖村积极配合处理，或经查不实的，不扣分。

（45）对镇环保所排查的"散乱污"项目，管辖村积极配合处理的，不扣分。

（46）对镇环保所排查的"散乱污"项目，管辖村不作为的，发生一起扣10分，扣完为止。

9. 社会保障工作（30分）

（47）辖区内16—59岁（参加企业、个体养老保险者除外）符合参保条件的人员参保缴费率完成情况（8分）。参保率需达85%及以上，每提高一个百分点得1分；低于85%不得分。

（48）每年9月底前报送本村内应届高校毕业生的基本情况及就业单位、实习情况（2分）。不报或漏报一人不得分。

（49）每年4—6月通知本村参加企业、个体养老保险退休人员到人社所进行生存认证，认证率100%（2分）。不足100%不得分。

（50）2017年老农保退保完成率必须在90%及以上，高于一个百分点得2分，满分2分。低于90%不得分。

（51）每月底前将本村60周岁新农保到龄人员、参保死亡人员材料交到人社所并签到领取下月人社所任务（2分）。

（52）社保卡按时、准确分发到位（2分）。如果有村民反映村里丢失其社保卡或者超过一周没分发到位的情况，本项不得分。

（53）严格审核外地新迁入户口人员的新农保参保情况（2分）。如果有重复参保而没有及时上报人社所，不得分。

（54）合作医疗参保率（5分）。对比2015年各村合作医疗数据，参保人数达到95%及以上的，每提高一个百分点得1分，满分5分，反之减1分。

（55）组织村民积极、按时交纳合作医疗(2分)。在规定时间内未完成参保缴费工作的不得分。

（56）村里全年不出现因合作医疗缴费问题而引起纠纷（3分）。村民委托村干部交纳医保费的，村干部无论什么原因漏交而引起纠纷的，一次扣3分。

10. 村建、国土（40分）

（57）村建（15分）。加强村庄建设管理，严厉打击违法建设，对于村内出现的违法建设或未批先建等行为，村内不得为其提供水、电等支持，必须立即予以制止并及时上报镇主管部门。知情不报或制止不力的，每出现一例扣5分。加强对燃气销售、使用及油气管道的安全监管，发现违法违规销售、使用燃气及危害油气管道安全的行为要及时制止并上报，对于制止不力或知情不报的每发现一例扣5分。

（58）不按规定程序报批擅自允许建设开工或提供水、电等便利的，每出现一例扣10分，可倒扣分。

（59）违章建筑不能及时拆除并造成重大影响的，实行一票否决。

（60）国土（25分）。加强土地管理，及时掌握本村宅基地、畜牧养殖、手工作坊、经销网点、企业等用地行为，坚决遏制违法占用耕地行为发生。发现违法占用耕地应及时制止并上报码头镇土管所，知情不报或制止不力的，每出现一例扣10分。

（61）占用耕地建养殖场，未办理养殖备案手续的扣10分。

（62）因村不作为或默许等原因造成违法占地发生，不能恢复原貌又被上级通报或列入卫片检查的，每出现一例直接评定为第四等级。

（63）出现重大违法案件的，实行一票否决。

11. 环境综合整治（150分）

（64）净化工作（30分）。以全年度环工一体化、农村环境综合整治工作完成情况打分。

（65）美化工作（60分）。以全年"美丽乡村"和"街心花园"打分。

（66）旱厕改造工作（30分）。根据各村旱厕改造完成情况打分。

（67）秸秆禁烧工作（30分）。根据镇秸秆禁烧考核方案打分。

12. 中心工作（40分）

（68）应当按时完成水费、粮食直补、乡村文明行动、扶贫、防汛、征兵等各项阶段性中心工作，不按要求完成任务的，每项扣30分，可倒扣分。

13. 会议考勤（30分）

（69）按规定参加镇及以上的各种会议及培训活动，不迟到、不早退、不缺席，有事请假，并自觉遵守会议纪律得30分；无故不参加每人每次扣3分，迟到或早退每人每次扣2分，违反会场纪律的每次扣5分，可倒扣分。

14. 计划生育（100分）

（70）按《人口与计划生育目标管理责任书》进行考核。

（三）加减分项目

在代表镇党委政府迎接上级的各项检查考核中，取得较好成绩的，每项每次每村分别加10分。因工作责任心差，迎查时出现扣分因素，导致镇成绩受到影响的，每项每次每村分别扣20分。

（四）奖励政策

考核分数与村干部绩效工资挂钩。

依据考核结果，按照村庄总数 10%∶40%∶40%∶10% 的比例确定四个等次。综合考核一等奖 2 名，二等 3 名，三等奖 5 名；设基层组织建设、平安码头建设、精神文明建设、农村环境综合整治、土地流转等单项奖。

（五）处罚规定

（1）村总分达不到 700 分的，给予村支部书记、村委主任黄牌警告。

（2）存在下列情形之一的，年度考核不得评为三级以上等次：①无正当理由连续 5 年以上不发展党员或者发展家族党员、关系党员的；②年度内其他村"两委"成员因贪污、侵占被纪检、检察机关立案查处的；③年度内党组织书记直系亲属违反计划生育法律法规的；④未完成镇政府交办的中心任务，影响镇政府整体工作的。

（3）对村党组织书记违法乱纪、无视组织原则煽动或带头上访的；在重大问题上拒绝执行上级党委政府决定的；村内发生治安、信访、安全等重大事件造成严重影响的，不予定级，取消绩效补贴。

（4）完不成人口与计划生育目标管理责任书或受黄牌警告的不得评为三级以上等次。

（5）未完成水费和居民医疗保险征收任务的不得评为三级以上等次。

（6）不执行农村财务"双代管"管理办法的不得评为三级以上等次。

（7）工作中出现重大失误，造成恶劣影响的不得评为三级以上等次。

凡受黄牌警告或有上述七种情况的村，否决单位和个人评选先进资格，并严格按照相关处罚决定执行。

考核工作开始后，由 B 镇党委组织办牵头成立考核工作领导小组，小组组长由镇党委书记担任，成员由各分管领导、相关职能部门负责人组成。具体考核分值标准在考核组考核分值的基础上由镇党政联席会议讨论研究决定，考核结果在一定范围内公布。①

（六）绩效考核结果运用

B 镇当前实施的农村"两委"干部绩效考核体系通过年度综合考核确定，相关部门可视实际情况，实行日常考核与年终考核相结合的形式。考核领导小组通过研究讨论，按照优秀、称职、基本称职、不称职四个

---

① 《2018 年村级工作年度综合考核实施意见》，2018 年 6 月 21 日，句容市白兔镇人民政府网站，http：//www.jurong.gov.cn/jrbtz/bmwjs/201806/91f50ac9bf7e4ce68c10bf89cd4811ac.shtml。

等次确定各村村干部的最终考核结果,并报镇党政联席会审核同意。

B镇对绩效考核结果主要与绩效奖金挂钩。村干部工资报酬由基本报酬和考核报酬及年度增收奖三部分组成。

(1) 基本报酬:按市定额标准为每个月3150元基数。

(2) 考核报酬:按照百分制考核(含"加扣分"项目合计)得分,乘以相应分值标准得出。年终考核排名在第1—5名的,分别给予所在部门参加考核人员1500元/人、1200元/人、900元/人、600元/人、300元/人奖励;考核排名第6名的不奖励;考核排名在第7—11名的,在年终目标奖金中分别扣除所在部门参加考核人员300元/人、600元/人、900元/人、1200元/人、1500元/人。

(3) 年度增收奖:以上个年度村级集体经营性收入总额为基数,年度村级集体经营性收入增加额在10万—20万元(含20万元)、20万—30万元(含30万元)、30万—40万元(含40万元)、40万元以上的,分别按照个人当年度基本报酬的10%、20%、30%、40%给予村党组织书记奖励,其他村干部按照村党组织书记增收奖励的一定比例发放,所需资金由村集体承担。

(七) B镇农村基层干部绩效考核存在的问题

1. 考核主体缺少公众参与

在B镇绩效考核的过程中,具体考核工作由镇考核工作领导小组实施,小组成员由镇党委书记、各分管领导、相关职能部门负责人组成。而在绩效考核的设计、实施、反馈、结果运用的过程中,都无社会公众的参与。

一方面,绝大多数的考核主体只是对照统一的绩效考核指标表进行打分,而并不了解各村的具体情况,也不能真实地掌握村干部在村内的实际工作情况,使得考核的结果多半取决于上级领导的主观意志,这在一定程度上会影响考核结果的客观性。

另一方面,自上而下的考核方式,使得村干部在行使职务的过程中,往往只对上负责,而忽视了服务对象村民本身的需求,甚至为了达成考核指标,做出损害村民利益的行为。正如新公共服务理论强调的"服务而非掌舵",公共管理者的重要作用在于帮助公民表达和实现共同利益。社会公众在村干部绩效考核中的缺位,也会降低考核的透明度和可信度。

2. 绩效考核指标设置不合理

在 B 镇村干部绩效考核指标设置中，包括经济建设、党的建设、社会建设三个一级指标。尽管赋予所有一级指标同样权重（30%），但在行政村工作综合考核加扣分细则中可以看出，在加分类别中，经济建设和党的建设各占 45%，而社会建设仅占 10%；而在扣分类别中，经济建设和党的建设各占 22%，社会建设却占 56%。值得注意的是，招商引资指标排在加分类别的第一项。由此可见，B 镇政府对招商引资等经济建设指标的重视程度。招商引资等经济建设可以在短时间内快速拉动 B 镇的经济发展，带动该镇人口就业，同时也可以为 B 镇政府带来更突出的 GDP 政绩。而这种片面强调经济建设指标，将社会建设指标作为主要扣分项的价值导向，往往会造成经济与社会的不平衡发展。同时，也让村干部把自身放在了村民的对立面。

3. 绩效考核周期设置不完善

B 镇的绩效考核周期以年度考核为主，各部门可视实际情况，实行日常考核与年度综合考核相结合的形式。而在实际考核的过程中，日常考核并没有得到有效的落实，很多只是流于形式。这种重视年度考核而轻视日常考核的做法，导致绩效难以达到预期效果。一方面，日常考核是年度考核的基础，轻视日常考核不利于村干部工作的及时改进，影响了绩效考核实效性的发挥，也不能为年度考核工作提供充分的信息支持。另一方面，年度考核时，考核主体只能依据村干部提供的台账资料和个人工作述职进行评价。同时近因效应等因素的存在，致使考核结果不可避免地掺杂着主观因素，无法客观真实地反映出村干部的工作表现。这不仅不利于发挥绩效考核的激励作用，也助长了个别村干部只在年度考核前突击填写资料、补足台账的投机主义倾向。

4. 考核结果运用不充分

绩效考核是对村干部阶段性工作成绩的综合评价，将直接影响到村干部的积极性和工作表现。然而目前 B 镇绩效考核的结果并未得到有效的利用，具体存在以下三个方面的问题。

首先，考核评价缺乏区分度，绝大多数村干部的考核评价都维持在优秀和称职之间，基本上不会出现不称职的村干部。因此，按照考核评价下放的考核报酬差距并不大。

其次，考核结果应用层面狭窄。尽管 B 镇建立了村干部薪资待遇水平与绩效考核结果关联的机制，但也仅限于此。村干部的职位调整、职务晋升、教育培训、声誉激励、个人惩罚等方面脱节，使得绩效考核的约束和激励作用没有得到有效的发挥。

最后，绩效考核的沟通机制不健全。绩效考核方案出台前并没有征集村干部的意见和建议，绩效考核结果出来后村干部只能被动接受。在缺乏合理的沟通渠道和机制下，极易让部分村干部产生不满情绪，从而会影响工作效率和成果。

（八）完善农村基层干部绩效考核的若干对策

1. 树立正确的绩效考核理念

村干部的绩效是工作效率与效益的反映，绩效考核指标更是引导村干部职能导向与行为模式的标准。要提升村干部绩效管理水平，首先应树立正确的绩效考核理念。

正如新公共服务理论所强调的，公共管理者的职能是服务而非掌舵，公共利益是目标而非副产品。因此对于村干部而言，必须明确职责宗旨，树立主人翁意识，从被动接受考核到主动对接考核，从管理村民向服务村民转变，真正意义上对工作产生认同和责任，强化内在激励的作用，从而更好地维护村民利益、满足村民诉求、为村民服务。

绩效考核的最终目的不仅在于获得考核结果，更在于帮助村干部提高综合素质和能力，从而为村民提供更优质高效的服务。因此对于镇政府而言，绩效考核工作应从强调结果向注重过程转变，强化平时工作的考核，更全面细致地了解村干部的实际工作情况，作出更客观公正的评价。

2. 构建多元化的绩效考核主体

新公共服务理论认为每个公民都是具有公民美德的人，政府不应该把效率作为衡量其工作绩效的唯一标准，应该更加关注人的价值，重视社会公平、公正、公共利益和公民权利，加强政府的回应性。而目前在 B 镇的村干部绩效考核办法中，考核主体只有 B 镇政府一方。由于信息不对称，考核结果不免存在一定程度的主观性和片面性，这也会导致村民的不理解和不认同。

因此，亟须完善村干部绩效考核的制度，拓宽考核主体和监督主体的范围，打通村民、社会组织参与村干部绩效考核的渠道，让村民、社会组织拥有对村干部绩效考核指标设计的发言权、对绩效考核结果的反馈权和对村干部绩效改进的监督权等。这样使得村干部能够真正地站在村民的角度，切实地维护村民的利益。让村干部不仅是政府的代理人，更是村民的当家人。

3. 建立科学的考核评价指标

考核指标是绩效考核的灵魂和核心，科学合理的绩效考核指标有助于发挥正确的导向作用，提升村干部工作的成就感和责任感，进一步增强双因素理论中激励因素的作用。

首先，绩效考核过程应注重定性与定量的结合。定性指标考核在实际工作中容易受个人感情影响，使得考核结果缺乏准确性和真实性。因此，在设定定性考核指标时，应尽可能细化，加强对被考核部门工作的指导意义。

其次，设置差异性指标，提升绩效考核的灵活性。目前，各镇政府往往运用市委组织部统一颁布的考核指标，而忽略了各村的实际社会经济发展状况，从而偏离了指标体系设计的初衷。镇政府应根据各村特色，因地制宜地设置差异性考核指标，充分发挥各村优势。

最后，科学分配指标的权重。"重视人而不只是生产率。"公共管理者在追求经济发展类指标的同时，更应该做好与社会、文化的平衡发展，实现公共利益的最大化。

4. 健全绩效考核结果的运用机制

绩效考核结果的运用在绩效考核的过程中占据重要地位，会影响到村干部激励作用的发挥。然而目前 B 镇村干部绩效考核结果只与薪资待遇挂钩，且绩效考核等次相对集中，体现在薪资上的差别较小，所产生的激励效果也微乎其微。

因此，在薪资待遇上，政府应该根据当地城乡居民人均收入的发展变化，对村干部的基础工资及时进行调整，同时通过构建更加科学的考核指标，拉开村干部绩效考核得分的差距，更好地引导和激发村干部工作的热情。

此外，薪资待遇的提升只能是作为保健因素，要想真正调动起村干部工作的积极性，更重要的是要利用激励因素。诸如对绩效考核优秀的村干部进行通报表彰，优先推荐参加各项评先评优工作。同时给予更多的教育培训机会，促进村干部队伍的职业化建设，进一步提升乡村治理的效能。

第三节　社区工作者等参与基层治理的行动逻辑与实践

随着中国治理现代化在基层社区层面逐步深入推进，社区事务日趋繁杂，社区工作者应对压力素质及满意度直接影响基层治理夯实的程度。根据中组部等四部委2022年颁发的《关于深化城市基层党建引领基层治理的若干措施（试行）》政策文件，各县（市、区）要进一步加强社区工作者队伍建设。社区工作者是社区发展的主体，其工作满意度直接影响社区公共服务的效率与效果。当前中国社区工作者与国外的专业化程度相比尚处于向半专业化过渡的阶段，工作面覆盖很广而具体工作内容琐碎，同时工作时间长、压力大，社会地位与职业认同度较低，导致该群体工作满意度不高，特别体现在对薪酬与福利待遇的满意程度较低。社区工作者是联结基层政府与社区居民的桥梁，其在面临压力时，如何充分发动社区内外的各种力量与资源，有效组织协调社区内各组织与团体的沟通，将压力的挑战转化为工作的动力，从而提升其工作满意度，显得尤为重要。

一　社区工作者等角色定位

（一）概念与定位：发出声音的社区行动派

社区工作者是一种职业。当前中国社区工作者与国外的专业化程度相比，尚处于向半专业化过渡的阶段。具有中国特色的社区工作者主要分为两类：一类是依据法定程序选举而任命的社区党支部及居委会成员（即社区干部），另一类是由公开招聘考试录取聘用的专业服务人员（即社工）。他们是社区主要行动者，与社区居民互动较多，能够将民众需要及时反馈出来。

（二）压力、信任、服务满意度与治理效能

社区工作者是联结基层政府与社区居民的桥梁，其在面临压力时，如何充分发动社区内外的各种力量与资源，将压力的挑战转化为工作的动力，从而提升其工作满意度，尤为重要。当前社会资本研究有三种取向，即关注社会网络结构及各种信息与资源关系的社会学派视角，着重分析规范、信任、互惠等网络社会组织作用的政治学派视角，侧重于社会互动的主体、制度及关系的数量和质量等的经济学派视角。对于社区治理领域而言，社会资本是强化社区组织间信任、促进社区组织间合作以及编织良好社区社会网络的核心要素。从中观与微观的视角，社区工作者可以运用的社会资本包括社区党支部成员、社区居民（骨干、志愿者、一般居民等）、专业社工队伍、城管人员、环保员、社区民警等，也包含社区内外关联的相关企业、社会组织、志愿团体等组织，以及包括社区工作者与社区内的社会组织与居民彼此信任互动的社会网络关系。这些社会资本从横向到纵向的有效协调，则会将社区工作者面临的工作时间长、压力大、任务重等挑战性压力源进行积极转化，通过社会资本网络协同合作，在解决社区问题的同时，促使更多资本在社区内外流通，增强社区成员间的互信互助关系与社区社会生态系统活力，从而提升社区工作者工作满意度。

二　社区工作者等参与基层治理的逻辑

（一）适度有偿、志愿服务与自我实现？

民政部、国家计委等部门发布的《关于加快发展社区服务业的意见》中也明确提出，要不断壮大社区服务志愿者队伍和社区工作者队伍。2017年，《国家突发事件应急体系建设"十三五"规划》正式发布，鼓励专业社会工作者和企业自建的应急救援队伍提供社会化救援有偿服务，因而社区工作者根据工作需要和个人意愿，可采用有偿服务。

疫情期间有许多市民投入疫情防控工作当中，充当志愿者，有党员、居民代表。其实社区志愿者有两种情况：一种是有补贴的；另一种就是纯粹的志愿服务，没有任何补贴，参与志愿服务更多的是为实现自身价值。

（二）身份张力：激起社区治理的活水

城乡社区是社会治理的基本单元和城乡居民的生活家园，加强城乡社区治理需要专业社工和社会组织、志愿者、社会慈善资源等社会力量有效参与。而专业的社工身份有很大的张力，既可以适度有偿地提供专业社工服务，还可以兼职社区居委会委员。甚至如果社区治理成绩优秀，还可以通过选举成为社区居民委员会主任。而志愿者除了不能有偿为社区居民提供专业的社工服务之外，其在社区工作路线上与社区工作者类似，具有身份的张力，激活了社区主体的积极参与。

（三）"吹哨者"的权力与责任：智慧社区网格中的基础数据更新者

街道创新基层社会治理，减少基层科层体制的刻板与低效负面影响，依据职责清单划分权责进行综合执法的基层治理机制不断得到推广与应用。① 但实际上真正在一线智慧社区网格末端进行数据更新和发现问题的"吹哨"是社区工作者，他们是真正的问题发现者和责任者。

三 社区工作者等参与基层治理的现状调查

（一）社区工作者挑战压力源、社会资本与满意度的问卷调查

1. 问题的提出

随着中国基层治理现代化在社区层面的逐步深入推进，社区事务日趋繁杂，而社区工作者是社区发展的主体，其工作满意度直接影响社区公共服务的效率与效果。社区工作者的工作面覆盖很广而又具体琐碎，同时工作时间长、压力大，社会地位与职业认同度较低，导致该群体工作满意度不高，特别体现在对薪酬与福利待遇的满意程度较低。

探讨社区工作者挑战压力源与工作满意度之间的内部作用机制，并将社会资本作为社区网络关系与认知资源来综合深入分析社会资本在挑战压力源与工作满意度之间的中介作用。

2. 研究对象与程序

（1）对象与研究方法

2019年7—10月，笔者采取问卷调查法对SD省16个市的312名社区工作者进行调研。样本来源有两个途径：一是从SD省16个市中抽取东部、中部与西部地区的社区后，到现场发放问卷220份（回收有效问

---

① 孙柏瑛、张继颖：《解决问题驱动的基层政府治理改革逻辑——北京市"吹哨报到"机制观察》，《中国行政管理》2019年第4期。

卷205份）；二是通过问卷星设计网上电子问卷，通过熟识的社区干部向同事滚雪球式定向推介，并规定在两周内完成以收集数据，发放电子问卷172份（有效问卷136份）。总共发放问卷392份，回收有效问卷341份，回收有效率为86.99%。去掉答题倾向明显以及漏答过多的不合格问卷后，最终有效问卷为312份，有效率为91.49%。具体人口统计学变量分布：男性132人（占42.3%），女性180人（占57.7%）；年龄30岁以下为66人（占21.2%），31—40岁117人（占37.5%），41—50岁108人（占34.6%），51岁以上21人（占6.7%）；学历高中/中专及以下35人（占11.2%），大专48人（占15.4%），本科201人（占64.4%），硕士及以上28人（占9.0%）；未婚46人（占14.7%），已婚259人（占83.0%），离异或者丧偶7人（占2.2%）；社区干部127人（占40.7%），社区一般专职工作者185人（占59.3%）。

（2）测量工具

挑战压力源问卷、社会资本量表都采用李克特六点量表。满意度问卷采用的是Anne S. Tsui等开发的工作满意度问卷，共6个题目，包含工作认知、同事关系、工资、晋升等方面的内容，采用李克特五点量表。[①]

3. 结果

（1）T检验

结果表明，社区工作者工作满意度不存在性别差异（$t = 1.715$, $P < 0.191$）。表2-38是工作满意度的年龄分组描述性统计分析结果。对四个年龄分段的社区工作者的工作满意度进行F检验可得，"60后""70后""80后""90后"社区工作者在工作满意度上存在显著差异（$F = 6.468$, $P < 0.001$），其中"90后"社区工作者满意度最低，"60后"的社区工作者满意度最高。具体多重分析可得，"60后"社区工作者的工作满意度与"90后"存在显著差异（$t = 0.604$, $P < 0.001$），"60后"社区工作者的工作满意度"80后"存在显著差异（$t = 0.569$, $P < 0.001$），"60后"社区工作者的工作满意度与"70后"存在显著差异（$t = 0.413$, $P < 0.01$）。

---

① Anne S. Tsui et al., "Being Different: Relational Demography and Organizational Attachment", *Administrative Science Quarterly*, No. 37, 1992.

表2-38　　　工作满意度的年龄分组描述性统计分析结果

年龄分组	M	SD
1 为30岁以下（"90后"）	3.563	0.925
2 为31—39岁（"80后"）	3.597	0.788
3 为39—49岁（"70后"）	3.753	0.878
4 为49岁以上（"60后"）	4.167	0.622
总体	3.683	0.852

对四个学历分段的社区工作者的工作满意度进行 F 检验可得，工作满意度存在显著学历差异（$F=6.184$，$P<0.001$），工作满意度的学历分组描述性统计分析结果具体见表2-39。其中，大专学历的社区工作者工作满意度最高，硕士及以上的社区工作者满意度最低。具体多重分析可得，大专学历的社区工作者的工作满意度与本科学历的存在显著差异（$t=0.246$，$P<0.05$），大专学历的社区工作者的工作满意度与硕士及以上学历的存在显著差异（$t=0.582$，$P<0.001$），硕士及以上学历的社会工作者与高中/中专及以下学历的存在显著差异（$t=0.512$，$P<0.01$）。

表2-39　　　工作满意度的学历分组描述性统计分析结果

年龄分组	M	SD
高中/中专及以下	3.835	0.959
大专	3.906	0.804
本科	3.659	0.831
硕士及以上	3.324	0.817
总体	3.684	0.852

（2）相关分析

相关分析和描述性统计具体见表2-40，挑战压力源与社会资本呈显著负相关（$r=-0.117$，$P<0.01$），挑战压力源和工作满意度呈显著负相关（$r=-0.155$，$P<0.01$），社会资本与工作满意度呈显著正相关（$r=0.579$，$P<0.001$）。

表2-40　　挑战压力源、社会资本与工作满意度的相关分析

变量	M	SD	1	2	3	4	5	6
1 性别	1.165	0.366	—					
2 年龄	2.463	1.801	-0.087*	—				
3 学历	2.815	0.526	0.178**	-0.167**	—			
4 挑战压力源	7.493	2.421	-0.100**	-0.024	-0.118**	—		
5 社会资本	4.224	0.650	-0.001	0.130**	-0.164**	-0.117**	—	
6 工作满意度	3.863	0.852	0.055	0.161**	-0.152**	-0.155**	0.579***	—

注：*$P<0.05$，**$P<0.01$，***$P<0.001$。

变量赋值。性别：男性为1，女性为2；学历：高中/中专及以下为1，大专为2，本科为3，硕士及以上为4；年龄分段：1为30岁以下（"90后"），2为31—39岁（"80后"），3为39—49岁（"70后"），4为49岁以上（"60后"）。

（3）中介作用分析

借鉴温忠麟等对中介效应分析的方法。如表2-41所示，模型1和模型2为在控制性别、年龄与学历的基础上，以挑战压力源为自变量，以社会资本为因变量建立的回归方程。结果表明，挑战压力源对社会资本起了显著负向作用（$\beta = -0.136$，$P<0.01$）。模型3和模型4是在控制性别、年龄与学历的基础上，以挑战压力源为自变量，以工作满意度为因变量建立的回归模型。结果表明，挑战压力源对工作满意度起了显著负向作用（$\beta = -0.134$，$P<0.001$）。模型5和模型6则是在控制了性别、年龄与学历的基础上，将挑战压力源与社会资本同时作为自变量加入回归方程，以工作满意度为因变量进行的回归分析。结果表明，挑战压力源对工作满意度依然起了显著负向作用（$\beta = -0.077$，$P<0.05$），然而负向作用得到减弱。社会资本对工作满意度依然起了显著正向作用（$\beta = 0.564$，$P<0.001$），因而社会资本在挑战压力源与工作满意度之间起了部分中介作用。

表 2-41　挑战压力源对工作满意度层级回归的分析结果：社会资本的中介作用

	社会资本		工作满意度		工作满意度	
	模型 1	模型 2	模型 3	模型 4	模型 5	模型 6
性别	0.021	0.026	0.071	0.08	0.062	0.050
年龄	0.102*	0.103*	0.132**	0.129**	0.039	0.074*
学历	-0.133**	-0.136**	-0.142**	-0.108*	-0.076*	-0.023
挑战压力源		-0.109**		-0.134***		-0.077*
社会资本					0.571***	0.564***
R^2	0.040**	0.047***	0.047***	0.058**	0.357***	0.29**
ΔR^2	0.034**	0.040***	0.042***	0.051**	0353***	0.19**
F	7.740	6.869	9.323	8.537	77.928	62.234

注：$*P<0.05$，$**P<0.01$，$***P<0.001$。

4. 讨论与建议

变量在人口统计学上的差异分析 T 检验表明，社区工作者工作满意度不存在性别差异，即女性社区工作者与男性社区工作者工作满意度相差不大。F 检验可得，"60 后""70 后""80 后""90 后"社区工作者在工作满意度上存在显著差异，其中"90 后"社区工作者满意度最低，"60 后"的社区工作者满意度最高。原因可能为，"90 后"年龄段社区工作者入职时间短，尚未完全适应与全心投入工作，处于职业探索期，因为存在适应问题而工作满意度较低；"80 后"年龄段的社区工作者对工作已逐步适应，处于职业发展上升期，因而对工作能够掌控，工作满意度有所提高；而"70 后"社区工作者年龄处于不惑与知天命阶段，多年的工作社区经验使得他们处理问题更为得心应手，因而工作满意度比"80 后"与"90 后"要高；而对于"60 后"的社区干部而言，他们参与了社区创建，亲身经历了社区从刚开始没有独立的办公场所到如今宽阔的办公场域的变化，与社区共同发展本身就有着自豪感，因而工作满意度最高。对四个学历分段的社区工作者的工作满意度进行 F 检验可得，工作满意度存在显著学历差异。其中，大专学历的社区工作者工作满意度最高，硕士及以上的社区工作者满意度最低。当前随着大学生就业向基层倾斜，高学历人才在基层的越来越多。可是由于传统职业观念的影响，拥有硕士及以上学历的人才如果在社区工作，大多数情况下会被认为人才浪费。所以相对而言，大专学历的社区工作者职业认同度最高，其次为本科学历的社区工作者。

挑战压力源与社会资本呈显著负相关，挑战压力源和工作满意度呈显著负相关，社会资本与工作满意度呈显著正相关。回归分析表明，挑战压力源对社会资本起了显著负向作用，挑战压力源对工作满意度起了显著负向作用，社会资本在挑战压力源与工作满意度之间起了部分中介作用。通过社区成员间的网络协作与支持将压力积极转化，减少了挑战压力源对自身资源的损耗，从而提高了工作满意度。

（二）社区工作者参与社区治理实践启示

1. 完善社区权责清单，运用现代信息手段多渠道协调压力源

（1）完善社区权责清单，通过明确工作准入制，对社区实行行政管理体制改革。明确社区工作准入制，尝试推行"大党委"社区体制，实行基层群众性自治组织协助基层政府公共服务事项的管理，确定社区工作准入事项。减少社区职能行政化倾向与社区不具备执法权却作为执法、拆迁拆违、环境整治、城市管理、招商引资等事项的责任主体的工作负担过重状况；进一步规范整合社区的考核、评比、创建和表彰工作，切实减轻社区居委会的工作负担。（2）推进"互联网+社区工作减负"等现代技术创新，使得社区工作者面对挑战性压力源时得到基层政府正面的激励作用，产生通过现代化信息手段增强为社区居民服务的效能感，从而提升工作满意度。

2. 立足社区实际资源，拓展社会资本

立足本社区各种资源，尝试通过灵活的社区资源供应方式，结合基本服务与特色化项目运作，激发社区工作者与社区居民组织开展特色社区活动的积极性与创造性来拓展社会资本。社区工作者在面临挑战压力源时，可以发挥多元力量与民主主义，减少自身资源耗竭。通过社区社会资本的注入，发挥"本社区特色长板优势"，拓展社区社会资本，把社区范围内有影响力的微观组织力量的能动作用发挥出来，共同进行社区治理，则压力源在得到分化的同时，群策群力的治理会在拓展社会资本的同时取得更好的治理效果，从而提升社区工作者的工作满意度。

3. 完善聘用、培训及晋升与绩效考核制度，提高待遇水平

当前在社区改革逐步走向社会治理精细化与现代化的进程中，以社区需求为导向、为基础，以"社区工作者满意度"为框架分析的思维取得一定进展。在访谈中，许多社区工作者反映了当前社区工作者聘用、培训及晋升制度还不够规范，以及薪酬待遇不高等导致工作满意度不高的问题。这不利于激发和调动社区工作者的积极性和创造性，不利于保障与发展社区工作者队伍。许多拥有硕士学位的人才在社区根本就不会留下来，其中很重要的原因就是薪酬福利不足。因而，可尝试如下方法。完善社区工作者人才选拔、培训与晋升机制。在改革传统的社区工作者民主选举与招聘录用及培养提拔的制度基础上，通过人才引进与制度创新为社区工作者提供发挥才华的广阔平台；同时完善社区工作者培训制度，参照当前网格精准服务要求，重塑社区工作专业化理念、培训体系与保障体系。为高学历、综合素质强的年轻精英提供更多发展平台，给予机会将其历练成"社区精英"，从而提升其工作满意度。

第四节　新的社会阶层人士参与基层治理的行动逻辑与实践

一　新的社会阶层人士角色与治理影响因素

随着新时代基层治理现代化的深入推进，新的社会阶层不断涌现，呈现出人数日趋增多与队伍日益增大，在基层治理创新中愈加发挥影响力。而新的社会阶层人士数量的急剧增长和该群体力量的蓬勃发展，深刻影响和改变了中国的社会结构，为基层治理融合不断创新提供了新思路。习近平总书记强调，实现中华民族伟大复兴的中国梦，要健全同党外知识分子、非公有制经济人士、新的社会阶层人士的沟通联络机制。①"一个正在现代化的制度还必须具有将现代化造就的社会势力吸收进该体制中来的能力。"② 当前基层治理出现诸多实践创新，给民众带来精细化

---

①《习近平著作选读》第 2 卷，人民出版社 2023 年版，第 270 页。
②［美］塞缪尔·P. 亨廷顿：《变化社会中的政治秩序》，王冠华等译，上海世纪出版集团 2008 年版，第 119 页。

的公共服务体验，但是当前缺乏新理论对新的社会阶层人士整合到基层治理创新之中进行指导。本研究基于共生理论的视角，结合网上案例和2021年7—8月对JNS区、TQ区、LC区的街道、社区新的社会阶层人士和街道、社区干部的实际访谈，探讨当前新的社会阶层统战工作在基层的困境，归纳比较分析SD省内外新的社会阶层人士统战工作的典型实践，探索基于共生理论的新的社会阶层统战工作与基层治理创新融合的路径。

（一）概念与定位：基层治理的新生力量

2020年修订的《中国共产党统一战线工作条例》指出，新的社会阶层人士主要包括以下四类：（1）私营企业和外资企业的管理人员和技术人员，具体涉及这些企业的中高级管理人员与技术人员；（2）自由职业人员（Self-employed），具体包含靠专业技术服务获得合法收入者（家庭教师、私人教练等）、在家办公的SOHO（small office/home office）族、以家为工作模式的MORE（mobile office residential edifice）族、移动办公的MO（mobile-office）族；（3）中介组织与社会组织从业人员（包括律师行业、保险中介行业等领域中高级管理者和技术人才）；（4）新媒体从业人员，具体包括新媒体企业出资人、新媒体经营管理人员（投资、运营、市场开发等）、新媒体采编人员（如记者、推送人员、编辑等）、新媒体技术人员（网络技术开发人员）等。

关于新的社会阶层人士概念存在部分交叉重叠以及涵盖不全的问题。比如，访谈的一位被试是教育培训的自由职业者（访谈编号：20210820F2），但是她也会经常运用直播带货和网络心理咨询的模式运营和获利，与新媒体从业人员的概念界定有部分交叉；而访谈的一位民办高校副校长（访谈编号：20210820M2）则认为，"目前面临的困难主要是身份界定，因为上级主管单位将民办学校定位为民办非企业单位，所以我们的身份，既不属于企业人员，更不属于公务员、事业单位人员，关键的是没有一个相对明确的身份界定，对于参与相关业务存在一定影响"。因而存在将其归为第（1）类不是很合适，归为第（2）类勉强符合的现象。所以在实际基层工作中，可以按照宽泛界定，以群众工作的思路，适度放宽新的社会阶层人士的认定条件，将身份多重新阶层人士统筹归类，纳入其最为接近的新社会阶层群体，团结并发挥他们在基层社会治理中的作用。

（二）统战嵌入与治理效果

1. 基层治理创新与新的社会阶层人士统战工作的核心任务

基层是国家治理创新的一线场域，基层治理创新的根本目的是满足民众需求，及时反馈民众"心头事"，更好地为人民服务是其核心任务。依据中国社会主要矛盾的新特点，基层治理创新本质上是为了满足民众日益增长的美好生活需要。而新的社会阶层人士统战工作的核心任务是掌握新的社会阶层民众所急、所忧、所难、所盼，将其组织团结起来，通过基层治理协同解决问题，满足基层民众诉求、办好群众急难愁盼的"心头事"。因而新的社会阶层人士统战工作与基层治理创新核心任务目标，都是服务于基层治理体系和治理能力现代化，服务于解决基层一线问题。要科学地将新的社会阶层人士统战工作嵌入基层治理创新，就应因地制宜，把握基层治理创新的脉搏，切实在解决基层实事和提升基层治理效能上下功夫，让新的社会阶层人士及民众能够体会到基层公共服务的实际效果，让基层干部团结凝聚基层治理创新各主体，切实联络与动员新的社会阶层人士参与基层社会治理，从而在聚焦解决实事、为民众服务的过程中，激发基层治理创新秩序与活力。

2. 新的社会阶层人士统战工作嵌入基层治理创新需要党建引领

《中共中央 国务院关于加强基层治理体系和治理能力现代化建设的意见》指出，要实施"党建引领基层治理机制全面完善"，"加强乡镇（街道）、村（社区）党组织对基层各类组织和各项工作的统一领导"，"完善党建引领的社会参与制度"。[①] 基层治理创新推进涉及深层次权责关系调整，否则只能虚有其表。而只有通过党建引领，才能平衡好权责关系、政社关系和政民关系。针对访谈的绝大多数新的社会阶层人士"遇到困难都自己解决"，针对访谈中访谈对象（访谈编号：20210820F2）反映的"虽然是共产党员，但是成为自由职业者之后，就不知道在哪能够参加党的活动"问题，真正地做好"为群众、信群众、靠群众"的基层统战工作，需要进一步健全基层党建工作。通过深化基层党建工作，切

---

① 《中共中央 国务院关于加强基层治理体系和治理能力现代化建设的意见》，2021年7月11日，中国政府网，http://www.gov.cn/zhengce/2021-07/11/content_5624201.htm。

实调动社会组织与广大民众积极参与，才能推动基层治理创新体系的有效建设，才能在此基础上推进基层治理推陈出新。在基层治理创新方面，强调践行党建引领，明确新的社会阶层"联络制度与权责事项"，切实推进基层党建工作重心下移，才能激发新社会阶层力量参与到基层治理创新中来。

3. 基层协商民主是新的社会阶层人士统战工作嵌入基层治理创新的平台

党的十九届五中全会指出，要重视"发挥群团组织和社会组织"在基层社会治理中的作用，规范"市场主体、新社会阶层、社会工作者和志愿者"等协同参与社会治理的途径。依据习近平总书记"协商于民、协商为民"的重要指示，基层协商民主制度是新社会阶层参与基层统战工作、发挥社会治理创新主体作用的平台。基层镇街、村居干部应该创新基层民主协商模式，结合基层网格化管理平台，进一步细化与深入沟通渠道；通过广泛宣传、项目吸引、家校联动等方式，凝聚民主党派、党外人士以及新的社会阶层人士等参与基层社会治理；通过新型民主协商平台模式，有机促使新的社会阶层统战工作嵌入基层治理创新中来。

二 新的社会阶层人士参与基层治理的困境与逻辑

（一）新社会阶层规模不断增大与政治参与度弱之间的矛盾

国家统计局发布的《中华人民共和国2020年国民经济和社会发展统计公报》显示，2020年年末，中国互联网上网人数为9.89亿人，其中手机上网人数达9.86亿人。预计到2035年，90%的职业场景将被自由职业覆盖。当前中国灵活就业人口达到1亿人，依托互联网大约有7800万人。新社会阶层规模不断飞速增大，但是在基层政治方面参与度很低，形成巨大反差。访谈被试多数谈到"与社区、街道人员接触很少"，"基本上和街道、社区没有什么交集"，这就有可能造成该阶层所占人口比重与其所应该发挥的影响力不相匹配，政治参与度低，在基层社会治理创新中没有相应的话语权，无法发出该群体诉求的声音。新社会阶层的规模与政治参与度之间的结构性矛盾、社区化不足与社会化不高并存、统战力量薄弱掣肘统战综合性优势的发挥等现实困境，影响了基层公共服务精细化的供给，阻碍了基层社会治理创新的发展。

(二) 基层统战工作下沉与再组织化困境

通过总结归纳关于新的社会阶层人士嵌入统战工作活动经验与案例，发现新的社会阶层统战工作一般还是通过自上而下的高层推动的方式进行，因而存在统战部门积极争取少数新社会阶层精英加入新联会，对其进一步服务、组织培训，而忽略了普通的大多数新的社会阶层人士的组织与动员。通过访谈了解到，新的社会阶层人士尤其是自由职业者，反映较多的往往涉及"人力资本太高，房租太高，还有受疫情影响，公司业务部分受影响，希望国家在税收方面能适当减免申请减少租金减轻压力的问题"，也没有"参加过什么统战联谊互动活动"。作为主要组织载体的"留联会""新联会""知联会"等新的社会阶层群众团体，实际上发挥的作用有限，多数新的社会阶层人士没有参与。这就导致街道、社区一级的基层统战工作下沉不到位，普通新的社会阶层人士被忽略、享受不到相应的基层公共服务，存在沟通少、组织化程度低的困境。这就影响了基层协商民主的生态状况，无法实现基层真正的协商民主，不利于实现基层治理创新。

(三) 新社会阶层个体多样态、需求多元化与参与治理路径匮乏

有学者总结建党百年以来统一战线的发展历程，统一战线工作经历了革命化、现代化与社会化阶段。[①] 随着基层新的社会阶层样态的不断丰富和壮大，新的社会阶层人士需求呈现多样化趋势，但缺乏与政府的沟通路径，导致很难参与到基层社会治理当中，不能有效实现统战工作的社会化。当前新的社会阶层人士政治参与渠道单一，只有极少数优秀分子通过政协制度，在参政议政方面发挥作用。一般对新的社会阶层人士的统战工作由统战部负责，统战部门借助"新联会"等组织进行动员管理，存在组织制度单一、不完善，缺少有效协同机制等问题，使得新的社会阶层人士统战落实到基层治理社会层面，工作缺乏新的规章制度有效支撑，很难做细做实。

---

① 肖存良：《革命化、现代化与社会化：建党百年以来统一战线发展的三个历史阶段》，《社会科学文摘》2021年第5期。

三 新的社会阶层人士参与基层治理创新实践与案例

（一）融入不同的声音：以 JN 市 L 区访谈结果为例

JN 市委统战部创新发挥"新智聚济"工作品牌的示范作用，推动新的社会阶层人士统战工作创新发展，深化"联谊交友""凝聚共识"，切实实施"精品工程项目""重点培育工程项目"，创新发展新的社会阶层人士统战工作"JN 模式"。科学构建综合评价指标体系，优化工作流程，以特色品牌力量团结凝聚更多新的社会阶层人士参与基层社会治理创新。在 2021 年 6 月新的社会阶层人士统战工作实践创新基地建设经验交流会上，JN 市获得"全省新的社会阶层实践创新基地精品工程项目" 1 个、"全省新的社会阶层实践创新基地重点培育工程项目" 2 个，在第二批"全省新的社会阶层人士统战工作实践创新基地重点项目"中，有 15 个基地被准予立项建设。① L 区统战部门组织新的社会阶层代表人士参加培训，使其认清数字经济战略趋势，激发新的社会阶层代表人士在参政议政、建言等方面的使命担当，提升其业务与政治素质。② 2021 年 8 月，JN 市新的社会阶层人士联谊会开展"助力民营企业高质量发展"座谈交流活动，部分新的优秀社会阶层代表人士针对民营企业发展遇到的困难，结合企业家们所关心的投融资风险防控、税务、科技成果评价转化等方面的议题进行了分享交流，团结引领新的社会阶层人士凝聚"新力量"、搭建"新平台"、扩大"新影响"、开创"新局面"。③

（二）其他各地区新的社会阶层人士参与基层治理典型实践创新案例

青岛市委统战部在新的社会阶层人士嵌入基层治理创新方面有很多好的经验可借鉴，比如在疫情期间，协同新的社会阶层人士共同建立辟谣平台 23 个；动员组织 4850 名新的社会阶层人士加入网络抗疫，协同自

---

① 《创新先行作示范 砥砺奋进育精品——济南市新阶层实践创新基地建设工作再获殊荣》，2021 年 6 月 18 日，中共济南市委统战部网站，http://www.jntyzx.gov.cn/html/2021/gzdt_0618/6878.html。

② 《济南市济阳区新的社会阶层代表人士培训班成功举办》，2021 年 4 月 23 日，中共济南市委统战部网站，http://www.jntyzx.gov.cn/html/2021/jctz_0423/6621.html。

③ 《济南市新的社会阶层人士联谊会开展"助力平阴民营企业高质量发展"座谈交流活动》，2021 年 8 月 3 日，中共济南市委统战部网站，http://www.jntyzx.gov.cn/html/2021/gzdt_0803/7010.html。

媒体平台发布的疫情信息,"互联网+"企业人士共同守护网络空间;通过"新智汇、新力量""新语智汇"等方式,发挥人工智能优势,影响范围达到1.5亿人次。① 2021年6月,青岛胶州荟新融智服务上合发展联盟成立,擦亮"荟新融智"工作服务品牌。青岛市率先选派新的社会阶层人士到政府部门挂职锻炼,通过"订单式、个性化、轮岗制"等方式,选派阶层代表人士赴区(市)直部门、功能区和镇街挂职锻炼,达到"党委重视、代表人士支持、人民群众认可、部门基层欢迎、社会评价良好"的效果。②

湖南省委统战部引领新的社会阶层人士,聚焦服务基层,取得瞩目成果。例如,建设众创园e星实践创新基地,通过"村播计划"直播带货和宣传旅游资源,采用"网红+直播+电商"模式促销农产品,成为新的社会阶层人士助力基层治理的典型;株洲"动力谷"自主创新园则健全新的社会阶层人士统战工作机制,通过"党委+群团+园区企业"三方联动模式,增强基层治理创新合力;邵阳建立"优农找·致富带头人"基地,实行常态化、制度化与规范化月度工作例会制;常德武陵移动互联网产业园通过整合同心驿站,打造新的社会阶层人士的"同心家园","一站式"解决实际困难;③ 凤凰县制定《新的社会阶层代表人士工作方案》,明确联系服务代表人士制度,尝试月汇总、季研判、半年总结的闭环工作机制,精准解决新的社会阶层代表人士问题。④

攀枝花市委统战部引领新的社会阶层人士,在园区创建省级"众创空间"、"省级电子商务示范基地"、"三六"多功能现代化电子商务产业园,打造"新巢·聚创联盟"实践创新基地,构建新的社会阶层人士统战工作大数据平台,创新数字化管理和"线下阵地+线上平台""双线运行"的"五注重、五提升"模式,突出新的社会阶层人士"送岗位"

---

① 《新的社会阶层人士统战工作篇》,2021年1月16日,中共济南市委统战部网站,http://www.jntyzx.gov.cn/index.php?a=show&c=index&catid=97&id=6457&m=content。
② 《山东青岛在全国率先推进新阶层人士到副省级城市市直单位挂职锻炼》,2021年6月24日,网易新闻,https://www.163.com/dy/article/GD9N3MQU054131NC.html。
③ 《如何创新做好新的社会阶层人士统战工作?实践创新基地来了解下》,2020年12月29日,网易新闻,http://hunan.news.163.com/20/1229/11/FV0TJGJI04369D8U.html。
④ 周健智:《凤凰县"四个用功用力"抓实新的社会阶层人士统战工作》,《湖南省社会主义学院学报》2021年第3期。

"送温暖"等品牌活动的辨识度与贡献率，增强新的社会阶层人士创新基地的引领效应。① 不断探索新的社会阶层人士社会化、网络化工作创新方式。②

2020年10月，广州市组织首个中国民间组织自发策划、专属于自由职业者的嘉年华，结合当前中国自由职业者达到1亿人，顺应5G发展与互联网平台，为"新个体工商户"跨平台灵活就业实现营收提供展示平台。③

苏州市松陵街道探索建立新的社会阶层人士交流联络制度，依托"新的社会阶层人士之家"阵地，通过定期开展专题学习、沙龙论坛等交流活动，加强会员沟通互动。街道领导班子成员不定期以电话、微信、座谈、约见、茶话会等形式，联系并了解新的社会阶层人士的实际需求，切实为新的社会阶层人士解决实际问题，形成双方良性互动的新的社会阶层人士互动工作机制。

河南探索新的社会阶层人士统战工作"全镇域"模式，具体做法如下。新的社会阶层人士统战工作突破传统项目统战、楼宇统战思维，坚持构建以乡镇（街道）为单元的理念，先在新的社会阶层人士比较聚集、有较好的党建和统战工作基础的街道和乡镇进行试点，以新的社会阶层人士联谊组织为载体，逐步全面推进，构建纵横交叉、全面覆盖的基层统战组织体系，从而把基层各领域新的社会阶层人士有效组织起来，为其他地区提供了可以借鉴的"新郑模式"。④

（三）新的社会阶层人士统战工作嵌入基层治理创新的路径

1. 增强党建政治引领，凝聚新的社会阶层人士统战工作嵌入基层治理创新的政治共识，营造协同的共生环境

（1）探索创新党建引领方法，根据政策、基层经济以及社会文化等

---

① 《四川攀枝花市"五注重、五提升"促进新的社会阶层人士统战工作实践创新基地建设》，2021年2月4日，人民政协网，https://www.rmzxb.com.cn/c/2021-02-04/2779132.shtml。
② 程林顺：《新的社会阶层人士社会化、网络化工作探讨》，《四川省社会主义学院学报》2021年第2期。
③ 《"2020自由职业日嘉年华"在广州举行》，2020年11月2日，央广网，http://www.cnr.cn/gd/gdkx/20201102/t20201102_525316938.shtml。
④ 《把新的社会阶层人士紧密团结在党的周围》，2019年11月8日，中国网，http://www.china.com.cn/opinion/theory/2019-11/08/content_75386411.htm。

共生环境因素，不断增进新的社会阶层人士加入统战工作与参与基层治理创新的政治共识。"新的社会阶层组织化过程中要注重在组织文化传播、灌输及被成员接受的过程中强化组织认同；要坚持和加强党对新的社会阶层的领导，在共同学习、网络空间互动交流和公益活动中建构组织文化来凝聚政治共识。"① 除了开展常规的党建知识讲座来宣传党的路线方针政策，还可以通过举办新的社会阶层统战文化沙龙，发起"统战动态""健康养生""同心学苑""人物风采""同心讲堂""传统文化教育读书会"等形式多样、新颖实用的思想政治引领方式，把新的社会阶层人士党史学习教育品牌化、特色化，做好新的社会阶层人士基层统战思想政治工作的同时，及时解决新的社会阶层人士反映的困难问题，从而巩固该阶层共同的思想政治基础。（2）发挥党组织的政治核心引领作用，通过党组织政治引领构建公益实践创新基地，促进基层镇街、村居社会公益组织，党外人士以及新社会阶层、基层居民协同形成"跨界合作"，共同学习党建政治思想。坚持党的领导，实现新的社会阶层凝聚力工作的常态化管理尤为重要。② 将新的社会阶层人士联谊组织和党组织从市、区不断延伸到镇街、村，拓宽工作覆盖面和互动团结面，提高新的社会阶层人士的思想政治自律性，激发其爱国情感与为民服务的使命感，形成政治共识，扩大基层党的执政与社会治理创新的群众与社会基础。（3）党建引领线上与线下融合方式，通过考察、座谈、培训、沙龙、服务等形式，综合运用网站、QQ 群和"两微一端"等新媒体平台，对新的社会阶层人士代表进行网络学习和党的知识专题培训，提高思想政治素质。明确政治站位，不断扩大社会阶层人士基层统一战线工作沟通渠道与覆盖面。发挥多元主体在数据平台上的互补优势，③ 从而增强新的社会阶层人士的政治理论自信，提升新的社会阶层人士加入统战工作与参与基层治理创新的思想舆论与政治共识。

2. 健全完善新的社会阶层人士统战人才信息数据库，畅通与拓宽统

---

① 白关峰：《论新的社会阶层组织化过程中的组织文化建构》，《河北省社会主义学院学报》2020 年第 3 期。

② 李雅琼：《当前新的社会阶层凝聚力工作挑战及应对》，《党政论坛》2020 年第 9 期。

③ 张卫、后梦婷、张春龙：《新的社会阶层人士网络行为特征及统战工作方式研究》，《江海学刊》2019 年第 2 期。

战工作嵌入基层治理创新渠道，拓展共生单元

（1）动态掌握基层新的社会阶层人士情况，完善基层统战人才数据库，拓展基层统战工作的多元主体。通过网格化调查与摸排，对其进行分类汇总与登记，发放新的社会阶层人士宣传手册，让基层干部知道哪些人是该类群体，让新的社会阶层人士知道自己归属的群体，综合运用组织点名与个人报到，所属行业推荐与个人自荐，线上招募与线下登记相结合的渠道，找到新的社会阶层人士。激励基层干部积极联系各类新的社会阶层人士，拓展基层统战人才信息数据库，探索新的社会阶层人士统战与基层治理工作融合的切入点。（2）通过"党建"与"统战"互融互通，开展送温暖活动，增加与新的社会阶层人士的互动与交流，出台并落实相关基层新的社会阶层联络制度。通过定期互动回访制度，及时增添与完善统战人才数据库，并根据统战人才贮备库情况，盘活人力资本，为基层社会治理创新注入新活力。（3）强化基层治理创新靠大家的舆论宣传，通过树立新的社会阶层人士典型榜样，通过主流传统媒体、新媒体等平台，采用微信推送、简报、微视频等方式，示范引领辐射并吸引新的社会阶层人士参与实践创新基地，体现基层治理创新特色风采，凝聚社会阶层新力量融入基层治理创新。（4）依托基层统战人才数据库，将治理创新工作从园区、楼宇社区、校区下沉辐射到镇街、村居，做到每一位新的社会阶层人士都能找到"组织"并录入数据库，参与组织活动。在探索"全镇域"实践创新的基础上，因地制宜依托公办高校优秀教学资源，结合民办高校灵活机动的体制优势，组建新的社会阶层人士统战工作理论研究和人才培养中心，着力研究解决制约新的社会阶层人士统战工作长效发展的困境和机制问题，以理论支撑和实践探索来保障新的社会阶层人士统战工作嵌入基层治理发展的科学性。

3. 创新基层组织工作载体，探索新的社会阶层人士统战组织优化的新机制，构建多元主体协同的共生平台

（1）统战部门应顺应信息化时代的形势，在党的领导下夯实基层组织工作的网络共生平台建设，探索网络新的社会阶层代表人士联谊组织优化，依托精准普法 App、网络代表人士联谊会、"新 e 汇 +"等平台形式，创新网络基层人士统战工作，创新基层统战与治理创新基地及活动阵地等，推进市、区、镇街、村居联动的统战实践与基层治理创新基地

建设。加强党对新的社会阶层的领导是新的社会阶层组织化的关键，党的领导是新的社会阶层组织化的前提。① 当前新媒体队伍亟需统战力量开展分类引领，对于民营企业和外资企业的管理技术人员以及中介组织和社会组织的从业人员，可以依托相对稳定、规范化的行业协会和管理机构，借助主管单位和行业协会力量较好地组织这部分群体；而对于自由职业人员来说，这个类别新阶层群体队伍庞杂，思想多元且创新活力强，但是社会管理力量松散，组织起来难度较大，是新的社会阶层人士统战工作的难点，需要先找准抓手，建好组织平台，循序渐进推进统战工作嵌入基层治理创新。(2) 推动联谊组织进一步社会化，健全新的社会阶层人士统战工作的联席会议制度。将新联会从区（市）继续下沉，覆盖到乡镇、街道、村社，探索新的社会阶层人士挂职基层的基层统战联谊组织的新社会化模式。坚持大基层治理理念，改革新的社会阶层人士统战与治理创新融合的组织、运作、决策与监管等结构。探索构建党委引路，基层社会组织、新媒体专委等与外联社会服务部、经济部等部门交叉、渗透融合、协同的核心工作圈，有效调动基层治理创新的组织内生动力。(3) 坚持"六有"指标，实现党委主导给力、统战部门组织卖力、社会各方接力、新的社会阶层发力、干群上下合力的基层治理协同创新机制。综合党组织、统战力量、骨干队伍、工作阵地、制度规范、专门经费、工作品牌、主题活动的配置与完成状况，形成点、串、线、片、面、网交叉渗透的组织模式，实现全力支持、全层吸纳、全覆盖、全融合、全流程化指导、全社会纷纷参与、全方位公共服务。在县（区）、镇街、村居、园区党组织设立专（兼）职基层统战委员，落实多元主体协同进行基层治理创新基地建设，形成新的社会阶层人士统战工作发展的新格局。

4. 强化基层治理创新队伍建设，激发新的社会阶层人士在协商民主中发挥作用

（1）建设基层统战干部队伍，聚焦组织工作与胜任能力的可持续提升。在组建基层统一战线队伍方面，面对新的社会阶层人士，除了构建

---

① 王喆：《党的领导是新的社会阶层组织化的前提》，《江苏省社会主义学院学报》2020 年第 2 期。

传统基层统战工作服务体系，做好新发展阶段下的统战工作，还要依据新的社会阶层人士所属行业与工作内容，寻找发挥其管理、专业技术与基层治理创新双赢的平台、项目或者机会契合点，通过律师服务团等开展社会志愿公益活动，发挥服务基层大局的优势作用。比如通过律师普法宣传进社区，既发挥了其专业所长，使得民众在社会上尊重他们，又起到了其在基层治理中参政议政的作用。（2）创新新的社会阶层人士业务与综合素质培训模式，建立新的社会阶层代表人士到基层镇街挂职实践锻炼工作培训机制。除了中央统战部、民政部、司法部等单位对新的社会阶层代表人士进行常规培训，还需要根据新的社会阶层代表人士工作内容、对象及规模、工作要求等差异，加强基层新的社会阶层代表人士梯队建设，指导各地因地制宜，分批分层培训，逐步打造一支政治素质优良、数量与结构合理的新的社会阶层代表人士队伍。还可尝试以镇街为单位建立新的社会阶层人士工作活动阵地，在此基础上，构建"市区级新联谊组织＋镇街联谊服务中心＋村居联络站"三级基层组织网络，以共同事业凝聚人心，使挂职的优秀的新的社会阶层代表人士有合适的平台发挥自身能力，带动基层治理创新，使得普通的新的社会阶层人士能随时随地找到组织，可以就近就地参与组织活动。（3）选任政治立场坚定、业绩素质突出、基层群众认同、影响力大并热心公益的新的社会阶层人士担任新联谊组织负责人，使其从参与者变为基层治理创新主体之一，激发该群体服务基层的内生动力。新社会阶层要增强履行社会责任的动力，参与协作治理，发挥其在基层治理中的职能作用。发挥"社会稳定器"的显性功能、"社会推进器"的内在潜能，规避"社会震动器"的潜在风险，切实保障新社会阶层的合法利益。[①] 基层党组织协助该群体搭建领导班子并提供启动资金，按照行业性质、群体类型科学分类培训该群体人员，搭建信息化数据平台载体，尝试以政府购买服务的项目外包合作的方式与新的社会阶层专职人员合作，探索基层党委引领、新联会社会化运作、基层内外其他组织合力联动的良性运转机制，通过协商民主引导其有序发挥其在基层治理创新中的作用。

---

① 钱再见、许艳青：《论新社会阶层发挥协作治理职能的三个面向》，《观察与思考》2020年第 5 期。

第三章

新时代基层治理的多元典型组织主体实践场域研究

本部分的基层治理的多元组织层面的主体包括村（居）委会、城市社区业委会以及志愿者组织等。由于研究领域所限，城市企业、农村集体经济组织和其他组织（各类产业合作社）以及非营利组织等，不在本章研究的对象范围内。

第一节 村（居）委会参与基层治理的行动逻辑与实践

一 村（居）委会角色与治理行动逻辑

社区、村居是国家治理的基层社会单元，村居参与主体基于市场原则、公共利益和社区认同，遵守公平协商机制，共同应对社区公共需求，优化社区秩序。新冠疫情对正在探索发展中的基层社区治理模式提出新的问题和挑战。重视村（居）委会在疫情防控中的基础性作用，村（居）委会、业主委员会、物业企业成为这次突发公共卫生事件的社区治理参与主体，对本轮疫情控制和社会秩序快速恢复发挥了重大作用。

（一）行政与自治：群众组织的集体行动选择

1887年，德国社会学家斐迪南·滕尼斯在《共同体与社会》一书中首次提出了与"社会"共存的"社区"概念，并界定了共同体与社会的区别。[①] 自斐迪南·滕尼斯之后，各国学者对社区的研究逐渐增多，对社

---

① ［德］斐迪南·滕尼斯：《共同体与社会》，林荣远译，商务印书馆1999年版。

区的定义也各不相同。在现代社会中,学者们普遍认为,社区是一个生活在一定地区的人们所组成的社会共同体。

关于社会基层治理问题,由于国情不同、政党制度不同、意识形态不同,西方和中国存在较大差异,且西方研究集中在社区治理方面,但仍有一定参考意义。中华人民共和国成立以来的社区实践深受苏联的影响,建立了单位体制。绝大多数城市人口的生活、工作内容都被包含在单位内。"街居制"(街道—居委会管理体制)成为"单位制"的补充。①

居(村)委会是投送政府公共服务的"最后一公里"。作为群众自治性组织的居(村)委会,应聚力培育社区协商自治能力,响应政府号召,构建自治、法治、德治相结合的治理体系。社会组织与非政府组织、非营利组织、志愿者组织、第三部门等在国内外被视为同义词,基本内涵的相似导致使用的混淆。在西方学者的研究中,Lester M. Salamon 对社会组织描述的五个特征得到学术界的广泛认同,他认为,"组织性、民间性、非营利性、自治性和志愿性是社会组织的五个特征"。② 党的十七大以后,与西方标准相异的"社会组织"代替其他说法而被正式地规范使用。社会组织是公民或者集体自愿设立的,不以营利为目的,为社会提供服务的志愿、公益组织。从国家—社会的理论视角出发,哈贝马斯认为有一个公共领域存在于国家与社会之间,公民可以在这个公共领域内进行公共行动和自由交往,从而抵抗"生活世界的殖民化"。③ 阿伦特认为,只有在与他人进行辩论并建立交往关系的过程中,公共领域中的个体才能摆脱"平庸之恶"。经济发展与意识形态控制会带来公共性的消亡,而公民自由地讨论公共事务可以抵抗这种公共性的消亡。戈登·怀特提出,社会组织的出现代表着公民社会以及公共空间的形成,联结国家与个体之间的中介正是社会组织,这对建立公民社会具有极其重要的意义。④

---

① 吴晓琳:《理解中国社区治理:国家、社会与家庭的关联》,中国社会科学出版社 2020 年版。
② L. M. Salamon, *The Emerging Sector*, Maryland: The Johns Hopkins University Press, 1994.
③ [德] 哈贝马斯:《公共领域的结构转型》,曹卫东等译,学林出版社 1999 年版。
④ [英] 戈登·怀特:《公民社会、民主化和发展》,何增科译,《马克思主义与现实》2000 年第 1 期。

西方学界普遍认为，要实现"善治"，必须依规办事，履行责任。另外，在处理城市间治理主体的关系方面，西方学界更重视社会组织的作用，社区组织和外部社会组织的良好关系可以形成治理的良性结构；并且西方学界认为，社会组织和基层政府的合作会促进基层政府向好发展。此外，在基层治理的公民参与问题方面，西方学界也给予高度重视。西方社会中，社区治理对公民参与的形式、质量等要求非常高，提升公民参与水平的方式方法也较为丰富。

（二）承上与启下：基层资源的连接点

近年来，国内突发性公共卫生事件频发，对国家的发展和人民的生活产生了重大影响。疫情应对，不仅是对一个国家医疗水平的检验，也是对一个国家综合治理能力的检验，包括社会组织的参与能力。这一问题引起了国内许多学者的关注。国内学者研究社区社会组织在应对新冠疫情中所发挥的作用，大多是从社区社会组织的形成途径以及应对新冠疫情时所显现出来的特征展开。

社区是基层治理的"最后一公里"，社区社会组织的发展离不开与政府的互动。社区居民的需求多样、琐碎且不确定，政府整齐划一的制度与社区居民多样化的需求不相匹配，社区需求刺激社会分工，从而产生内生于社区内部的公共服务体系。政府通过购买服务的方式提供资源和成本，为社区社会组织提供了发展路径。① 社区居民自身具有强烈的组织整合的需求，在这一过程中嵌入疫情防控系统会产生好的效果。② 政府直接让渡部分公共管理职能，社区社会组织代替地方政府来行使部分职能，从而得到自身发展所需要的资源。③

社区社会组织深深地扎根于社区。社区社会组织对社区居民的熟识度相对较高，可以较快掌握社区居民翔实的信息。这就降低了疫情防控

---

① 吴素雄、陈字、吴艳：《社区社会组织提供公共服务的治理逻辑与结构》，《中国行政管理》2015年第2期。

② 张超：《"自组织"社会整合的三重机制——基于COVID-19疫情治理中志愿组织的"抗疫"考察》，《杭州师范大学学报》（社会科学版）2020年第4期。

③ 杨宝、胡晓芳：《社会组织能力建设的行为分析：资源导向或制度遵从》，《云南社会科学》2014年第3期。

的难度，从而提高了防控工作的效率。① 社区社会组织在疫情预防和控制方面具有以下天然优势：根植于社区，其本质体现为为社区居民提供直接服务的基层组织，疫情防控应成为服务社区居民的重要内容之一。② 在国家的政策支持下，部分社区社会组织具有了一定的"合法性"，发挥连接政府与公众的枢纽作用，从而有效执行政府疫情防控政策，并为社区居民提供援助。

中国的社区社会组织发展相对缓慢，在应对来势汹汹的新冠疫情时，暴露出自身的劣势。社区社会组织参与形式相对单一，社区社会组织大多是协助政府进行疫情防控工作，部分组织力量没有被充分利用起来，如相对专业的心理咨询和医疗咨询。中国社区社会组织发展的时间比较迟，有待提高其数量、规模与专业化水平。中国大部分社区社会组织在应对新冠疫情时，不仅能力有限，而且缺乏相关经验。在疫情防控治理期间，社区社会组织对大数据、智能科技的运用不高，信息化水平远远落后于企业和政府，没有实现三者信息之间的互联互通，大大降低了疫情防控的工作效率。

（三）选举"热冷"与议行"虚实"：智慧为民服务怎么落实？

社区居委会在转型过程中对于自身定位的探寻过程，随着对定位认识的改变，所进行的工作重心的转移、工作任务的取舍，以及目前仍然疲于应对基层政府派发的工作任务等形势的变化，工作方式也在不断调整。在城市社区中，积淀着许多未开发利用的社会资源。当前诸多社区居委会全部采取混合型模式，即社区居委会成员由享受政府生活补贴和不享受政府生活补贴的人员组成，社区居委会主任、副主任为专职，享受政府生活补贴，选举时差额产生；社区居委会委员为兼职，不享受政府生活补贴，选举时等额产生。选举全部采用户派代表方式，即居民以户为单位在现居住地社区进行选民登记，每户派一名代表参加选举。社区居委会选举选民登记"冷热不均"，部分市民对居委会选举漠不关心。

---

① 张圆圆：《社区在疫情防控工作中的作用、不足及对策》，《行政科学论坛》2020 年第 3 期。

② 张军、刘雨：《新冠肺炎疫情防控中的"志愿者+社区社会组织"模式服务效力及其反思》，《天津行政学院学报》2020 年第 3 期。

从理论上讲，居委会长期以来担任的是政府末梢机构功能，上级机关的意愿考虑得比较多，群众利益方面考虑得相对较少，因此不太受居民认可。一个社区安定、和谐、稳定的基础是，社区党支部、业委会、居委会、物业管理处齐心协力、相互支持。

在当前大数据时代，尤其要提升智慧社区治理能力。提升城乡社区治理现代化水平，需要顺应现代信息技术发展趋势，运用大数据、云计算等新技术推动城乡社区治理手段、模式、理念创新，以数字化推动治理精细化。完善社区与部门政务信息系统数据资源共享交换机制。加快互联网与社区治理和服务体系深度融合，建设开发智慧社区信息系统和简便应用软件，引导社区居民参与公共事务、开展协商活动、组织邻里互助，提升政策宣传、民情沟通、便民服务效能，提供线上和线下相融合的社区公共服务。

二 新时代社区居委会基层治理的实践创新案例

（一）智慧社区助力创建美好家园：以 SD 省 4 个社区调查访谈为例

随着城市化进程中大数据的不断深入应用，以及城市社区规模与数量的快速扩张，城市社区治理出现了诸如治理碎片化等亟待解决的新问题。社区治理要与时俱进，进行理论与实践创新以跟上新时代的发展步伐。当前大数据时代的社区治理，亟需新的理论指导社区实践创新，而最初来源于生物学领域，后被广泛用于社会学与管理学领域的共生理论，可从宏观与微观两个层面解释城市社区治理中多元主体达成共赢的路径与方法。2018 年 7—8 月，笔者所在的科研项目团队对 SD 省 JN 市的 4 个街道社区进行为期一个月的实证调研，并对 11 位社区公职人员以及 20 位社区居民进行深度访谈。在此基础上，本书尝试以共生理论为分析框架，探讨大数据时代城市社区治理创新所遇到的困境及解决路径与方法，以期为社区治理创新提供新的思路。

1. 城市社区治理面临的困境

社区既是居民空间，也是中国城市社会最基础的治理单元，是国家与公民沟通互动的基础平台，是城市社会的稳定缓冲器，是创新社会治理和巩固党的执政基础的重要基石。大数据社区治理创新就是通过多渠道运用多媒体大数据，激发多元主体积极参与社区治理并加强互动，调整改变现有社区管理制度。对内在已有资源的基础上，激发培育新的治理方式；对外积极引进新的资源元素（如公共服务外包）。多元主体基于共有利益与信任，通过协商谈判、资源互换，促使更多社区居民积极参与社区治理，以达成社区民主自治。通过访谈了解到，当前城市社区治理创新面临以下挑战。

（1）社区居民"原子化"与利益诉求多样化，导致一些公共问题难以达成共识。当前社区特别是流动人口多的社区，由于是陌生人社会，邻居之间交流很少，社区居民之间彼此隔离。遇到像公共车棚建设等问题，由于立场不同，居民之间很难达成一致意见。

（2）沟通媒体平台多元化与沟通主体陌生化的矛盾，导致社区主体间信任缺失。当前信息时代，大家可以通过微信、QQ、微博等媒体工具直接与社区工作人员交流，但是社区工作者对平时忙于工作的年轻人基本上都不认识。社区工作者与社区年轻群体真实接触很少，导致彼此缺乏信任。

（3）参与的居民单一性与"社区共同体意识淡薄"，导致社区协同治理的"空置"。现在社区协商民主参与以及社区志愿服务的人员基本上都是退休人员，年轻人一是工作忙，二是集体意识比较淡薄，多数对社区事务持漠不关心的态度。

（4）社区间的巨大差异，导致网格化服务效果评估与监管困难。网格化管理确实提高了社区治理的效率，但是由于社区间本身的差异，网格化服务的绩效很难科学客观地评估，并且监管也有难度。

2. 新时代的社区治理创新

社区管理体制创新，是以服务为核心。探索在"后单位时代"街居制失效的情况下，让居民、社会主体更多参与到社区管理中的社会管理模式。通过基层民主自治，不仅发挥传统的街道、社区居委会的主体参与作用，还要让业主委员会、物业管理公司、社会组织等新的参与主体参与治理，而社区管理也随着时代发展成为多元主体互动治理的过程。

3. 共生理论视域下城市社区治理创新的应然分析

（1）共生视域下城市治理创新模型构建

在新时代，基于共生理论的城市社区治理创新的环境支撑（包含经济发展状况、地理环境、政策及社会文化等），均衡治理创新主体间关系（政府部门、社区、社会组织以及居民个体等），探索实现城市社区创新管理模式（包含协同创新组织模式与行为模式在协同创新界面平台上的动态互动）的综合模型（见图3-1）。协同效果的体现，需要以各方无缝对接为假设条件，而对接的过程则首先需要考虑协同创新的环境支撑，充分考虑到当地经济发展状况、当地政府出台相关政策、当地市场发育状况以及所处的地理位置等重要影响因素。治理创新模式分为协同创新组织模式和行为模式，这两者在协同创新界面上相互作用与影响。协同创新组织模式涉及合作的多样化（一次、多次、连续与战略合作），而协同创新行为模式体现的是协同主体的地位与关系，协同创新界面是协同的平台。在当前信息时代，可在传统的组织、决策、运作、财务与监督协同机制下，借助电子信息为社区协同主体提供一个供需双方无障碍沟通的信息交流平台。

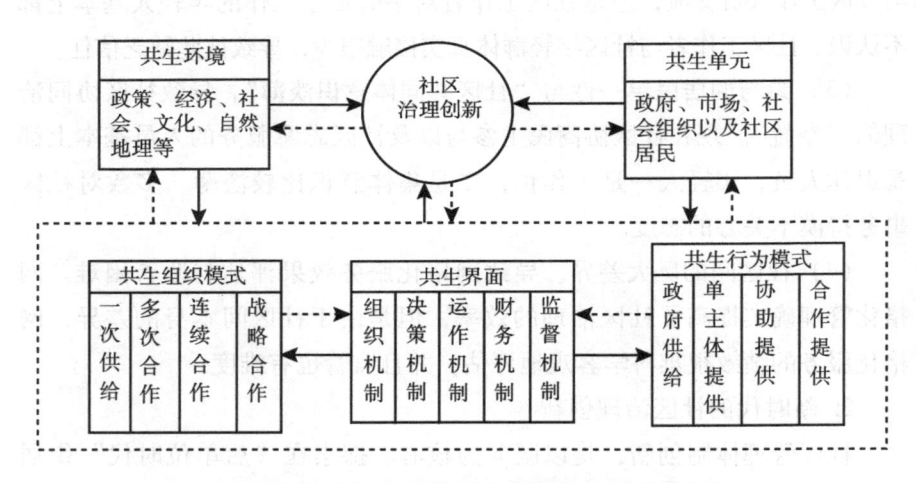

图3-1 基于共生理论的城市社区治理创新的模型

（2）城市社区治理创新体系主体间关系与联结点探析

构建政府部门、社区、社会组织以及居民个体等治理创新体系，本质上是将不同规则与系统的主体和资源整合到新系统与规则体系中，因而厘清主体间的关系，在确保各主体顺利衔接的前提下，积极调动发挥各创新主体活力，才能实现协同创新的积极效果。如图3-2所示，协同创新体系的有效运行，首先需要国家政府提供配套的政策基金资助及激励政策制度，并对企业的研发投入减免税收，同时在坚持政府为主导的前提下，社区、社会组织以及居民个体等治理创新主体，在政府的政策驱动下，构建协同创新平台，以产业、信息、组织与文化等为抓手，使得治理创新所需要的物质资本、社会资本、人力资本与文化资本，在协同创新平台所形成的网络平台上合理流动。大力促进治理创新所亟需的各种资本，围绕产业链、信息资源、组织与文化等结合，以治理创新链来培育发展战略性新兴产业，从而进一步推动城市社区治理创新发展。

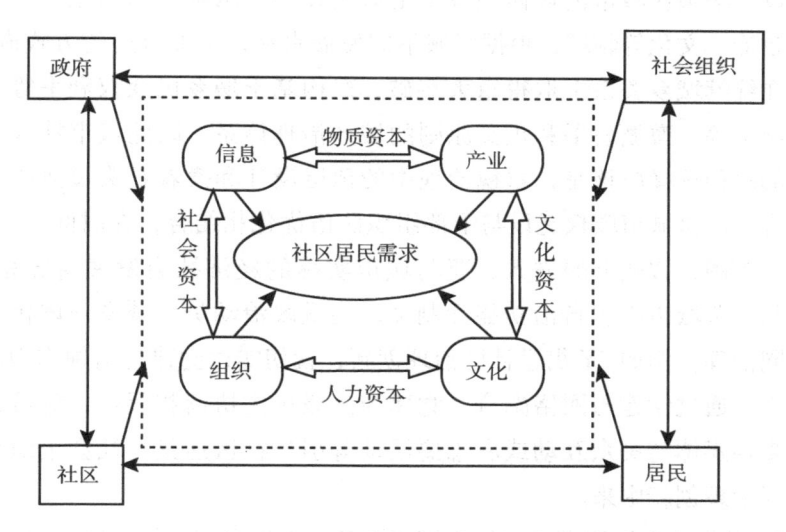

图 3-2 共生视域下城市治理创新各主体之间的关系分析

（二）数字时代智慧社区治理创新案例启示

1. 厘清共生主体之间的关系，达成治理创新关系的共识

汪锦军在论述社会治理界定政府与社会关系时，指出嵌入性是现代国家能力建构下的有效治理特征之一，嵌入可以简单理解为国家嵌入社会的过程，它包括两个层面：国家的意识形态、法律制度、管理组织对社会生活的嵌入，代表国家的城市官僚与社会的多元互动。[①] 赵树凯认为，当前基层社会治理失去有效权力规制，容易陷入误区，体现在政府

---

① 汪锦军：《构建公共服务的协同机制：一个界定性框架》，《中国行政管理》2012 年第 1 期。

职能公司化定位、政府权威碎片化、政府行为运动化以及政府行为自利化。① 因此根据多中心治理理论，结合中国实际国情，城市社区治理中的国家嵌入可以参照城市党委为主导，基层政府负责协调，市场与社会组织加强合作，激发乡村与城市社区自治活力，使得多中心治理在基层治理实践中取得成效。目前城市社会治理呈现三个特征，即政府嵌入的代理化、社区自治组织行政化和社会组织边缘化。这就要求国家嵌入城镇化建设，必须在城市治理体制改革上有所作为。国家可以通过制度、经济、政治、文化等领域，根据区域不同发展水平，采取合适的方式嵌入，以便在统筹城乡关系上取得重大突破，建构基于城乡民众权利平等、发展机会平等、遵循公平和正义原则的城乡治理体系。因此城市社区治理未来的路径选择应该是，重视治理中的顶层设计和摸着石头过河的实践相结合，注重城市政权建设与干部组织队伍优化相结合，在时间、力度、频率、范围、方式上的嵌入，要与城市实际的经济社会发展情况相符，激发与完善城市组织自治功能和制度，注重政治动员、城乡一体化治理和协同治理。例如 SY 街道社区治理创新，就切实以党建为引领作为国家嵌入点，通过党建与网格融合，党建与三级民主协商相促进，党员通过运用多种媒体与民众互动或者志愿活动等引导社区居民、社会组织参与到社区治理创新中来。

2. 强化共生组织模式与行为模式创新，促进多元主体社区集体认同

对城市社会治理而言，制度供给是城市社会治理良性发展的前提条件，因而城市社区治理创新需要组织模式与行为模式。例如 DKL 街道通过"暖心工程"，社区与企业、社会组织合作，不仅让需要帮助的老年人感受到政府的温暖，从社区最前线关心老人（尤其是现在低保、特困、空巢老人），还化解党群干群关系，搭建街道、社区与群众的沟通桥梁。"暖心工程"作为一个弹性工作，也是可以化解一些矛盾和冲突的抓手。而 JFL 街道则因地制宜，以养老产业创新与社会组织孵化为基础，以创业带动就业，将社区治理服务创新与物质资本、信息、文化和产业资本有机结合起来，创新社区服务组织与行为模式，推出全科社工服务，使得社区居民享受到社区服务便利的同时，对社区集体的认同感也会提升。

---

① 赵树凯：《乡镇治理与政府制度化》，商务印书馆 2010 年版。

3. 构建城市社区治理创新的线上与线下平台

"互联网+"在极大激发经济和社会发展的同时，深刻影响了城市社会治理理念。促进"四方联动"，即以政府供给侧改革为驱动，以社区社会组织培育与良性发展为辅助，以社区居民对国家、社区、文化认同为发动，以互联网为联动平台。所调查的GY街道、SY街道等网格化党建与其他网格化服务中，调动起了社区、社会组织以及社区居民志愿者参与社区治理创新的积极性，真正凸显城市社区共享、共建、共治的效果。

中国基层社区治理在应急管理、秩序维持、缔造新发展格局以及政治共同体建设方面具有不可替代的地位。新时代的中国社区治理具有独特的路径、形态和逻辑，是中国现代化国家治理体系和治理能力的重要组成部分。更为重要的是，中国社会治理已经孕育出了独特的范式，为可持续的发展提供了广阔的空间。从实践上总结中国社区治理之成果，从理论上提炼中国社会治理之范式，是学术界责无旁贷的使命。首先，发挥街道、社区、小区各级党组织的引领作用，全程参与确保工作方向，发现、协调并解决问题。其次，加强居民自治，规范组建自治组织，开展小区营造，激发居民共建、共管热情，引导居民自主选择。再次，发挥社会组织的协同作用，引导培育社会组织，鼓励物业型社会企业发展，深化信托物业监察人制度，形成多方共建、共治、共享。最后，加强配套建设，结合城市有机更新、老旧院落改造，解决小区（院落）硬件短板问题。

表3-1　　　　　　JN市4个街道社区治理创新启示

社区名称	基本情况	社区治理创新主要特色	访谈对象
DKL街道	该街道是JN面积第二大街道社区，共辖11个社区，辖区面积4.11平方千米。有10个居委会，人口1.7万户，5.3万人	"暖心工程"的服务理念、运作模式引入社区建设，"暖心工程"架起了街道、社区与群众沟通的桥梁，提升了街道和社区的影响力，促进了和谐社区建设。"暖心工程"得到了个人、企业和社会组织的普遍认同，对传递正能量起到了积极作用	街道办党工委副书记1名，社区支部书记2名，社区居民5位

续表

社区名称	基本情况	社区治理创新主要特色	访谈对象
SY街道	该街道辖8个社区居委会、15个家委会，人口6.1万人。面积4.6平方千米，大中专院校3所、中小学5所，并有直管幼儿园2所。驻有省市属单位33个	其下所辖SY社区以党建为引领，结合大数据时代特点创新性开展工作。一是建立了"三三制"书记工作室，围绕区域化党建工作要求，吸纳驻地工作单位、两新组织、非公有制经济组织负责人，社区民警为兼职委员；发展私企、个体营商户共同参与社区建设。二是构建三级组织网络，划分网格党支部，有效促进社区组织网络与社会治理网格的"两网融合"。三是构建三级协商民主机制，成立"三级协调、多元善治"议事会。四是推广"积分制"党员一卡通及适用互联网+"e"和协商民主"谋"手段	街道负责网格员绩效考核的工作者1名，社区居民5位
JFL街道	面积2.06平方千米，下设5个社区居委会，辖区居民为3.47万人，流动人口5800余人。辖区驻区机关、事业单位162个，企业260多个	属于全国社区治理和服务创新实验区，并于2018年7月验收成功，社区将政府管理与居民群众自我管理紧密结合起来，形成"小社区大城管"的工作格局，以创业带动就业，推行了政策落实、岗位开发、创业培训、就业援助、退管服务等"六进社区"工作模式，建立创业孵化基地两处，安置城镇就业1593人	社区居委会书记3名，社区居委会主任1名，社区居民5位
GY街道	辖6个社区居委会，总人口5.8万人，其中城镇人口3.7万，农业人口2.1万人。该社区处于城乡接合部	着力打造智慧社区，构建全覆盖的城市居民网格化管理服务体系。通过网格地图，能看到整个辖区的概貌。通过手机、数字电视、电脑等终端登录智慧社区微信公众号、街道公众服务网站随时进行政民互动，咨询、投诉、建议，通过区级/街道/社区/基础网格"四级"网格化管理，达成协同治理	街道副书记1名，社区支部书记2名，社区居民5位

第二节 社区业委会参与基层治理的行动逻辑与实践

一 社区业委会角色与治理行动逻辑

（一）悬浮式发展：业委会参与基层社会治理的"身份迷思"

随着城市化不断推进，一些党组织和基层群众脱节，无法联系群众，给城市基层治理带来了重大考验。物业管理是通过加强和创新党对社区物业服务的领导，把党的组织覆盖到物业，把党的力量充实到物业，把党的引领体现到物业，从而促进基层社会治理体系和治理能力现代化。

业委会参与基层社会治理的"身份"，目前界定模糊。出现治理身份合法化困境的原因之一，是国家对社区社会组织准入设置了较高的"门槛"，使得社区社会组织进行合法化注册登记存在一定的难度。因此，部分业委会组织没有依据《中华人民共和国物权法》的规定程序组建，整体处于杂乱状态，这就使得未经政府行政部门批准的业委会组织具有较弱的行政合法性。大部分业委会组织未获得政府的认可，又存在良莠不齐的现象，因此社区居民对其认可度、参与度也不高，社会公信力缺失，业委会组织缺乏社会合法性。在应对新冠疫情时，基层行政部门、社区及社区居民不能充分信任业委会社会组织，配合其进行新冠疫情防控工作，导致业委会社会组织工作开展得不顺畅，这在很大程度上限制了业委会在疫情防控中发挥作用。在城中村和城乡接合部社区中，人员结构复杂且人口流动性强，再加上行政管理体制的原因，对业委会的管理比较混乱，因此这类困境在城中村和城乡接合部社区中尤为凸显。

城市基层党建工作的展开离不开社区的依托和支持，这也不可避免地导致党建与社区、业委会存在重叠交叉，导致权责界定不明晰，而传统社区工作人员、街道办事人员存在官僚主义局限性，不能自觉承担党员责任。社区事务驳杂，在面对工作时经常出现基层党组织和社区互相推诿的现象，导致损害党在群众中的威信。城市建设发展，城市化的过程中，党建发展速度明显落后于城市化速度，老旧社区拆解重组，原先的党组织得不到及时改编，新社区合并建立，又不能及时建立起新的基层党组织。另外还有一点十分值得注意，中国基层社区党组织存在号召力不强的情况。随着基层社会治理的不断改革发展，很多社区都配备了相应的居委会、业委会、物业委员会、自治委员会等机构，但是这些机构组织建立之后互相之间联系不足，导致互不信任，各自为政，而基层党建在此的作用却没有发挥，不能发挥党的思想引领作用，不能紧密联系群众。

（二）结构与自主性困境：资源分配与自主合作

1. 发展结构困境及原因

社区业委会组织组成人员大多依赖社区有闲、热心、有能力的居民，但一般社区居民参与意识较弱，参与人员大多是退休及闲暇时间较多的居民，社区精英群体和年轻群体较少加入其中，出现了人力不足的状况；社区业委会组织大多依赖政府直接供给资源和购买服务的方式来进行发展，但是国家对社区社会组织的财政支持力度有限，其又无独立的资源获取途径，因此资金、物资短缺成为阻碍其发展的主要原因；社区业委会组织受资源所限，对自身所进行的专业能力培训和业务指导相对较少，自身能力建设不足，导致其发展程度缓慢且专业水平不高。应对新冠疫情时，面对繁重的疫情防控工作任务，数量有限的社区业委会组织出现成员紧缺状况，而且由于新冠疫情是公共卫生危机，亟需专业性组织和人才，但其专业性比较低，参与疫情防控工作的水平不高，使得社区业委会组织应对疫情防控的效果大打折扣。

2. 自主性困境及原因

首先，社区业委会组织是在政府转变职能从而为其让渡了发展空间的大背景下形成的，因此，大部分社区业委会组织是在政府部门占据主导地位的情况下经扶持引导而建立的；其次，社区业委会组织为了获得合法化和寻求长期发展，会主动或被动地向政府部门靠拢，以期获得认可和发展资源；最后，社区业委会组织长期依赖外部力量，对其自身的独立性未充分认识，自主性发展动力不足。例如新型农村社区社会组织的产生路径大多处于"强国家—强社会"的背景之下，国家大力实行乡村治理，引导社区社会组织的发展，因此在开展新冠疫情防控工作时，社区业委会组织的行政依赖性强，无法结合自身所在社区的具体情况进行自主性防控，使得疫情防控工作的实际效能大大降低。

（三）红色物业：党建引领参与社区共享空间建设

由于红色物业概念诞生时间不长，目前学界对其研究主要集中在基层党建的引领层面。红色物业的核心是在基层中发挥党的政治领导,贯彻党的路线,运用有效手段让基层多主体在政治上、思想上与党保持一致。由于中国社区和西方社区存在较大差异,因此在研究红色物业和社区治理现代化时要考虑到社区特点和基层党组织,单纯认为国家退出完全交由市场接管,这种观点是片面的。① 社区治理时,对物业企业的功能进行准确定位十分重要。相较于传统物业,红色物业突破了这一局限。红色物业作为物业企业,一方面发挥市场作用,为居民提供专业化服务的同时发挥主体能动性;另一方面,红色物业作为党组织的延伸,积极响应党的号召,保持党为人民服务的初心。②

同时,红色物业中潜在的一些问题也值得我们注意。在实际治理过程中,多元主体之间会因只考虑自己利益而产生矛盾。如果不解决,那么问题会一直循环出现。虽然红色物业通过党建将多元主体连接起来,但这种合作很可能只停在表面,最终异化为形式主义,只是完成考核而不发挥作用。③ 当前社区中资源分布不均,要更加重视资源整合,带动国有企事业单位参与治理建设。此外,社区党建存在注重顶层设计、服务保障、载体创新和丰富活动内容等优点,但在实践中暴露出站点建设存在不平衡、站点建设的资源供给过于单一,以及站点建设的运行机制不健全、不完善等问题。周庆智认为,基层党建的作用是引领基层社会治理中,政府主体、市场主体、社会主体,三种主体的多元共治,由这三种主体形成共建、共治、共享的社会治理格局。

二 新时代社区业委会参与基层治理的实践与启示

(一) 组织化身"管家":以 JN 市 L 区访谈结果为例

L 区位于 SD 省 JN 市市区东南部,是 SD 省政治、经济、文化中心。L 区总面积 100.89 平方千米,人口 96 万人,现辖 13 个街道。全区 2100

---

① 王德福:《催化合作与优化协作:党建引领社区治理现代化的实现机制》,《云南行政学院学报》2019 年第 3 期。

② 陈琦、秦泽慧、王中岭:《"红色物业"融入社区治理:理论与实践——以百步亭社区为例》,《江汉大学学报》(社会科学版) 2018 年第 1 期。

③ 叶娟丽、韩瑞波:《吸纳式合作机制在社区治理中为何失效?——基于 H 小区居委会与物业公司的个案分析》,《南京大学学报》(哲学·人文科学·社会科学) 2019 年第 2 期。

多个基层党组织，3.1万名党员。2021年以来，L区出台《关于打造红色物业促进城市精细治理的实施意见》，按照"党建引领，分类实施，市场运作，社会参与，多元共治"，以基层党建为指引，深入实施基层社会治理工作，开展红色物业工程，取得了丰硕成果。红色物业有效解决了传统物业方面的不足和局限性，提供了基层社会治理的新路径。在2022年1月对15名社区支部书记、业委会主任、网格员、居委会书记、社区居民进行访谈，总结如下：

1. 组建红色工作队，全面提升工作素质

为了破解物业从业人员素质普遍不高、年龄普遍偏大的难题，JN市L区积极选聘一批思想政治素质好、学历层次高、年轻有活力的大学毕业生，充实到公益性物业企业，同时鼓励市场化物业企业招聘党员大学生，提升现有物业服务队伍素质，让优秀的大学生从事物业管理工作，让他们到群众身边做党的工作。把党的工作做到群众心中是红色物业的重要特点，给红色物业注入了红色基因。2021年以来，JN市L区有意选聘党员作为物业服务人员，党员占比60%以上，建立物业企业党组织106家，达到应建比例的86%。目前这批年轻队伍已成为物业服务的管理员、党的政策的宣传员、群众事务的代办员、社情民意的联络员，受到广大居民群众的好评和欢迎，成为红色物业的亮丽名片。

2. 抓行业与抓党建

将党的建设和行业管理同步谋划、同步部署、同步推进、同步考评，推动行业党建向纵深发展。JN市L区积极推动建设物业行业党委，加强党对物业的领导，社区党组织的广泛建立，推动社区工作与物业服务有效融合，打通了党组织服务联系群众的"最后一公里"，严把业委会人选关、结构关，按照法定程序成立104个业委会，环物委代行业委会职责275个，业委会覆盖率达85%，其中344个已成立党组织，成立率为91%。为加强党建引领功能，深入实施"双向进入、交叉任职"政策。为实现精细化管理，实现多元主体共建、共治，积极搭建区级物业行业党委、街道"红领物业"联盟、社区"红领物业"联席会、网格党支部四级联动平台，坚持和完善"四议三公开"制度，协调解决物业管理服务中的热点、难点、痛点问题，打通党委政府联系群众的"最后一百米"。同时，笔者通过调研了解到，L区基层社区十分重视思想引领，加强培训，对选拔的基层党员干部、红色物业从业人员等，由 L 区牵头，实现培训全覆盖，并结合 JN 现实，明晰权责划分，树立业委会正面形象，鼓励公民积极参与。

3. 阐释发展与服务的关系

L 区红色物业秉承一个中心、两个根本，三个坚持，全心全意为社区人民服务，有效阐释了发展与服务的关系。所谓"一个中心"，就是一切以居民满意为中心；"两个根本"是以管理和服务为根本；"三个坚持"是首先坚持在社区党委的领导下进行工作，其次坚持在社区党组织的领导下为社区居民开展服务，最后坚持倡导物业公司的每一位员工都是社区志愿者。L 区充分开展社区网格化治理工作，将庞大臃肿的社区划分为小"格子"，有效解决了此前效率低下的问题。L 区为每个网格配备网格专员，通过网格联动实时沟通信息，及时有效解决群众之间的问题和矛盾，实现"小事网格办，大事社区办"。为此配备 1000 余名专职网格员，并由网格员兼职物业服务巡查员，同网格内物业管家合作，及时发现问题，及时督促整改。建立上下联动机制，居民有问题向网格反映，网格有问题向上级部门反映，实现"网格吹哨，部门报到"，真正实现民有所呼、我有所应。

4. 建立新型考核机制

为更好地监督红色物业实施，L 区出台《L 区"红领物业"考核评价办法（2021—2023 年）》，通过建立完善考核机制，对全区物业服务项目进行综合考评，奖优罚劣。组织专家对推动党建、物业管理方面进行考核，评选出 65 个红色物业获奖项目，设置一二三等奖，一等奖奖励十万元，二等奖奖励八万元，三等奖奖励五万元，并将获奖项目纳入优秀物业企业项目库，供街道参考。对于考评不合格的项目，将相关物业企业和项目移交给监管部门重点监督，督促整改。对于奖金问题，制定《"红领物业"专项奖励资金使用指导意见》，明确奖励资金使用途径及流程，赋予社区监督使用权，高效利用资金，推动社区党建联建工作、志愿服务活动和小区物业服务品质提升。[1]

---

[1] 容志、孙蒙：《党建引领社区公共价值生产的机制与路径：基于上海"红色物业"的实证研究》，《理论与改革》2020 年第 2 期。

5. 打造管理提升新平台

L区积极拥抱大数据、云计算等技术，积极构建L数据平台。自2021年开展红色物业以来，L区组织协调全区13个街道131个社区，完善447个住宅小区落图落点工作，划定物业区域四至范围，补充完善物业企业、居委会、党建、业委会相关信息，为后续搭建数据平台奠定基础。充分吸收借鉴"智慧社区"的经验，结合现实状况，引进高端人才，开发"数字L"智慧平台，运用AI、物联网，实现智能采集分析数据，推动社区治理智慧化、现代化发展。打造"红色物业"线上平台，探索建立居民线上评价决策系统，打通信息壁垒，实现决策透明，打造数字智慧社区，促进"红色物业+美好社区"建设。

6. 取得成果

L区先后涌现出"红管先锋""红馨管家"等一批具有鲜明特色的基层党建品牌。2021年年初，YS街道燕子山社区发挥网格党支部引领作用，通过民主协商，引入物业服务企业，确定服务价格，促进社区、物业、居民良性互动，物业缴费率达到70%。BTQ街道在街道党工委和社区党委的积极引导下，顺利组建"红色业委会"，召开业主大会选聘物业服务企业，彻底解决了院落长期无人管理的问题。小区面貌焕然一新，居民主动缴费率达到96%。[①] 坚持整治改造与长效管养并重，一手抓设施设备改造，违法建筑整治，环境优化提升；另一手抓红色物业推进，通过建立长效管理机制，巩固改造成果，逐步改善居民生活品质，提升社区形象。全市老旧小区环境面貌发生了翻天覆地的变化。打造红色物业是JN市加强城市基层党建和社会治理的创新之举，打造红色物业是共产党人不忘初心、牢记使命，践行以人民为中心的发展理念，回应广大人民群众所期所盼的民生之需。红色物业增进了党和群众的血肉联系，夯实了党的执政基础，打造红色物业实现了物业管理和社会治理的有效融入。红色物业关系民生，牵动民心，不忘初心、牢记使命，全面推进深化红色物业，探索新思路、创造新成绩。

---

① 《我区实现"八个新"转变打造"红领物业"历下样板》，2021年12月2日，济南市历下区人民政府网站，http://www.lixia.gov.cn/art/2021/12/2/art_36815_4788580.html。

(二) 红色物业组建存在的问题

1. 业委会难以成立

在社区治理中，业委会是居民自治实现的一个重要部分。在笔者的访谈中，访谈对象普遍认为业委会重要且无可替代。W街道在推进红色物业的建设中，也将红色业委会的建立列为重点，但在实际实施过程中，出现了许多困难，阻碍业委会的成立和运行。

在访谈中，区住建局副局长表示，业委会成立主要面临三个难题。

第一，选人难。业委会负责人作为业委会以及业主的代表，是连通上下、实现居民自治的核心环节。基于此，负责人必须具备诸多优秀特质，需要既兼顾制度规范，又通晓人情世故。不仅要帮助业主解决问题，还要向业主传达政策方案，推动治理的多方互动。由此可以看出，一个优秀的业委会负责人难以评选出来。

第二，选举难。其一，小区扩建加大了选举难度。当前，小区的规模大多是2000—3000户，最大的CJ小区达到7000多户，基数过大给选举业委会成员造成极大困难。其二，业委会选举流程复杂。据相关访谈者介绍，CJ小区共组织过两次选举，第一届非社区认可途径的自发选举，目的是赶走物业，实现居民自治维权，但由于业委会成员辞职或不能胜任而解散。第二届正式选举，先统计7000多户的实际居住比例，再每户递送选票，随后统计选票，通过短信通知业主。流程烦琐，工作量大，选举时间久，这些问题导致举办一次业委会的选举很困难。

第三，后期组织管理难。业委会成立后，业委会成员为公众服务，事务繁杂，工作量大，且会受到诸多不公的评议，但没有明确业委会工作有报酬还是做公益，因此，难以组织处理事务的人员。在红色物业领导的业委会成立后，打破了之前的利益格局，出现了反对的声音甚至冲突矛盾，使得社区事务管理困难。

2. 党建引领作用未发挥

红色物业能够进行社区治理的重要推动力就是党建引领以及党员的先锋模范作用，但在红色物业的基层实践中，党建引领作用未得到发挥。物业公司党建工作形式化，物业公司缺乏向社区靠拢的意识。由于对红色物业的认识偏差，甚至出现消极抵触的情况，不将基层党建认真落实。另外，访谈中发现，党员带头作用没有发挥，党员先锋意识弱。党员作为红色物业中的"红色细胞",需要敢于"亮身份、亮承诺、亮贡献"。部分党员认为,亮明党员身份则要承担更多责任,社会意识不强;部分在职党员认为,工作负担重,社区治理耗费精力,无力参与,没有党员的先锋意识。由此,党建引领作用发挥不完全。

3. 物业管理水平低

W 街道在此前的实践中便着手从物业公司抓红色物业建设,所在区也拿出 3500 万元来扶持改造,实现老旧物业管理全覆盖。物业改造取得了巨大进步,但在访谈中发现,物业仍存在许多问题。

物业服务水平不能满足居民需要。在所有访谈中,普遍提到了拖欠或不交物业费的情况。这些情况的出现大多是物业拖延或是不处理居民问题,导致居民产生强烈的不满情绪而做出的反抗。在对 CJ 小区业委会主任兼任网格员的访谈中,他提到物业曾为做展报向 2400 户集资 3000 元,但一直拖欠;小区的电梯坏了,却没有维修资金,只能通过集资来解决,导致群众情绪激愤。居民成立物业费维权群,认为不交物业费合情合理。这些情况都反映了居民对物业的服务不满意,物业不能满足居民的生活需要。

4. 群众参与不到位

在基层治理中,群众是最基本的力量,也是治理的重要对象。除了推选业委会代表,也需要提升群众的意识、发挥群众的力量。在 W 街道红色物业的建设中,负责机构住建局认识到只抓企业一端有局限,老百姓的自治有重要作用。而目前 W 街道的群众参与程度仍较低,访谈中,业委会主任表示,在小区内由于群众召集不起来,难以召开业主大会。该小区 7000 多户中,大概有 5000 户出租,1000 户常住,但参与业主大会的寥寥无几。部分居民认为,参与社区事务受苦受累还吃力不讨好,不愿为此占用私人时间;且由于群体问题的煽动,出现了许多反抗的声音,维权群等类型的业主群也有骂声,使得群众参与互动、实现社区治理的意识较弱。

(三) 红色物业嵌入基层治理创新启示

红色物业有效实践了基层党建引领基层社会治理的新路径,通过精细化、网格化治理,最大程度实现了社会效益,满足具体需求,体现以人为本的思想。传统社区治理是比较笼统粗放的,面对居民多样化的需求常常无法满足。红色物业通过物业平台将服务细化,实现了微观层面的细化管理,这也正是中国基层社会治理的趋势之一——精细化管理。

红色物业成功将物业转化为社区专业服务机构。物业与居民联系密切,接触频繁,在处理基层工作中有天然优势;并且物业公司作为市场化产物,相比其他基层组织更具活性,是现代社会基层治理的重要主体,可以和基层政府、基层党组织实现优势互补。JN 市 L 区的红色物业是有效尝试,这也为我们基层实践提供了新的思路,要发挥多主体治理优势,协同治理。发挥党建引领的优势关键在于,在多元主体之间形成共识。如果只是单纯提供服务,关于公共价值的共识不会自然实现。达成共识的难点在于主体之间互不信任,只考虑自身的利益。因此需要各主体之间打通信息壁垒,建立有效的沟通机制,提高对规则和理性的认识,才能有效达成共识。

1. 红色物业存在利益属性的问题

红色物业存在一些不足。首先是如何协调物业企业的利益诉求和社区治理目标之间的冲突。红色物业本质仍是物业企业,遵循市场规律,以盈利为目的。目前来看,红色物业靠自身是无法实现基本的盈亏平衡的,绝大多数红色物业都非常依赖政府的财政拨款。靠市场来提供公共物品、公共服务本身就存在一定矛盾。目前红色物业全部由政府牵头,在资源配置、政策制定方面大幅倾斜。这并不是一个长久之计。如果未来停止拨款,红色物业是否还会如现在这般积极发展。所以,如何让红色物业进行盈利,而又不至于为了利润而丢失"红色"属性,这是红色物业最应考虑的问题。

其次,权利义务界定依然不明晰。在多元主体为主的现代化基层治理中,社区治理的结构和体系发生了根本变化,社区组织、社会组织等发挥的作用日益明显。随着社区的不断发展,多元化主体之间必然发生责任重叠,权利义务如何分配、基层党建如何领导,其实存在很多模糊地带,整合机制并未完善。[①] 因此,日后在推广红色物业的过程中,要结合新公共服务理论,建设服务型政府,将公共价值作为目标导向,重视

---

① 陈琦、秦泽慧、王中岭:《"红色物业"融入社区治理:理论与实践——以百步亭社区为例》,《江汉大学学报》(社会科学版)2018 年第 1 期。

绩效的同时重视基层公务员，政府提供服务的同时广泛鼓励居民参与讨论和治理，正视社区治理中的复杂性，才能更好地确定各主体的责任。因此政府要进一步推进"放管服"改革，激发基层活力，提高公务员服务意识和服务水平。

最后，党员作用不明显。红色物业也好，党建引领也好，无数的政策都需要党员带头。党员的先锋模范作用在基层是极其重要的。党员实际上就是党的政策的名片，党员需要将政策的精神和内涵用老百姓听得懂的方式在基层中传达。没有党员带头和宣传，再好的政策也得不到落实。目前来看，红色物业党员存在诸多问题。一是新党员干部，这部分党员多是大学刚毕业，缺乏基层实践经验，对基层事务缺乏相关知识，导致很多党员到了基层发现和自己预想差异过大直接选择离职的现象；并且由于新党员大多二十出头，较为稚嫩，难以获得群众信赖。二是社区里的老党员，其最大的问题是缺乏积极性，"隐身"问题仍是基层党组织的一大弊病。在红色物业的开展过程中，部分党员只做"传声筒"，单纯将群众的问题反馈给物业，态度消极散漫，影响恶劣。

2. 红色物业改善思路

首先，要强化基层党组织的组织力。强化党组织组织力，最重要的就是强化基层党员的战斗力。要加强党员、党组织的思想政治教育，坚定作为党员的初心，克服懒政、消极的问题。加强对党员的培训，定期举行社区治理技能的培训，开展党员再教育，目的是要让基层干部听得懂群众要求，能和群众交流，能为群众办事。继续推进精细化管理，将社区划分为网格，将党员分配到网格，明确党员责任，提高责任意识。关于党组织，要提高影响力、号召力、渗透力，要完善党组织内部建设，营造红色氛围。

其次，要加强公民主体意识。新型的基层社会治理是多元共治、共建、共享的。红色物业在发展过程中虽然强化了联动，但是权责不明晰，各主体参与的积极性也不够。其中最主要的问题就是公民参与问题。红色物业普遍出现业委会、居委会选人难、管理难、继续难的问题。因此需要培养公民的主体意识，要让社区群众明白他们才是社区的"主人翁"。公民参与率低下，一方面是思想不到位，另一方面是缺乏相应的知识和技能。因此基层社区党建要发挥头雁作用，积极鼓励群众参与的同时,为群众开设必要的课程、讲座,为群众后续参与提供知识储备。

最后,要建立健全完善的考核和激励机制。传统的考核机制过于重视指标,"痕迹管理"的弊端就是非常容易滋生官僚主义、形式主义。因此要创新考核机制,注重居民的主观感受。一方面是因为党建工作无法用指标量化,另一方面红色物业的目的就是让居民满意。因此,考评居民的满意度要作为重点。在开展基层党建的过程中,要重视基层公务员干部的个人价值实现。因此要完善激励机制,不但要满足公务员的物质需求,更要满足精神需要。物质方面可以设立奖项给予奖金补贴,精神层面可以给予表扬鼓励。此外,物业公司的监督考核也非常重要,可以成立专门的督导小组不定期进行抽查,对不合格问题及时上报,优秀的予以一定奖励,不足的予以批评和惩戒。

3. 要加强网络平台建设

我们已经步入5G时代,手机、网络等早已成为我们身边不可或缺的一部分。新时代的年轻人离不开网络,建设信息平台是吸引年轻居民参与治理的一种方法。因此要顺应时代潮流,加强网络平台建设、信息化建设,建设、完善、充实相应的微信公众号、社区微博等。基层干部要积极运用信息技术,加强治理能力提升。[①] 开设网络沟通投诉服务,开拓多元主体间实时直接交流的渠道,打造"智慧社区",强化品牌建设。此外,要注意老年人融入智能社会的问题。由于老年人不善用网络和智能手机等,因此要尽量简化操作。

第三节　志愿者组织参与基层治理的行动逻辑与实践

一　志愿者组织角色与治理行动逻辑

"基层志愿者组织"的概念近年来在学术界得到了广泛的应用,以社区居民为成员或服务对象,为满足社区居民不同需求而设立的各类社区组织、民办非企业单位和社区基金会。其中基层志愿者组织有普法、维权、公益活动等针对不同内容与功能的分类,为了研究方便,本研究

[①] 王赛男、滕玉成、吴玲:《基层干部治理能力结构探索及问卷编制》,《心理学探新》2019年第5期。

中的志愿者对象为公益活动类的基层志愿者组织。

（一）赋能社区网格：公益与竞合

1. 社会志愿者组织赋能社区网络应对新冠疫情的公益优势分析

（1）社会资本优势

社区志愿者组织扎根于社区，具有良好的信任和庞大的社会关系网络等丰富的社会资本存量，从而能够获得实际或者潜在的资源集合，即社会资本优势。在应对新冠疫情时，社区志愿者组织能够收集大量社会资源，如人力支持和物资募捐等。一方面，社区志愿者组织大力整合人力资源，主要是通过动员群众、招募志愿者的方式，辅助社区工作人员开展疫情预防与控制工作，如防疫宣传、封闭式管控、采集疫情防控信息、日常消杀、物资发放等；另一方面，社区志愿者组织通过强大的社会网络关系，在社区内外进行物资募捐，以弥补防疫物资的短缺和保证社区居民日常生活所需物品的供给。充分发挥社区志愿者组织的社会资本优势，不仅能够缓解一线抗疫人员的防疫压力，还有利于打破疫情防控的物资短缺困局。

（2）专业技能优势

新冠疫情是全球性的公共卫生危机，专业知识和经验的欠缺使得社区工作人员无法在第一时间应对，社区志愿者组织的专业技能优势在此时得以显现。防疫工作具有一定的专业性，卫生医药类社区社会组织协助社区工作人员宣传防疫知识，排查感染人群和密切接触人群，进行健康追踪以及社区公共场合消毒工作等，从而降低社区防疫人员自身的安全隐患，提高疫情防控的实际效果。新冠疫情还带来了一系列的次生问题，如需要定时就医的普通病患无法及时就医，有些居民具有"疑病症"问题，由于疫情恐慌造成的心理问题等，一些专业的社区志愿者组织会展开医生志愿就诊、教学活动，对部分具有心理困扰问题的社区居民开展专业的心理辅导。

2. 社区志愿者组织赋能社区应对新冠疫情的竞争缺陷

（1）资金短缺

资金短缺问题是限制社区社会组织在应对新冠疫情中充分发挥作用的根本性因素。在自我创收能力弱、财政支持力度不足等客观困难的影响下，资金短缺问题一直制约着社区志愿者组织的发展。在疫情的影响下，社区志愿者组织获得的社会捐款和政府资助大幅减少，使得社区志愿者组织的资金短缺问题更加凸显，而疫情防控期间社区志愿者组织又需要扩充人员、增买物资，此消彼长之下资金难以为继，这极大地阻碍了社区志愿者组织的发展以及疫情防控活动的正常开展。

（2）地区分布局限

地区的发展程度与社区志愿者组织的发展状况息息相关。由于地区发展程度的差异，社区志愿者组织在地区分布上非常不协调，并且社区志愿者组织的发展程度也不尽相同，因此在应对新冠疫情中所发挥的作用也是大相径庭。例如，在经济发达的东部沿海地区和城市地区，依托丰富的社会资源，形成了数量可观、类型多样、专业性强、参与能力高的社区社会组织，其在应对新冠疫情中发挥了重要作用；而在经济欠发达的中西部地区和乡村地区则与之截然相反，社区社会组织的发展程度比较低，辅助社区进行疫情防控的能力比较弱，因此在应对新冠疫情时所发挥的作用不甚明显。

3. 社区志愿者组织赋能社区应对新冠疫情的合作机会分析

（1）政策支持

为顺应历史潮流、提高治理效能，促进社区志愿者组织良性发展，中央发布了一系列相关政策。自2016年以来，国家就出台大量相关文件，提议要鼎力培育和发展社区社会组织，详细地规范了社区社会组织的登记注册门槛、功能发挥、发展类型和扶持措施。在推动社区志愿者组织朝着良好的方向发展和参与社区治理方面，这些重要国家文件中的论述为其提供了政策和理论方面的支撑。

（2）维稳与安全保障需要

中国进入新时代，社会主要矛盾发生了变化，人们对公共事务与社会权利有着越来越强烈的诉求。社区居民通过参与社区志愿者组织的方式参与社区治理，体现了人们对美好物质和精神生活的向往。新时代下，中国对基层治理提出了更高要求。以社区志愿者组织为载体，推动居民真正成为基层治理的内生力量，切实提升基层治理效能。

（二）从暂时到可持续发展：党组织的引领作用

关于基层党建的研究，大多从政策精神、政策的本意出发，认为党建引领是理所当然的前提条件，缺乏对党建引领的合理性、合法性的探讨。另外，当前研究都没有解决党建引领在实施过程中异化消解的问题。党建引领是政策制定的初心，但在基层实施的过程中往往不能发挥应有的效果，而简单化为"基层党建"，导致工作流于表面，变成面子工程。这实际上需要分析深层的矛盾问题。

广义上党建的概念指的是，政党为完成自身的使命而进行领导国家社会与提高自身生机和活力的理论与实践活动；而狭义的党建概念，则被界定为政党的自身建设，包括思想建设、组织建设、作风建设等。中国共产党是中国实现中华民族伟大复兴的核心，肩负着伟大使命。新时代背景下，面临百年未有之大变局，党建的任务成为实现国家治理体系和治理能力现代化的目标。新时代党建，必然要与时俱进，不断改进、完善，以适应新时代外部环境，使自身结构、功能更符合党的需要。党建引领是基层社会治理改革的重要组成部分，党建引领城市基层社会治理的主要内容在于，党为完成自身使命而进行的一系列提高城市基层治理绩效的政党活动，即"中国共产党为了应对不断变迁和发展的外部环境而展开的自我调适功能"。① 党建引领的可行性在于基层党建和基层治理的根本目标是一致的，通过党建引领来进行基层治理是共赢的过程，党建成果以基层治理现代化高低来衡量，党的领导是基层治理的保障。基层治理需要党建领导，提高基层城市社会治理水平离不开党建工作的支持；② 党建引领具体可表现为"一核多元"，核心是党的领导，多元则是在新时代背景下通过协同社区志愿者组织等，满足居民要求，提高生活质量而整合的多元主体，以达到多元共治、共享的目标。志愿者组织发展初期都是自发组织，在完成阶段性目标后，有的暂时性组织就解散了，但是有的志愿者组织在基层党组织的带领下得到可持续发展。

---

① 李亚丁：《论马克思主义视角下的"党的建设"》，《内蒙古社会科学》（汉文版）2018年第1期。

② 张戈：《党建引领基层治理：逻辑机理、价值表征和实践进路》，《云南社会科学》2020年第2期。

（三）网格末端助力打通"最后一公里"

1. 赋能社区网络末端应对新冠疫情打通"最后一公里"的挑战

（1）制度法规有待完善

在应对新冠疫情时，虽然地方政府大多积极发布公告，引导和鼓励社会组织踊跃参与疫情预防和控制工作，但是由于尚无成熟、固定的社会组织参与社区管理的模式遵循，并且缺少制度安排，这就使得社区志愿者组织对自身参与疫情预防与控制工作的权限范围认识不清，在开展疫情防控工作时顾虑重重，这在很大程度上限制了社区志愿者组织自身潜力的发挥并难以取得预期效果。

（2）治理工作艰巨复杂

作为重大的全球性公共卫生危机，新冠疫情所波及的领域十分广泛，产生的危害影响极大，对其治理的要求非常高。新冠疫情预防与控制工作十分困难和繁重，这对社区社会志愿者组织来说是一个极其重大的考验。社区类型多样，新冠疫情防控工作就需要因地制宜，而社区志愿者组织的发展程度参差不齐，具有地区差异性，这就又加剧了社区志愿者组织参与疫情防控工作的难度，使得治理工作艰巨复杂。

2. 价值实现困境及原因

社区志愿者组织受制于强大的行政力量，缺乏一整套相对完善的运行机制，且多元主体共同参与社区治理，使得社区志愿者组织的权责不明晰。在应对新冠疫情时，社区志愿者组织按照政府及社区下发的文件来进行疫情防控工作，没有发挥志愿者组织的优势，无法更好地满足社区居民疫情防控的需要，对自身缺乏准确定位。

二 志愿者组织参与基层治理的实践案例

（一）JN 市 QC 义工志愿服务背景①

1. 筑起群防群治防疫城墙

2005 年，"QC 义工"由 JN 日报报业集团联合 JN 市文明办、共青团 JN 市委共同发起成立，十几年来，志愿者从最初的 146 人到现在的 30 多

---

① 《泉城义工：聚是一团火，散是满天星！30 多万志愿者行走公益路》，2022 年 3 月 7 日，网易新闻，https://www.163.com/dy/article/H1SIK3P80530WJIN.html。

万人，是 JN 市目前规模最大、人数最多的志愿服务组织，也是全国唯一一个两次被中宣部确定为全国重大宣传典型的志愿服务组织。在 JN，QC 义工以"展我所长、尽我所能、倾我热情、回报社会"为理念，用自己的实际行动诠释着志愿者精神，照亮了城市的文明建设之路。

2. 将"公益火焰"燃到湘西

2018—2021 年，QC 义工连续三年参加 JN 对口湘西东西部扶贫协作，湘西精准扶贫志愿服务团三年间共派驻了 400 多名志愿者，分 11 批次奔赴湘西，分成 68 支小分队，分布在湘西州七县一市的 110 多个志愿点，开展支医、支教、支农等志愿服务。连续三年，"QC 义工赴湘西精准扶贫志愿服务团"全程见证了 QC 义工在湘西的一系列志愿服务工作。七个县的 40 多个支教点，QC 义工助力湘西扶贫的火焰从未止息。三年来 QC 义工直接向湘西捐赠现金 64 万余元，通过消费扶贫销售湘西农特产品 500 多万元，通过远程教育系统培训湘西贫困人口 200 多人次。2020 年 1 月，QC 义工再次开展湘西农特产品展销活动，销售额近 100 万元。

2020 年春节，一场突如其来的疫情防控阻击战骤然打响。QC 义工总站联合和 L 区文明办开展了"你点单，我服务"活动，积极奋战在疫情防控的各条战线。点单式志愿服务持续发酵，QC 义工在疫情期间同时成立了心理疏导、社群宣传、专业驾驶、综合应用、应急服务等专业化的服务项目，开通了网上心理咨询热线、QC 义工微讲堂等，并组织调度全市 16 个区级新时代文明实践中心，参与规模超过 10 万人次，服务百姓超过百万人次。

疫情结束后，JNQC 义工志愿服务中心获得 SD 省抗击疫情优秀志愿服务组织，为早日战"疫"成功贡献了志愿服务的力量。

(二) 聚是一团火，散是满天星

"志合者，不以山海为远。""聚是一团火"，"QC 义工"的名片在 JN 市公益活动中越来越亮。"散是满天星"，很多离开了 QC 义工的人，还一直在其他城市做志愿活动。有一分热，发一分光。

三 志愿者组织参与基层治理创新启示

志愿者组织迅猛发展，在社区治理中发挥了承上启下的重要作用。在应对新冠疫情时，志愿者组织也暴露出众多问题。为了更好地推动志愿者组织高质量发展，提出促进志愿者组织优化发展的对策建议。

（一）志愿者组织参与基层治理联合行动存在的问题

1. 政社协同难以统筹管理

在志愿者联合行动过程中，虽然已经初步实现了政府与社会组织的合作和社会力量参与社会治理的探索，但在行动中也不可避免地出现了一些问题。其一，社会组织在与政府的协同抗疫中，政府与社会组织的管理模式存在差异。社会组织是包容式的工作方式，但政府是"行政导向"的精细化管理。志愿者作为社会组织中的成员，无法适应政府"令行禁止，自上而下"的工作模式。其二，政府和社会组织自身的局限性。一方面政府在管控物资和协调人力方面存在限制；另一方面，社会组织也存在资金难以补给的问题。这两点问题使得在应对重大公共危机时，政社协同不能发挥最大的作用。有时候志愿者联合行动取得极大的成功，但政府与社会组织在协同合作时，如何制定一套既能有效管理，又能使双方满意的管理方式，这个问题仍未得到解决。此外，在此情况下暴露出的政府和社会组织的关系、责任、边界如何界定的问题，也十分值得思考。

2. 行动中人员的稳定性和服务的延续性问题

因为全国各地疫情的具体发展情况不同，有一些地方随着春节假期或疫情管控的结束，不少专业人士和志愿者均返工上班，只能在下班时间进行志愿服务。而武汉是当时疫情最为严重的地区，因此，其管控和封禁的时间就较为漫长，其所需要的志愿服务的时间也会相应延长。这个时间差使得线上服务的志愿者人数不足，志愿者都集中在一个时间段可以进行服务，而其他时间段则缺乏专业人士或志愿者，使得行动出现"供给不足"的难题。此外，让志愿者们担心的还有疫情结束后公众的心理健康问题。受此次疫情影响的人较多，除了当地居民、医护人员，还包括不少通过微博、微信关注疫情的民众，他们在疫情期间的心理压力也十分大。即使社会组织有心协助政府进行心理辅导，志愿者也有意去服务，但在这种时间差下，行动中人员的稳定性和服务的效果以及延续性就会受到影响，无法达到期望的效果，甚至可能无法实行。为了保证行动后期的服务效果以及行动的延续性，这个问题就必须要得到解决。

3. 各机构合作协调困难

志愿者联合行动自发起以来，品牌力、影响力等方面得到了提升。在行动的过程中，合作的组织中不仅有之前熟悉的伙伴，也有新的成员申请加入。关于每个组织的合作诉求，组织工作者需要与各方进行对接，并收集其合作意向和目的，在不同的合作机构中寻求能够稳定支持项目的机构，但是实际情况较为复杂，机构之间往往存在意见不统一的情况。为了项目的持续发展，组织方此时就需要作出果断的决策，选择最适合的合作机构来共同发力。联动的行动模式让社工师、心理咨询师和医师协同行动，那就不可避免地会使不同领域的社会团体进行合作。不同的组织有不同的服务特点和行为方式，如何在时间紧迫和情况危急的状况下将其协同一致，是行动能否顺利进行的重点。一些基金会也参与其中，而资金能否跟上，能否用在急需的地方，使得"好钢用在刀刃上"，这需要基金会与其他的社会团体进行及时有效的沟通，才能得到有效解决，并以此减少社会组织资金难以补给的现象。

（二）对策建议

1. 完善志愿者组织内生性机制

内生性社区社会组织嵌入社区居民需求之中，通过社区居民的参与而产生，在更贴近社区自我服务和治理需求的基础上，它们不仅容易被社区居民接纳，而且更容易与街道和居委会协同工作。一是要充分发挥社区党组织的领导作用，根据小区的类型、特点划分网格单元，孕育专业的社区网格管理服务团队，配齐网格管理主体，从而构建有效的社区网格化治理模式；二是除了政府购买服务的资金，构建多元化的资金渠道，培育独立的资源获取途径；三是吸引社区精英，挖掘社区人才，带动社区居民积极参与社区治理，在社区中形成紧密的公民参与网络，产生丰厚的社会资本，从而以社区内部动力推动形成社区社会组织。社会组织首先就需要吸纳更多的组织成员，提高现有的福利水平与工资待遇，增加吸引力。现有的社会组织中，组织成员的待遇与福利并不好，组织成员没有动力去进行社会服务。这样的情形可能会形成一个循环，由于工资待遇不好，组织成员的积极性不高，那么社会组织提供的相关服务质量不高；组织的相关待遇与福利不好，就会导致社会组织招不到合适的人，无法提高服务的质量，这样社会组织也没有办法进行相应的改变，使得服务变好。现有社会组织的福利水平低,主要是由于社会组织的资金不足。现有社会组织的资金来源主要有四个:政府补贴、服务收费、民间捐赠、外国援助。要解决社会组织的资金问题,显然不能只靠政府的补贴。现阶段,有一些政府采用向社会组织购买服务的措施,在社区卫生服务上我们也可以采用此方法。当然,完全让社区提供资金是不可行的,因为这涉及多方的利益。因此,笔者认为应该采用社区购买服务,政府进行一部分的补贴,这样就可以增加社会组织的收入,提高社会组织的待遇,以此来吸引人才。

2. 重塑志愿者组织的公信力

降低社会组织注册门槛,根据志愿者组织的特点,制定地方规范性文件,从法律层面赋予志愿者组织合法地位。首先,要加强社区志愿者组织的内部监督管理规范和监督管理制度建设,形成完善的社会网络系统,规定其内部成员行为。这不仅可以使志愿者组织利用本身的专业知识、信息、经验和判断来强化自我规制,从而有效降低外部规制的成本,而且可以有效避免政府、社区居委会等组织的过度介入,保存志愿者组织的自主性。其次,建立地方政府、社区居委以及社区居民三者的社会网络系统,充分发挥网络系统的外部监督作用,建立起权威、科学的社会组织诚信评价体系。[①] 最后,要构建合理的激励制度,促进志愿者组织积极开展各种公共志愿服务活动,如为居民开展诊疗服务、健康讲座等志愿活动,从而与社区居民之间建立信任关系,提高志愿者组织的公信力。

3. 完善以分类为基础的管理机制

完善孵化培育工作机制,在保证一定数量的基础上推动志愿者组织的高质量发展;结合当地经济发展以及社区需求,有规划地加以引导、优化布局,发展更多服务性、公益性的社会组织。加大人才队伍建设力度,提升志愿者组织自身能力建设,大力招募、吸纳社区内各类优秀人才加入志愿者组织,建立科学的人才管理机制。在科学分类的基础上强化分类指导和管理,形成一整套相对完善的志愿社会组织管理机制。

---

① 耿云:《我国城市社区社会组织的发展困境及其对策》,《云南行政学院学报》2013年第6期。

4. 明确角色定位和权责要求

在疫情防控常态化形势下,通过运用社区社会组织这一服务载体,发挥其本土化优势和直接服务者功能,有效管理社区内新冠疫情所引发的问题,继而有效防范基层社会风险。社会自主与国家嵌入统一于社区社会组织发展始末,社区社会组织为了获得合法化和寻求长期发展,会主动或被动地向政府部门靠拢,以期获得认可和发展资源。现实中,大部分社区社会组织还是依赖政府直接供给资源或者购买服务的方式来进行发展。

基层社区规模的日渐扩大,使得多元主体共同参与社区管理成为必然趋势。在不同的实践领域中,地方政府和社区居委会按照社区存在的实际情况设置权力边界,明确各级党组织、物业服务组织、社区志愿者组织等的角色和地位,构建社区治理各参与主体彼此信任、团结协作的治理格局,从而形成社区治理的强大合力。统筹社区、志愿者组织、社区工作力量,加强社区社会组织自身的建设,有效整合各方力量和资源,促进社区社会组织提高应急响应、防疫、安全建设、生活、文化等专业服务能力,建立健全社会组织运行机制。

第 四 章

新时代党建引领基层多元主体多层级共治：个体与组织协同视角

联合国贸易和发展会议发布的《2021年数字经济报告》指出，作为一种战略与经济资源的数字数据日益发挥重要作用。① 随着全球范围内新一轮工业革命的推进，以人工智能、5G、物联网、云计算等为代表的"智能化、网络化与数字化变革集群"正颠覆已有工作、生活与组织等的传统观念，企业与政府组织等都面临着不同层级的数字化转型挑战。实现数字化转型是一个系统的工程，涵盖数字化重构组织体系、调整战略、改革已有的发展范式、激活变革动力等层面。当前随着数字技术渗透应用到各个领域，怎样才能与时俱进地成功实现数字化转型？具体而言，从组织、团队模式、战略、新的人才观、组织文化以及数字素养、数字治理能力等方面敏捷应对数字化转型的时代需求，基层个体与组织主体角色被赋予哪些全新的特点？这关乎新时代基层个体与组织的数字素养的重新认识，及其数字治理能力如何赋能基层治理个体和团队组织焕发新效能。

《中共中央关于制定国民经济和社会发展第十四个五年规划和二〇三五年远景目标的建议》提出，要加强数字社会、数字政府建设，提升公共服务、社会治理等数字化、智能化水平。"数据赋能·迭变启航——2021全球领导力展望"峰会指出，在复杂多变的商业环境中，只有做数字化转型企业，才能存活与发展。进一步的调研数据指出，全球仅有

---

① 《2021年联合国数字经济报告：走上数字和数据治理的新道路》，2021年10月9日，腾讯网，https://new.qq.com/rain/a/20211009A0DJHF00.html。

19%的 CEO 认为企业已为数字化转型战略做好了准备;全球领导者(包括中国领导者),对自身在数字时代所面临的业务挑战信心指数不足。提升领导干部数据素养是数字化转型战略成功的关键,厘清领导干部拥有与数字时代相匹配的数字素养维度,有助于提升基层治理主体数字治理能力,激发新形势下的"人才力"。

第一节 新时代基层社会治理多元主体共治的整合困境

一 基层治理组织结构内卷化与碎片化

2021 年 3 月,习近平总书记在第十三届全国人大四次会议上指出,要"把高质量发展同满足人民美好生活需要紧密结合起来""办好民生实事"[①]。高质量发展需要最终落实到基层民生的改善,而处于基层镇街、村居一线的基层干部要将高质量发展在基层落实,就需要克服内卷化。"内卷化"(involution)近几年是高频热词,源于拉丁语,康德(Immanuel Kant)最早将其引入哲学,美国学者戈登维泽(Alexander Goldenweiser)认为是没有创新的简单重复现象,后来格尔茨(Clifford Geertz)将其引入农业领域,界定为内部细节过分精细使得形态本身获得了刚性。中国社会学家黄宗智进一步运用"边际效用"来精确解释内卷化,认为反映的是"没有发展的增长"[②]。内卷化概念虽然在社会科学各领域应用较广,但是尚未达成共识。但在基层治理领域,"内卷化"往往被用于解释"改而未变"的状况。具体而言,指的是基层镇街、村居人员及组织的运作效率、效果的变化,并没有促使基层治理绩效发生相应变革。"内卷化"在本书特指基层治理中,村委会、居委会及基层干部行使权力和展开工作时,注重复杂化、精细化方式,而基层治理绩效却没有出现实质性增益的现象。

基于公共管理的视角,内卷化的困境和危机内卷化是以停滞或倒退

---

① 《高质量发展要和满足人民美好生活紧密结合起来》,2021 年 3 月 10 日,中国网,http://iot.china.com.cn/content/2021-03/10/content_41491715.html。

② 参见郭继强《"内卷化"概念新理解》,《社会学研究》2007 年第 3 期。

为特征，并以系统内部复杂化、精细化为主要表现。① 内"卷"意味着基层治理内部领域人员与组织数量增多、机构增设和运用网络工具等方面能力增强，但是内部总体运行效率和效果的提升未达到预期。内卷化特征如下。

（一）基层利益关系结构愈加复杂化、基层治理自主性愈加弱化

由于村委会和社区居委会的经济来源与镇街考核紧密绑定，它们会为了自身经济利益，更多围绕镇街对其经济考核而工作，选择性忽视基层民众利益。例如在 BZ 乡镇访谈，一名基层干部曾谈到当地"合村并居"执行困境：为了贯彻基层政府"合村并居"，以解决"三高（高运转成本的村级组织、高比例空心村、高成本基础设施建设）两难（低水平村级管理与民主管理难、引导群众增收致富难）"问题，基层干部想方设法做群众搬迁工作，但是当他通过一些渠道认识到，"合村并居"只是与"增减挂钩"城乡建设用地政策关系很大，可解决建设用地指标问题，而腾出来的地是作为"土地金融"和政府财政收入来源，表面 GDP 提高了，但是基层治理效果以及农民利益实际上并没有得到增长时，他工作的热情骤降，但又不得不执行上级的指示。基层政府、基层干部、基层社会组织以及基层民众，本应该通过民主协商的方式达成基层治理，但实际上在基层利益关系日趋复杂化的情况下，有时候基层民众参与基层治理的自主性日趋弱化。

（二）基层部门职能分工过于细化、社会组织功能异化与悬浮化

针对基层职能分工过于细化，有社区领导干部指出："社区职能基本对应街道职能口，但是实际上他们一人平时身兼数职，过于细化的职能并不能提高服务效果。"还有街道司法所干部指出："社区很少出现够得上司法援助的项目，多数问题不需要专业的律师解决，配备专业律师虽然是为了精细化服务社区居民，但实际上日常调解关系事件占了绝大多数。"

在调研中，JN 社区有干部反映：自己所在社区通过购买公共服务配备社会组织来弥补应对特殊群体问题时存在的专业能力不足，但是社区购买来的社会组织存在成本较高、覆盖面较小的问题。比如 SY 社

---

① 李祖佩：《乡村治理领域中的"内卷化"问题省思》，《中国农村观察》2017 年第 6 期。

区，通过购买服务引进两名心理咨询师，预想对本社区问题少年儿童进行矫正和辅导，但是社区仅有1名相关儿童。平时社区接待的多为老年人，实际上购买的这项公共服务发挥的效果有限，多数情况下属于悬浮状态，其功能更倾向于是作为社区面向居民特色公共服务的宣传亮点而存在。

（三）"服务目标异化"与留痕等形式主义"按下葫芦浮起瓢"

因基层治理现代化推进过程中，国家政权下沉到城乡社区的速度过急、过快，村委会和社区居委会角色受到基层政府权力影响转向行政化、科层化与"职业化"。在调查中发现，由于城乡社区经济资源严重依赖上级镇街政府，城市社区居委会行政化、科层化特点随着组织变革（如村委会和社区居委会委员直选等）而加强，而村居干部职业化、科层化和作为乡镇政府派出机构的行政化特征也日益加强。村委会和社区居委会为城乡社区群众服务的本质虽然没有改变，但是由于行政化强化后，镇街各个部门就比较便利地将自身承担职责延伸到村社，村社干部陷入应对上级任务而无暇为村社居民服务的境况，出现目标异化的内卷化现象。

留痕主义使基层干部陷入"忙而无用、少用"的内卷化困境。调研发现，基层干部一半以上的时间消耗在填写各类表格、动态考核、各类评比活动等方面。留痕主义的本质是将基层干部精力和基层资源投入基层公共服务无关的事务中，留痕拍照、忙碌疲惫，没有实际价值。

（四）基层治理参与人数迅速增多与治理总体效果提高预期相符程度尚需考证

每年进入基层服务的各种类型人员都在增多，有选调生、大学生村干部、驻村干部、社区工作者等，但是人数的增加与基层治理总体效果提升的相关程度如何不得而知。例如，HY街道一名基层领导干部谈到社区网格员招聘时，透漏LX区计划招聘将近1000名专职网格员，财政有7000万元拨款。而招录那么多的网格员，对网格员的考核管理无形又增加了社区干部的工作量。投入这么多的物力、人员和财力，到底多大程度提高了基层公共服务水平与基层治理效果，尚需时间验证。

二 治理评价机制滞后

（一）基层干部基数迅速增大与激励晋升机会及渠道拓宽的矛盾

当前国家政策鼓励到基层就业，基层干部总基数增长迅速，但激励和晋升机会与渠道还是相对较窄。国家虽然也面向基层，通过公开选拔、竞争上岗、公推竞岗、公开遴选等形式提拔晋升干部，但是也仅有少数公务员编制的基层干部有机会得到晋升，这就可能挫伤基层干部干事的积极性与主动性。

（二）对基层干部的考核内容、形式与激励挂钩关联不规范

"对有编制的乡镇干部考核激励主要涉及个人政绩考核和精神文明奖，这些考核标准，主要是领导看你工作能力和结果好坏，一般不与工资挂钩，在工资上的区别可能就多几百块钱。"有乡镇干部反映："除了上级对工作完成的满意度考量，还有就是要求各项工作的留痕考核。"领导考核与留痕考核占主导，而不是能力绩效考核与激励挂钩，有可能诱导基层干部工作转向服务领导与美化考核材料，从而减弱了发挥能力为基层民众服务的动机。

（三）当前由于基层居民参与村社治理的积极性不足，尤其是随着城乡流动人口的增多，传统熟人社会转向陌生人社会，造成多数中青年居民对社区公共事务漠不关心。而退休后的老年居民成为社区活动的积极分子，担任"志愿活动组织负责人"、楼组长、社区业委会代表等多重身份，出现"假象参与繁荣"。其本质是城乡基层组织对社区老年居民积极分子的"多重使用"和对普通基层民众的"动员无力"。在一些乡镇调研中发现，有些村庄空心化严重，遇到村庄换届选举，一名老人代投三四张选票的现象司空见惯，从而造成基层治理中居民积极参与的繁荣假象。

三 治理资源整合缺乏协同性

网格下沉日趋细密、基层各治理主体工作量增多与协同联动治理效果局限的矛盾。当前一些地区基层治理创新以网格化治理为特色，逐步下沉细化基层治理单元，将网格组长、专兼职网格员与镇街干部、村社干部、民警、社区工作者、联防队员、志愿者等纳入整合到大网格中，

协同参与基层治理。① 硬性要求最底层网格员的任务量，导致网格员为完成考核指标，在真实任务缺乏的状态下制造假任务（比如制造乱扔垃圾假象再处理）。这又增大了相关网格中基层干部的工作量，长期内耗会降低为民众服务的热情和价值感。

四　超载治理负向后果日益凸显

"超载的治理"，就是国内国际范围不断衍生出各种不确定性，深刻冲击和动摇着以国家为中心的治理体系。大量的治理问题，超出了每个国家所掌握的资源和能力，因此存在现阶段社会治理秩序紊乱、治理系统崩溃的可能性。一方面，各个领域都出现不同形式的治理问题。政治领域中政治信任度下降、社会经济领域中贫富差距持续拉大、文化领域中认同高度分化、环境领域中应对气候变暖不力、网络领域中虚假信息泛滥，以及日常生活领域中家庭功能的弱化等，许多问题的影响范围超出了国界，无法单独依靠各国政府，或者某个大国在明确的时间范围内来解决。另一方面，由于城市化、全球化、网络化等的同步推进，治理问题超出了时空限制，出现了相互关联、相互诱发，同步爆发、不断衍生、持续影响等新的特征。局部的地区治理问题一旦发生，就会快速演变并有扩散的可能，进而产生治理资源的挤兑和治理能力的"透支"。基层的相关治理者要基于"共存—共担—共同发展"的理念采取复合治理。复合治理是指所有利益相关主体共同存在、共担风险、共同发展，多主体参与合作，是全过程的、强调预防为先的治理，是有利于集中以解决突出问题、分散以提升整体能力的治理，用共同的力量应对"超载的治理"难题。

第二节　党建引领基层治理优势：个体与组织整合的视角

一　"超行政"治理：以"政治"激活"共治"

（一）转变传统公共行政科层固化理念

公共行政的创新与基层治理各主体能力的发展状况密不可分，现代

---

① 田毅鹏：《网格化管理的形态转换与基层治理升级》，《学术月刊》2021年第3期。

公共管理创新过程伴随创造潜能的自我实现和职业能力的持续提高。[①] 对于传统公共行政理论，韦伯提出的层级官僚制理论认为，在科层官僚机构中的公务员应该服从等级制指挥链，维护政治上的首要地位。通过运用"专业知识和技术技能"，按照正式的政策、规定程序行事，做到"精确""合法""尽责"，以及具有"司法"能力，体现"服从""忠诚"等特征。[②]

随着新公共服务理论的兴起与数字化时代新技术快速、多维度地融入基层治理的各个领域，亟须转变传统公共行政科层固化理念，融合新的信息技术带来的网络化、智能化与精准化便捷条件，打破已有的公共行政科层固化理念。通过构建数字化协同平台，建立干部素质电子档案，促进人才在平台科学调配共享。提升基层干部数字思维能力，打破数字化技术壁垒及形成的数据孤岛，畅通政策落实通道，消除因沟通信息不对称出现协同执行的"中梗塞"。纵向实现省、市（县）、镇街、村居四级联动，横向实现公安、税务、市场监管、民政、农业农村等部门协同一体的多层级跨部门协同智能联动。

（二）建立健全容错纠错兜底与赏罚机制，鼓励支持治理创新

中共中央办公厅印发《关于进一步激励广大干部新时代新担当新作为的意见》，指出要"建立健全容错纠错机制，切实为敢于担当的干部撑腰鼓劲"。（1）尝试打破已有的选拔人才的框架局限，大力选拔与任用能力强、综合素质高、绩效突出与发展潜力大的优秀青年基层干部。容错机制是为提高干部用改革创新的方式开展"带民致富与为民服务"而产生的失误进行免责兜底，允许基层干部试错，但是涉及党规国法等底线问题也要赏罚分明，从而解决"多干多错"问题，鼓励基层干部大胆尝试、勇于创新、锐意进取，为基层干部的创新提供保障。（2）辅助基层干部尽快"抛锚"规划职业生涯，明确使命感，激发创新热情。沙因的"职业锚"理论指出，人们在最初工作的5—10年致力于寻找确定自己的

---

① O. Bazaluk, B. Tamara, "The Image of an Ideal Ukrainian Politician", *Ukrainian National Idea in Future Human Image*, Vol. 6, No. 3, 2016.

② P. J. Olsen, "Maybe It Is Time to Rediscover Bureaucracy?", *Journal of Public Administration Research and Theory*, Vol. 16, No. 1, 2005.

"职业锚",而这关键时期也是精力和创造力最旺盛的阶段,组织可根据需要提供相关尽可能多的职位,通过多"试锚",早确定并及时"抛锚",锚定职业发展,① 从而激发使命感与基层治理创新热情。

二 发挥多层级、多主体全方位精准激励

乡镇和街道改革可有效整合基层力量,有利于厘清责权关系,(1)"规范化"乡镇和街道机构改革建设,多渠道促进干部队伍"迸发"活力。(2)统筹推动各类编制资源向基层倾斜下沉,针对乡镇没有事业副科级岗位,导致非公务员编制的优秀干部晋升受到阻碍的困境,为激励"能者"更加努力干事,可增设乡镇事业副科级岗位编制,激发基层干部干事热情。(3)确保镇街基层干部收入高于县直同职级人员。通过报酬与其付出的努力挂钩匹配,避免"多劳少得不得"的结果,把关心基层干部体现在实处。增加基层干部在培训学习机方面的机会,多让"能者多劳者"参加学习,让他们成为可持续的"能者"。在考核内容的评价方面,以实绩为依据,按照高质量与科学发展的要求,坚持以能绩的核心考核指标为基础,兼顾弹性变化考核与差异化考核,并尝试探索专项考核与平时落实力考核的有机结合。

三 党组织的"场结构"嵌入与整合

(一)强化党建引领培育赋能基层社会组织联动

国家现代化过程中政权职能过急过快向村庄和社区延伸,村委会与居委会行政依附性随之增强,导致基层治理导向发生异化。尤其是在基层治理重心下移的形势下,当前村、居委员会实际上沦为基层政府的附属科层体系,过度行政化导致参与村居治理干部数量增多而出现内卷化。② 长期以来"有责无权"的体制性障碍,使得镇街、村居管理服务成了基层治理中担责重又薄弱的问题。基层政府应该适当坚持权力下放和

---

① 滕玉成、王铭:《年轻干部的基层成长规律及其培养要旨——基于 Z 省选调生的实证研究》,《行政论坛》2015 年第 2 期。

② 曹海军:《"三联社动"的社区治理与创新服务——基于治理结构与运行机制的探索》,《行政论坛》2017 年第 2 期。

为村社赋能。通过人、财、物、权适度下沉基层，减少对上级的依附与加大自主性，合理配置基层资源与最优化多方协同发力。（1）对于基层领导干部而言，一方面积极响应与践行国家政策，提高基层资源科学配置的能力，激发多元主体优势；另一方面对基层外部发展环境做科学调研，完善孵化培育社会组织工作机制，在保证一定数量的基础上推动基层社会组织的高质量发展。结合当地经济发展及社区需求，有规划地加以引导、优化布局，发展更多服务性、公益性的社会组织。通过党建引领，建立基层政府、社会组织、社区（村庄）居委以及社区居民联动的社会网络系统，充分发挥网络系统的外部监督作用，建立起权威、科学的社会组织诚信评价体系。（2）党建引领提升基层社会组织自身能力建设，大力招募、吸纳社区内各类优秀人才加入基层社会组织，建立基层人才管理与协同发展机制，强化分类指导和管理，结合基层网格化治理，形成一整套相对完善的基层社会组织嵌入管理机制，从而减少内耗。（3）明确各类基层干部角色与权责边界，党建引领引导多元主体共同参与村社治理。镇街干部、村居干部在不同的实践领域中，职权与角色不同，而基层政府和村社居委会按照实际情况设置权责边界，明确各级党组织、物业服务组织、社区（村庄）社会组织等的角色和地位，构建形成党建引领有效整合各方力量和资源，社会组织提高应急响应、防疫、安全建设、生活、文化等专业服务能力，居民积极参与基层治理，从而建立健全基层社会组织运行机制。

（二）倡导前瞻、系统、开放、信息化与动态清单式整合治理

破除基层治理内卷化的倾向，应该在清单式管理模式渐趋成熟时拓展视野，使其更具前瞻性、系统性，自觉打破政府中心主义的改革逻辑，迈向更具开放性的清单式治理。[①]

第三节　新时代基层多元主体多层级合作共治模式

目前的基层治理格局突出党建引领的政治逻辑，基层社会治理重心

---

① 付建军：《清单制与国家治理转型：一个整体性分析框架》，《社会主义研究》2017 年第 2 期。

下移的行政逻辑，以及选择性自觉参与的生活逻辑。这样三重并行充满张力的状态，有助于分析基层现象的演变及其基层治理的缘由。具体分类见表4-1。

表4-1　基层多元主体多层级合作类型与适应的共治模式特点

	优点	缺点	适合的共同体类型
依从型结构模式	可作出较好制度设计，体现出基层治理组织能力处于较强水平，效率高，可充分发挥基层党组织及优秀干部的能动作用	容易出现面子与形象工程，造成供需失衡，资源浪费。照搬理论，容易导致越俎代庖的误导等	村庄直改型、搬迁安置型、多村合并型
悬浮离散结构模式	有效发挥市场调控机制，调动有责任担当的企业家参与公共服务，能真实满足公众需求	权责界定不清，企业盈利与公共利益之间的冲突导致部分公共性丧失	城市聚合型、村企联建型、城乡接合部
竞合结构模式	熟悉协同治理发展趋势与脉络，培育完善社区志愿服务组织，以及发挥贤能带头作用，设身处地精准满足社区居民自身需求	社区志愿者组织发育不全或者根本缺乏，社区能人流失导致社会自治无人参与	小城镇聚合型、强村带动型

根据表4-1基层多元主体多层级合作类型与适应的共治模式特点，具体整合基层多元主体多层级合作共治模式及其优缺点如下。

一　依从型结构模式

将党建引领和多元共治、党领共治简化合并为党建共治，强调如何将党的权威建设和多主体共治协调整合在一起，以形成某种党的权威与社区自治之间的平衡。① 张贤明曾对以"街头官僚"为代表的责任陷阱问题进行研究,认为西方学者倾向于通过探究基层人员的双重身份来分析责任陷阱产生的原因,而中国学者更加关注政策中各种要素,尤其是层级因素对于责任陷阱的影响。基本公共服务从组织观念——强化"对上负责"与"对下负责"有机统一的组织观念,组织机制——在一个完整的责任框架中设计各项治理机制,执行模式——构建法制化、规范化的执行模式,以及责任主体——关注"行动者"等角度的整合,协同调配公共资源以为民服务。跨越责任陷阱,实现负责任治理,需要从"观念""结构""行动"三个维度进行系统分析,这是该模式聚焦的问题,并指出明确责任的价值向度、构建能够充分履责的机制、保障行动者负责任的治理行动就是跨越责任陷阱的要义。

因而本组模式优点是可作出较好制度设计,体现出基层治理组织能力处于较强水平,效率高,可充分发挥基层党组织及优秀干部的能动作用。缺点是容易出现面子与形象工程,造成供需失衡,资源浪费。照搬理论,容易导致越俎代庖的误导等。

高水平均衡是实现共同富裕的重要标志,具体落实到基层治理来说,从最初脱贫攻坚致富、高质量发展迈进到实现共同富裕的高水平均衡,需要从根本上推动基层高效能治理。高效能治理为高质量发展提供制度、机制和工具支撑,高水平均衡能够满足人民对美好生活的向往,协调和稳定社会各界的诉求,实现人类文明的可持续发展。政府层面牵头供给实现共同富裕的高水平均衡指标体系与要求标准,可从人民具体化、目标责任制、办事简约化、对象精准化、链条节点化等方面来具体执行。

二 悬浮离散结构模式

当前基层协同治理存在居委会的权责不对等、全科社工的"悬浮式"服务、社会组织的"游离式"参与和治理单元的范围过大等问题,出现悬浮离散状态,亟须打破以往基层行政工作存在的体制惯性,权力下沉街道,建立相应的考核体系,对居委会进行绩效评估,并与居委会干部

---

① 朱健刚、王瀚:《党领共治:社区实验视域下基层社会治理格局的再生产》,《中国行政管理》2021年第5期。

的收益挂钩。通过优秀的社区领头羊的榜样示范，产生基层治理创新激励的辐射效应。

本组模式的优点是有效发挥市场调控机制，调动有责任担当的企业家参与公共服务，能真实满足公众需求。缺点是权责界定不清，企业盈利与公共利益之间的冲突导致部分公共性丧失。

依据"结构—过程—环境"的制度分析框架，基层治理制度创新可体现为结构性制度创新、运行性制度创新和赋能性制度创新三类。根据行政管理制度的层次性和位阶性，可以提炼出理念、体制、机制、工具等基层治理制度创新形态。在此基础上，对基层治理参与创新主体动机以及客体回应进行研究，归纳发现基层治理层面的行政管理制度创新动力主要有绩效驱动、政治驱动、竞争驱动、技术驱动和事件驱动。新时代基层治理制度创新的突破点，是要抓住基层机构改革和转变政府职能，提高运行效率，增强服务赋能，有针对性地运用创新动力，推进不同类别的行政管理制度创新，改变社会组织的悬浮离散状态，在市场经济的作用下产生领头羊效应，突出企业通过产业布局，以创收为纽带在基层治理创新主体的榜样引领方面发挥更大作用。

三　竞合结构模式

本模式为通过政府项目嵌入外包专业社会组织业务，依靠其专业性服务和规范化队伍为社区治理培育自发力量，通过竞争与利益嵌入融合，带动居民高质量开展活动与参与居民自治和社区共治。

本组模式的优点是熟悉协同治理发展趋势与脉络，培育完善社区志愿者服务组织，以及发挥贤能带头作用，设身处地精准满足社区居民自身需求。缺点是社区志愿者组织发育不全或者根本缺乏，社区能人流失导致社会自治无人参与。例如新冠疫情时期，在坚持党中央集中统一领导的前提下，充分发挥地方积极性，将部分决策权适当下放地方。同时增添横向治理路径，增强疾控中心等专业机构的独立性，更好地实现政治考量与专业优势的结合。另外，治理权限的配置不应仅仅局限在国家内部，除了体制内联动的传统纵向治理逻辑，还应当坚持社会资源整合的横向治理逻辑。此外，还要强调社会组织参与治理，充分动员社会力量，以及注重个人（社区）治理，形成社区治理共同体。

具体在城市基层治理共同体建设方面可推进四个行动计划：多样化社区业态发展行动计划、互动型的社区公共治理行动计划、人本化的社区公共服务能力行动计划、绿色美丽的公园社区建设行动计划。（1）通过优化"引领型"的城市基层治理领导体系，健全"法治化"的城市基层治理制度框架，完善"赋能型"的城市基层治理共同体能力提升机制；（2）构建"互动型"的城市基层治理共同体，实施"全周期"的城市居民幸福美好生活体系，并探索"敏捷型"的城市基层社会治理模式；（3）建设"友好型"的城市基层智慧治理共同体平台，健全"强韧性"的城市基层社会风险防控共同体，并加快"持续性"的城市基层治理创新政策扩散。尝试建立信息采集—分类处理—存储—派发为一体的信息链，组织架构与统一指挥（建立位居中心的权威指挥平台，发布任务指令，统合、动员并下沉资源，执行与监督分立）、精细分类与运行流程（对公共问题和管理事项进行分类分级，编制任务细目，以互联网为依托，建立分级的事务处理流程）、组团形式与联动处置（链接上下游的管理、服务相关人员，围绕管理事务整合管理资源，无缝衔接，联动处置）机制。

针对这三种模式具体应用在乡村共同体建设方面，体现在加快数字乡村建设能有效解决村内信息量大、难查找、不便捷的问题，极大解决村民在通信信息生产生活方面的困难。而且成功的实践经验证明，建设智慧党建搭建平台建设数字化乡村的确有效，比如在JN市ZQ区社会综合治理服务中心的指导和带领下携手浪潮的乡村治理云、基层治理数据库、政府综合智能数据平台和边缘云一体机等优势产品共同助力SJX村实现数字党建。建立SJX村社会治理现代化平台，通过之前建立的村民信息数据库掌握每位村民的基本信息，有补贴的老年人和低收入居民的统计处理都可以在网上安全地完成。村民信息和村民的拆迁补偿条件都可以在平台内查询，各项文件都可以随时调取便于统计管理，做好智能化乡村，对于乡村情况和今后的发展方向在可视化方面给予了充分的便利。①快速实现政府数据服务落地，平台以数据为支持支撑农村的精细化管理和服务，让数据在农村落地，为农村提供服务。

在这三种模式下，乡村治理共同体建设，也要克服以下困难。首先，

---

① 颜阳、徐舟：《乡村治理 齐鲁样板——三涧溪村》，《走向世界》2021年第12期。

要克服政策执行中的"认知偏差"。基层治理中涉及的主体间利益竞合要考虑长期性、实践性以及群众性。地方政府在设置脱贫标准方面往往会出现标准和考核指标高于"两不愁三保障"的现象，以结果的最优化作为最终的目标，这可能会导致基层政府加码"自选动作"，通过拥有一定的自由裁量权拓展执行或者有选择地执行乡村共同体建设的政策目标。其次，要克服"政府中心主义"视角。乡村治理共同体建设要关注政策执行中以"农民增收"为中心，提供机会、激发动力以及利益分享。再次，要克服"一刀切"。明确"分类推进"，针对聚集城区提升类、城郊融合类、特色保护类以及搬迁撤并类村庄灵活施策，在乡村治理共同体政策执行中，引导"多元资金"在财政投入上形成多元投入格局，在社会资金上要满足乡村治理共同体建设的多样化金融需求。可以根据实际情况制定相应的分类标准，针对没有发展环境条件和动力资源的乡村可以进行合并裁撤等。最后，要克服城乡隔离的发展。乡村治理政策执行中重塑"城乡融合"。破除城乡二元制壁垒；推进城乡基本公共服务均等化；提升乡村韧性（包括乡村生活的改善、文化的塑造、基础制度和设施的提升等），要注重乡村社会问题的解决，进而带动治理共同体韧性提升，增强乡村治理共同体自身的潜力和抗压能力。

第四节　数字化赋能基层公共文化服务

在当前的公共管理中，存在政府部门信息共享困难、部门之间协同难度大的问题。破除"信息孤岛"，实现各个部门之间信息的融合与共享，是实现数字化赋能基层公共服务的关键。在城市应急管理与大数据融合方面，其实这种信息化建设是一项长远性的发展工程。因为涉及部门与技术相匹配的问题，只有当相关技术以及管理部门建立好之后，才能协调好相关资源，实现数据的互联互通，以及上下级的一体化服务。新兴的数字产业化增速较快，数字技术对整个经济的影响带来的收益远远超过传统产业。近些年，国家高度重视数字经济的发展，出台了《"十四五"数字经济发展规划》等一系列政策。数字经济正推动生产方式、生活方式和治理方式发生深刻变革。同时，数字技术的成熟不断推动数字化转型，并形成了数字化转型的"技术生态体系"和"要素体系"。

一 数字化转型背景下基层治理面临的问题

中国各大城市都在全面探索基层数字政府、数字化转型的城市治理创新之路。与此同时，基于城市治理数字化转型而产生的有关个人信息保护、公共数据安全和数字鸿沟等重要理论和现实问题亟待解决。更好地处理技术与治理的关系，有必要从主体的自由角度对数字化转型问题进行基于制度、组织和个人等层面的反思，探索解决数字化转型背景下基层城市治理困境的有效方法，解绑被系统困住的数字化社会治理以推动全体人民共同迈入数字治理时代。

未来与现实的冲突是数字治理面对的最大难题。在面向未来的探索中，生态观为理解数字治理领域的复杂性和关联性提供了有益的视角。用数字生态视角看待数字发展，意味着将人类的数字化作为一个有机整体，与数字化发展的自然取向一致，也与基层治理框架相一致。需要对数字治理要素间的关联与互动机制予以考察，探索人类数字治理新格局的发展和衍化。在数字化转型过程中，治理主体及治理方式都发生了重大变化，需要与时俱进，把握治理的时代特征。展望未来，数字化将成为发展的核心动能，数字能力将变成核心竞争力，全面推进数字化和数字治理赋能基层治理是未来的发展方向。

数字媒体的应用日益增多，为广大人民群众提供信息，满足人民群众的文化需要。然而，从现有的结果看来，中国的数字化在基层公共文化服务发展过程中还存在一些问题。随着数字化、信息化、智能化的不断推进，数字建设已经在城市和乡村建设中展开。数字乡村建设在取得一定成效的同时，也面临着相应的挑战与问题。以数字赋能基层社会治理共同体建设为主题，讨论在当前国内经济形势下，面临的主要问题及其化解途径。比如，现阶段各类公共文化服务数据关联性有待增强，人民群众需要一个愿意听人民诉求的政府，划分出必须提供、尽量提供与由第三方更好提供的不同层次的需求，尽力去达到这样的供给，同时公共文化服务资源各类设施建设也有待更新完善。数字化服务的有效供给受到以下因素的制约：一些相关政策落实不够精准，文化部门数据库开放不够规范，政府部门收集、整理、识别和整合公共文化资源的经验能力不足。

　　提高公共服务水平，是实现国家治理和治理能力现代化的关键。党的十九届五中全会中明确地提出，要不断加强数字化社会的建设和数字化政府的建设，提高公共文化服务、社会治理的信息化水平。各地政府要切实贯彻并落实党的十九届五中全会中的各项决策，有效地运用云计算、大数据、AI等先进的数字技术，提升服务的质量、水平与效率，促进数字化公共服务质量不断提高。通过政府进行主导，提供数字化的公共文化的服务，符合公共需求，顺应公众的利益，并且按照公众的需要来调整服务的供给，把切实做好履行"服务"职能的政府，为广大的人民群众提供多样的、向上的文化服务为目标。而这也与中国目前阶段的国情相适应，把人民群众切实的文化需要作为一切工作的出发点与落脚点，按照公众数字化的文化喜好，掌握公众的内心诉求，建设出切实有效地满足人民群众基本文化需求和贴合实际的公共文化体系，这将有利于凸显社会主义制度的优势。

（一）对数字化赋能基层公共服务的认识不够全面

　　如果不断地将治理资源进行一味地数字化，而没有进行有效宣传，也只是将"纸面"上的内容与信息转成了"数字硬盘"中的电子信息，并没有从本质上提升它的利用率；只提供先进的设施设备，而不能充分利用它们，最后先进的设施设备也只能随着时间的推移而逐渐落后；服务设施再好，其技术却跟不上时代的变化发展。其实数字化只是一种手段，而最终的出发点与落脚点是要通过数字化赋能公共服务建设，为人民群众进行有效的服务。另外，数据的安全问题也是广大人民群众在数字化服务建设中的顾虑，也同样是一个值得政府去思考的重要问题。往往这种情况的背面，反映出来的是人们对数字化公共服务的认识与初衷的了解还不够到位与透彻。

（二）缺乏完善数字化赋能基层公共服务的体系引导

　　数字化的技术和网络科学技术的不断进步与发展，对于促进推动数字化经济的转型和发展起了极其重要的作用。但由于缺少统一的技术和标准，信息的融合和共享进展得非常缓慢。与此同时，各部门在探索政府数据和社会数据的对接和融合的过程中，由于每个部门的工作性质、利益与数据类型各不相同，因此就造成了部门之间进行数据共享的意愿并不是很强烈，数据存在的巨大潜力没有得到充分的发挥，数据共享的利用也不是很充分。同时部分数字化政务服务平台的服务流程过于繁杂，内容方面也有待丰富。现阶段各类公共文化服务部门之间的数据关联性有待增强，通过各部门之间有效的合作与数据共享，减少在服务与工作过程中的重叠与空缺，建立一个完善的服务体系，尽力去满足人民群众不同层次的需求，同时公共服务资源各类设施建设也有待更新完善。

（三）对数字化赋能与基层公共服务认知评价不精准

在公共服务的供给过程中，传统的信息收集机制和信息处理技术的滞后，使得公共服务很难准确地把握大众的需要。一方面，人为分发调查问卷的方法没有统一的时间，没有收集的频次，也没有有效的服务评价与满意度的反馈途径等，造成需求采集机制很难适应对公共服务需求的准确识别；另一方面，由于资料分析技术的滞后，很难准确地对民众的需要做出准确预测，从而影响到需求分析的科学性和可靠性。同时一些相关政策落实不够精准，公共部门数据库开放不够规范，政府部门收集、整理、识别和整合公共资源的经验能力不足。要以新技术革命为契机，推进公共管理超越式发展。

（四）数字化赋能基层公共服务与满足群众需求之间存在差距

大数据、移动网络、云计算、AI等数字化技术的不断应用和创新发展，将极大地推动经济、社会、生产、生活方式的发展与变化，推动数字化服务成为社会发展的重要力量和推动文化、经济等领域发展的新动力。随着数字化服务和社会公共文化产业的不断融合，很多公共服务部门仍不能满足人民群众高质量生活发展的需要。城市数字化转型是符合"双循环"发展需求，贯彻国家战略部署，满足基层公共服务发展所需的应有之义，旨在以技术驱动机制、平台治理机制、数据价值驱动机制重塑公共服务形式，推动治理、生活、经济等方面的数字化转型。

二　数字赋能基层治理动力机制

数字赋能基层治理共同体建设离不开相应数字技术的投入。但当前数字基层治理共同体中存在数字技术表面化和形式化问题，数字技术并没有真正用于基层生产和经营上，主体作用未能充分发挥。要有效推进数字基层治理共同体建设，关键在于激发多元主体合作参与数字建设的内生动力，让基层治理多元主体看到数字建设带来的真正实惠。对于县乡党政组织来说，要注意典型示范、注意引导，因为纯粹的数字技术和知识对于基层治理多元主体来说相对抽象，要用一些生动的案例进行引导，采用明确的路径和有效的方法让参与主体获益，要积极借鉴数字化基层治理建设成果和经验。

在乡村治理层面，数字乡村建设的主体是农村专业大户、家庭农场、农民合作社等新型农业生产经营主体，这些主体与之前相比，其对土地的使用权、收益权和配置权发生了变化，通过土地使用权和配置权的转让，保证了收益。数字乡村建设主要就是要提高农民的生活水平，推进农村的发展。因此数字乡村建设中要发挥的是农民主体的积极主动性和政府管理者的引导作用，不能由政府包揽全局，要让农民切身感受到数字乡村政府建设带来的利益。数字乡村共同体建设对于农民和农村的现实意义，不能浮于表面、流于形式。要让农民真正参与数字乡村建设，才能更好地推进乡村现代化建设、缓解人口老龄化问题，以及促进城乡协调发展和中国社会的长期稳定局面。

在城市社区治理层面，随着新时代信息化建设的不断发展，数字化公共文化服务成为当前政府工作中一个重要部分。数字赋能基层公共文化服务是对传统公共文化服务的一种发展和延伸，也是公众可获得公共文化的一种全新方式。但是基层政府没有出台全面的政策引导公共文化数字化建设的开展，且基层政府服务的主动意识不足，存在资金投入少、较少让群众参与到公共文化建设的决策中来等问题。今后基层政府在开展公共文化服务建设过程中，要从政策上引导社会力量的参与，加大对广大文化人才队伍建设的投入，才能进一步提高整体公共文化服务的整合水平，满足公民的基本文化诉求。数字化赋能对基层公共文化服务具有必要性与重要意义，在于对公共文化服务所构建的社会价值层建立一个更好的公共文化服务目标体系，能够提升公共文化产品与服务的供给能力，有利于维护广大公众基本的文化权益，能够加强党和政府的领导作用。现在推动公共文化服务数字化建设，是助力社会信息化发展、服务产品升级、服务手段创新的必然要求，也是满足广大群众精神文化需求的必然选择。①

三 数字化赋能基层公共文化服务的应用现状

"十三五"时期,中国运用数字化技术使社会公共文化服务水平得到了有效的提高,同时也大幅度地提升了人民群众的满足感、安全感还有生活幸福指数。"十三五"时期,以 JN 市为例,JN 统筹各类数字化信息资源,开展数字化公共文化建设工程。"十四五"时期,中国又在更大程度上将数字化赋能公共文化服务的高质量发展进行了优化与提升,主要可以从以下几个方面来看。

(一)数字化不断拓宽居民参与基层文化服务途径

通过推进 JN 公共文化服务部门数字化产品征集。深入贯彻习近平总书记关于"让古籍里的文字活起来"重要思想,持续抓好古籍传承。JN 市图书馆馆藏古籍 1500 余册,再造古籍文献 12 种、古籍 73 册,举办了多次线上、线下古籍文献展览,组织开展了一系列阅读经典、品读故事、感受古韵等活动,在全市范围内推广普及古籍保护知识。政府积极推进数字资源建设,建立起完善的数字资源共享平台,先后向 SD 图书馆、JN 市图书馆、JN 市第二图书馆、JN 市 11 个区县图书馆捐赠价值 6 万元的古籍、珍稀图书。此举不仅提高了古籍、文献的社会化利用率,也有利于解决图书馆古籍、文献收藏与利用的矛盾,为传承和发展传统文化作出重要贡献。

利用现代数字化技术,建设数字图书馆、互联互通数字化公共文化服务网络等数字公共文化服务体系,整合各类公共文化资源,推动互联网"云"向公众传播,不仅拓宽了社会和市场主体参与基层公共文化服务的途径,还有效减少了信息不对称,提高了基层公共文化服务的质量。同时,基层社区作为城市与乡村的结合点,是中国公共文化服务建设过程中的重要组成部分。在构建和谐社会过程中,政府通过制定相应政策,加大对农村地区和偏远地区公共文化设施建设投入力度,以实现城乡基本公共服务均等化目标。利用互联网、大数据等技术,建设远程

---

① 李树平:《数字化建设提升公共文化服务高质量发展——北京市石景山区开拓创新创建国家公共文化服务体系示范区》,《文化月刊》2020 年第 8 期。

医疗服务平台和教育资源公共服务平台；有效扩大基层公共文化服务覆盖率，破除经济发展水平差异和城乡治理资源不平等造成的基层公共文化服务准入壁垒，促进跨区域、城乡之间公共文化服务合作共享共同体。

（二）数字化技术在公共服务领域的应用越来越多元化

充分发挥各级公共服务活动部门网站、公众号、微博等数字化平台优势，组织开展形式多样的网上文化服务，同时加强基层公共文化服务现代科学技术的融合。创新各级公共文化部门发展模式，在数字技术飞速发展的背景下，传统的文化传播方式也需要进行变革和创新。利用先进信息技术对现有的各类资源进行整合和优化配置，实现资源共享。比如，通过引导地方图书馆、博物馆将地方特色文化与数字公共文化相结合，开展形式多样的线上活动。

JN市政府以公共文化数字化为依托，开展"互联网+群众文化"各类活动，培育《云上百姓大舞台》《云上乡村春晚》等一系列数字化文化服务节目。鼓励地方公共文化部门与数字化文化企业合作，扩大数字化基层文化服务应用。创新政府公共文化服务部门的发展模式。探索通过微信、微博等社会大众平台开展数字公共文化服务，鼓励各地基层公共文化服务部门开展规范化、有吸引力的数字化公共文化活动。

（三）数据资源赋能基层公共服务日益法治化与规范化

建立数据隐私保护与安全审查制度，在更大程度上对政务系统的信息数据与企业、商业的行业机密信息和公民的个人信息进行保护。建立起数据资源清单管理机制，进一步完善数据权属的界定、交易流通与开放共享机制等措施与标准，防范滥用数字化技术带来的治理风险，更好地利用数字技术提升公共服务效能。加强部门协作，统筹规划，加快将数据的共享机制与标准化数据信息建立起来，明确各个部门领域的工作流程与自身责任，有效突破信息独立分散的短板，及时将市场信息的反馈与群众所需所求的信息汇入政府公共文化服务决策之中。同时，大力提高公共文化服务与社会治理等领域的数字化与智能化的水平，提升各基层公共文化服务供给水平的精准化。

四 数字化赋能提升基层公共文化服务策略

对数字化赋能提高基层公共服务进行探究，可从以下三个方面对数字化赋能公共文化服务提出策略。

（一）提高对数字化赋能基层公共服务的认识

数字化赋能需要以人民为中心，提高服务价值，收集基础数据，建立基础数据库，并且数字化赋能涉及公民个人的隐私以及商业机密等多个法律问题。在大数据分析技术的推动之下，数字化政府已经成为时代发展的趋势，数字化城市的建设也是顺应时代发展的重要举措，同时也是提升国家现代化水平的标志之一。当前，中国正处在工业化与城镇化快速推进时期，也面临着严峻的考验。要围绕城市的治理与社会妥善治理的需求，有逻辑地将数据进行系统化采集与整合，坚持为广大人民群众创造美好生活而不懈努力，不断坚持把人民的满足感和人民群众的幸福指数作为智慧美丽城乡建设的切入点与落脚点，加大数字化服务平台的宣传力度，把解决人民群众的问题、提高人民群众的生活质量、促进基层公共文化服务发展作为数字化赋能基层公共文化服务的目标。

（二）完善数字化赋能基层公共服务引导体系

数据赋能及政企协作向城市治理实践的融入，将会推动更深入、更广泛的人、物、事之间互动机制的形成，致力于推动城市治理走深、走实。主动适应和加快数字转型，不断加强各部门的协作配合，更好地服务社会公共文化发展，为实现"放管服"改革目标提供信息通道。通过分析目前电子政务服务平台存在的问题，提出加快构建智慧城市电子政务服务平台的思路：以广大市民群众的需求为中心，整合各类服务资源，打造一站式政务服务中心；采用云计算等技术，提高信息化水平；完善安全保障体系。同时，要以系统建设为基础，确保信息整合与利用的安全性。要完善系统和标准体系，规范数据的共享、公开、开发和应用，完善数字化政务服务平台，简化服务流程，丰富服务内容，建立政府公共文化质量长效评估机制。

智慧社会建设的发展趋势和未来图景是智慧政府走向集成化、智慧城市走向互联化、智慧社区走向精致化、智慧工厂走向虚拟化、智慧教育走向共享化、智慧医疗走向移动化、智慧交通走向便捷化、智慧家居走向物联化、智慧生活走向定制化和智慧治理走向简约化。作为国家治理函数中的重要技术变量，大数据的嵌入能够更为精准地探寻国家治理规则和社会运行规律，从而有利于加强和提升国家治理的效能。大数据赋能国家治理的向度主要体现在两个方面：在国家治理结构方面，助力治理主体走向协同化、治理层级走向扁平化和治理空间走向透明化；在国家治理功能方面，助力政府决策走向科学化、社会治理走向精细化和公共服务走向高效化。

（三）将数字化赋能与基层公共文化服务精准供给相结合

党的十九届五中全会提出，推动城乡公共文化服务体系一体化建设，创新实施文化惠民项目，开展群众性文化活动，推进公共文化数字化建设。随着互联网技术的快速普及与广泛应用，新媒体成为人们获取知识信息最主要的渠道之一，也是构建新型公共文化服务体系不可或缺的组成部分。数字化技术、商业模式与业态创新正在推动重塑政府与市场在公共服务领域的关系，数字化也将成为政府创新治理的新型动力。由于数字化的技术能更加有效地提升政府科学合理化的决策，推进供给更加精准细致化、体制更加完善，进而使政府和市场之间的关系发生变化。在数字化技术与基层公共服务融合一体化的过程中，数字化技术推动了公共服务供给方式由单一模式到多元模式的转变，供给的内容由粗略到精准细致的转变，政府供给的动力从管理到服务的转变，供给的绩效评估由封闭到开放的转变，供给的模式由分散到合作的转变。而数字化文化作为一种新兴事物，正处于高速发展期。未来，将通过整合海量资源、便利化服务和个性化需求，实现公共文化服务的精确化。通过数字文化赋能，进一步提升基层公共文化服务的吸引力和影响力，在满足人民群众文化需求、巩固基层思想文化阵地、建设文化强国等方面发挥更大作用。

"数字化赋能"将提升文化产业的效率，也将有利于更大程度地提高中国社会文化产业的技术创新能力。运用数字技术，为社会公共文化服务，可以提高公共文化服务的服务效率，提升服务价值，特别是为"卡脖子"的文化部门注入更多的资金和资源，提升公共文化服务水平的技术创新能力。将AI、大数据、物联网等数字化技术应用于"新基建"和数字政府管理，有利于推动包括社会公共文化在内的更多新兴产业的数字化转型，打造以创新驱动为主导的数字化社会服务，不断推动社会向高端化、智能化方向发展，提升人民群众的生活需求与生活质量，创造更美好的社会。

第 五 章

走向共生共富：以 JN 市 SJX 村多元主体协同治理模式变迁为例

　　党的二十大报告提出，全面推进乡村治理，要坚持农业农村优先发展，坚持城乡融合发展。随着互联网、大数据等数字经济的推进，产业、企业、技术之间的联系更加紧密和广泛，同时加快了城乡之间、产业之间的融合共生。在数字化新形势下，如何破解产业革命和新信息技术革命下的乡村治理困局，如何更好地促进农业农村融合共生、协同共富成为乡村治理的主要问题。齐鲁样板村 SJX 村在乡村全面振兴上不断精准发力：在组织上，改革凝聚村党组织与群众能力，打通乡村治理的道路；在产业上，大力发展特色乡村产业，在解决村内劳动力的基础上形成产业集群效应；在数字乡村转型上，借助互联网、新信息技术，积极吸引高质量的人才发挥创新示范作用，让人才复兴与新技术相结合，带来更多经济增长点与基层治理的革新；在人民需求对接上，抓住国民经济消费转型新趋势，大力发展三产融合，引领村民走向共同富裕。

　　本案例基于共生理论、多元主体协同共治、政策网络提出分析框架，结合文献研究、问卷调查、实地访谈等研究方法，以 ZQ 区 SJX 村从脱贫致富到协同共富的乡村治理模式为切入点，探讨从最初执行乡村振兴战略时所暴露出来的农村"空心化"、财政收入匮乏、乡村自治体制不全、乡村干部责任缺位等问题，归纳脱贫致富的初始模式。在此基础上，探讨数字化赋能多元主体共同发力，形成共治格局，健全协同机制等具有针对性、可行性的建议，从乡村文化、生态、产业、组织、人才等方面着手创建准确聚焦阶段任务、科学把握发展节奏、梯次推进乡村治理的新发展模式,并挖掘中国特色党建有效引领乡村建设的理论逻辑,完善中国特色全面乡村治理的实践路径,总结中国特色乡村建设能效发挥的故事,凝练出中国乡村治理推进共同富裕的话语体系与方案,以期借此推广在新发展阶段带动乡村共同富裕的新方法、新模式,为乡村治理探索可借鉴的路径与可推广的方法。

第一节 历史回溯——脱贫攻坚的多元主体探索之路

20多年前,SJX村是十里八乡都知道的脏乱差的贫困村,更是在ZQ挂了号的"问题村",其中最为人知的还是6年换了6任村党支部书记。在苦无良将的情况下,乡村女教师高××临危受命,回到婆家村担任村支书。19年来,她强班子,治村容,勇担当,敢亮剑,励精图治,奋发有为,敏锐把握机遇,顺势而为发展。SJX走出泥淖,脱贫致富,村集体净资产超过一亿元,人均收入达2.8万元,还跻身全国先进行列,荣膺"全国民主法治示范村""全国平安家庭创建先进单位""全国妇联基层组织建设示范村""全国综合减灾示范社区""全国乡村治理示范村""第六届全国文明村镇"等称号。

一 脱贫致富环境分析

(一)地理位置优越

SJX村地处SD省JN市ZQ区东南方向,是ZQ的近郊区,它由三个自然村构成,靠山邻水,地理位置十分优越。

(二)乡村经济支柱产业大变革

曾经的SJX村,是一个经济空壳村,没有村办企业,没有一条硬化路,垃圾成堆、污水横流,村民大多住着破旧的老房子,没有产业经济支柱。村民生活贫困、日子艰辛,村干部不作为导致村民常常上访、矛盾重重。落后的思想观念导致村民忽视教育,孩子辍学、邻里争吵几乎天天上演,群众怨声载道。大多数年轻人都觉得在村里没有任何出路,纷纷外出打工,导致人员严重流失。虽然以前SJX村煤矿丰富,地理条件优越,但由于管理不善,矿产只能以落后的产业形态进行生产,环境污染进一步加重,无法持续发展。

2004年6月，SJX村村委领导班子做出调整，在高书记的带领下组成新一届领导班子共谋村子产业新变革。SJX村积极抓住市场机遇，利用征收村庄土地的优势，建设工业园区，吸引70多家绿色企业，并引进现代农业基地，以实现高质量、绿色发展的目标。此外，SJX村还大力推动集约型经济发展，实现了多产业融合。不仅带动村里创收，更为年轻人增加了创业机会，为实现乡村治理打下了坚实的经济基础。

近年来，SJX村积极推进村集体经济股份合作社的发展，建立了四个股份合作社，即置业、旅游、劳务、土地，以及2.7亿元的集体资产，并将其折股量化，以便村民可以获得股息回报。通过资金变股金、资源变资产、农民变股东的改革实践，SJX村的群众能够从产业增值中获得更多的收益。SJX村的活力源自它独特的历史文化，它不仅吸引着众多的创业者，也鼓舞着年轻一代；它不断探索新的商业模式，并将其融入当地的经济发展中。2021年，SJX村各个合作社共分红180余万元，使得村集体经济状况大大改善，村民们也逐步实现脱贫致富，同时也带动了周边地区的经济发展。

（三）历史文化显底蕴

SJX村历史文化悠久，南有胡山葱郁山林，涵养着丰沛的水源；发源于胡山红花山峪的河流，蜿蜒北流；源自朱家峪、栗家峪的河流，折而西北，环绕古村，两岸地势平坦，土质肥沃，早在夏商时期，就有先民在此繁衍生息。绿水青山就是金山银山。SJX村正在大力推行绿色发展战略，清理和整治过去的污染源，并投入大量的财力和物力，打造一个美丽宜人的村庄，包括小学、幼儿园、便利店、健身中心等。现在的SJX，楼房林立，道路宽敞，干净整洁，让人心旷神怡。村子注重乡风建设，成立红白理事会，并设立严格的组织机构，成员权责分明。积极摒弃乡村文化建设中的封建腐朽，践行社会主义核心价值观，实现六个"不见"，人民生活幸福安康。通过挖掘SJX的历史文化，开发旅游产业，吸引四面八方的游客。这些文化源远流长，在历史上留下了深刻的印记。

二 脱贫攻坚的多元主体分析

（一）政府主体——从被动兑现到主动供给

在实地调研时发现，村委后面有4栋公寓楼。不同于村北边的高层楼房，这些公寓高5层，建于2016年，于2017年11月交房，里面的村民是SJX村第一批住上楼房的人。

1982—1986年，连续5年的时间，中央一号文件都是以"三农"问题为主题。"只有发展好农村经济，建设好农民的家园，让农民过上宽裕的生活，才能保障全体人民共享经济社会发展成果，才能不断扩大内需和促进国民经济持续发展。"而2006年的中央一号文件，正式拉开了社会主义新农村建设的帷幕。

春天是播种希望的季节，中央一号文件的下发，更是让SJX村民看到了美好生活的希望，也是SJX村踏上新农村建设列车的最好时机。SJX村"两委"班子成员潜心研读中央一号文件，从文件中找到适合SJX村发展的正确之路。最终规划乡村建设，让家乡变得更美，建设公寓楼，集中解决部分群众的住房困难成为中央一号文件给予SJX村最大的灵感。但其地处ZQ区近郊，由于受城市规划建设的影响，20多年来政府都没有给批过新的宅基地，而且新农村建设大多是以奖代补，这就意味着风险自担，只有先干起来、干好了、干成了才能得到补助。

SJX村因前期治理太混乱且没有能力先行垫资建设，自然不在新农村建设试点村庄之内。但是SJX村怎么会轻易放弃发展机会，高书记开始向上级政府寻求帮助，她迫切的态度和胸有成竹的信心，最终让SJX村追加为试点村。高书记率SJX村"两委"班子成员，加班加点请人规划设计，"过五关斩六将"，逐步完成了四栋公寓楼的规划许可、建筑许可和土地预审等环节。因为此次新农建设试点工程是以奖代补，政府前期不会下拨支持资金。没钱怎么开工，只能招标垫资。工程一旦开始，便没有回头路。这项工程牵动着SJX村所有人的心，只许成功不许失败。在各方的共同努力下，2006年下半年，SJX成功入选新农村建设示范村，得到更多的政策支持。高书记抓住机遇，顺势开展主干线路"村村通"、吃水问题"户户通"惠民工程。这些项目，上级都给予补助。为了让老百姓共享农村改革发展的新成果，村里还建了敬老院，并且获得国家、省、市、区四级财政资金支持。

2017年，党的十九大通过关于《中国共产党章程（修正案）》的决议，乡村振兴战略被正式写入党章；2021年，《中华人民共和国乡村振兴促进法》正式实行，首次将国家战略以立法形式展现；2022年，中共中央办公厅、国务院办公厅印发《乡村振兴责任制实施办法》。党的二十大报告中强调，要统筹乡村基础设施和公共服务布局，建设宜居宜业和美乡村，进一步推进乡村治理，是关系农村社会和谐稳定的大事。乡村振兴战略实施以来，政府由被动兑现转变为主动供给，加快了农村变富变强的进程。

（二）村集体——从贫穷涣散到聚力致富

党的二十大报告提出，要增强党组织的政治功能、组织功能，坚持大抓基层的鲜明导向，把基层党组织建设成为有效实现党的领导的坚强战斗堡垒，激励党员发挥先锋模范作用，保持党员队伍和先进性和纯洁性。

提起20年前的村庄，当地居民是这样描述的："以前村里脏乱差，走的也是'水泥路'，但不是现在这个水泥，一下雨是真实的一脚水一腿泥，根本没有打扫卫生的观念。人心涣散，盖房子愿意盖在哪儿就盖在哪儿，没有规划，也没有集体观念。"人心一盘散沙，班子软弱涣散，村里的工作不好做。直到2004年高××被任命为SJX村党委书记，高书记认为，村子的穷和乱，根本原因在于村党组织发挥作用不充分，要想提高乡村治理水平，必须充分发挥党组织的引领作用。

"火车跑得快，要靠车头带。"车头决定整个村子的发展方向，而党建更是重中之重，"党建绝对不是虚的，抓好党建是最好的生产力，因为通过党建可以促进发展，凝聚人心"。SJX村通过组织一群有声望、有能力、有主见的领导班子，以党群联动促进乡村治理，开展"党旗飘飘映四邻，四邻联动党放心"主题活动以加强基层党组织的建设，深入探索农村治理的新路子。深刻践行在党建引领下服务村民的理念，积极引导党员参与村集体事务，一切立于实际，措施落地有声，千方百计为村民排忧解难。SJX人在党建引领下齐心协力，最终实现SJX村的全面振兴。

（三）村民——从传统到创新突破

一座长76米、高13米的粉色猪形建筑醒目地伫立在ZQ区SJX村北侧，这是王××最新建造的"章小福"农乐园。如果从大学毕业那年算起，王××已经走过20年的创业之路。这20年间，他的身份不断转变，从返乡创业的大学生到第一个流转土地的村民，再到第一位青年创业党支部书记，每一次身份的转变背后都承载了王××辛勤的奋斗，也见证着 SJX 由贫到富的过程。

2002 年，毕业于 SD 农业工程学院畜牧兽医专业的王××选择回到农村成立一家动物诊所，正式拉开了返乡创业之旅的序幕。2006 年，王××租下一座小型猪场，开始新的创业。当他准备在养殖领域大展拳脚时，由于当时猪饲料价格飙升，而生猪出栏价格迅猛下降，王××又回到了创业的原点。这一次失败的经历却让他决定专心饲养生态黑猪，他从大学生正式转变为"猪倌"，走上了借钱养猪的创业之旅。正巧当时赶上 SJX 村土地流转空出来了许多土地，王××就租赁了一块荒地，建起了自己的养猪场。

2009 年，王××夫妇二人在 SJX 村创立了一家食品公司。目前，公司已经由最初单一的生态养殖场，发展为集生态种植、生态养殖、生态旅游、农产品初步加工和销售、休闲观光于一体的，三产融合发展的循环农业产业。王××不仅把猪养得好，还依靠科技兴农的政策方针，积极主动学习前沿农业科技，与 SD 农业大学和 SD 省农科院紧密合作，推广"快乐养殖法"、创造性地提出"四位一体循环模式"、利用"饲料蛋白桑叶"降本增效、与浪潮企业共同搭建品牌质量实时监控系统。

2019 年，在各级政府的大力支持下，SJX 村以"乡村合伙人机制"建起了以王××为主要负责人的"农创园"，精心打造特色田园综合体，积极推动"三产融合"，为青年创业者搭建平台。依托"农创园"平台，王××结合自己的创业经验积极探索开展 SJX 协同致富新模式，采用资金、科技、管理、项目入股参与等方式，引领青年人发展农创项目，建设园中园、创客空间，成立农创专家团，为在创业园区的青年人提供全方位的服务。在政策支持和党支部的引领下，"农创园"不仅在入驻项目和经济效益上实现创造性增长，还培养、凝聚了一大批返乡青年人才。

2022 年，王××进行黑猪养殖的产业升级，将原有的黑猪全部转移到山上进行散养，对旧猪舍进行改造，也是"章小福"乐园发展的重要部署。这座拔地而起的建筑不仅外表可爱引人注目，内部也是大有乾坤。粉色的猪头是全部采取 ZQ 传统铁锅的锻造模式由工人一锤一锤敲打出来的，"章小福"的"脑袋"是一个展厅，对从野猪到家猪的演变、食品公司发展的历史进行了完美的展现；在展厅后部，是食品公司的办公区域，值得一提的是还给广大创业者提供了直播间和会议室，给他们提供创业空间；从展厅出来，有园区内果蔬和肉制品的分割包装产品线以及冷藏库。"章小福"将一产、二产和三产充分融合，在充分发展传统农业的基础上，大力发展农业教育和农业旅游业。

三　多元主体协同创新脱贫攻坚换新颜

近年来，SJX 村在多元主体的共同参与下得以快速发展。气派的社区楼房，宽阔的柏油马路，一应俱全的配套基础服务设施，SJX 村完成了"由穷到富""由乱到治"的转变，成为基层党建治理的标杆，更是齐鲁乡村治理的样板。在各级政府的带领下，以高书记为代表的 SJX 村"两委"班子通过自我革新，优化了组织内部的职责分工，为脱贫攻坚打下了坚实的基础；以王××为代表的返乡创业大学生，由开设动物诊所到集约化开展黑猪养殖，将第一产业不断做精、做细，带动优秀人才返乡，为 SJX 村的脱贫攻坚打通了上升的人才通道；以村办社区为代表的新农村建设工程，通过各项基础设施及惠民工程的建立，改变了 SJX 村原本的面貌，提高了村民的物质生活水平；以食品公司为代表的企业，通过深挖自身行业优势与做大、做强，为 SJX 村近 80% 的劳动力提供就业岗位，培养了一批批熟练的技术工种；由政府牵头，创立 SJX 农事汇，搭建共享新平台……在多元主体的共同努力下，SJX 村充分发挥党建引领作用，着力发展三产，充分发掘自身的天然优势，在餐饮业、古村民宿、旅游业、健康养老等方面探索自己的发展道路。SJX 村积极探索农民持续、较快增长收入的长效机制，农民增收的道路越走越宽，创造了一条可复制、可借鉴、可推广的乡村治理之路。

第二节　改革进行时——多元主体协同共富何以可能

一　数字新时代背景下多元主体利益如何整合

随着全球新一轮工业革命的推进，以人工智能、5G、物联网、云计算等为代表的"智能化、网络化与数字化变革集群"正在颠覆已有工作、生活与组织等的传统观念，企业与政府组织等都面临着不同层级的数字化转型挑战。实现数字化转型是一个系统的工程，涵盖数字化重构组织体系、调整战略、改革已有的发展范式、激活变革动力等层面。当前随着数字技术渗透应用到基层经济发展与社会治理领域，怎样才能与时俱进成功地实现基层经济与社会发展的数字化转型？

基层治理是国家治理最基础的地基，是满足人民日益增长的美好生活需要最根本的保障，而乡村数字治理的发展是推进基层治理体系和治理能力现代化的有效推动力和抓手。中国的基本行政管理体制由垂直治理与属地管理的条块结合两方面组成，于是，实现条块治理之间的权力整合、多元主体之间的利益整合、数字乡村治理中的信息数据整合成为推动乡村治理深入数字化转型的重要环节。而在基层治理过程中，基层的治理人员面对的都是最基础层面的民生问题，所以其面临的条块治理碎片化问题可能更为严重。

二　数字化转型赋能，协同共富改革进行时

（一）紧跟政策，升级产业发展思路

从政策来看，《JN新旧动能转换起步区发展规划（2021—2035年）》明确提出，支持JN建设新旧动能转换起步区。同时，新旧动能转换重大工程处于关键阶段，产业结构转型升级亟须加快，重点领域关键环节改革任务依然艰巨，科技创新支撑能力不够强劲，城乡区域发展仍不平衡。

在此情况下，ZQ区SJX村顺应政策，采取了相应的措施，坚持"腾笼换鸟"，因地制宜地对传统产业进行改造。在总体布局方面，确立了"北农、南工、中旅"的产业布局，在改造时参考之前的产业安排，主要的种植区域仍然不变，非种植区的地域发展新兴产业。此外，根据乡村的产业安排，建立对应的负责机构，组建土地、劳务、旅游和置业四大不同方面的合作社。由党组织发动建立，党员身先士卒，蹚出路子后再吸收村民共同致富。SJX村在数字乡村治理的发展下催生新兴产业，转型升级旧有产业。

随着SJX村转型升级的不断完善，旅游业也随之兴盛。农业与旅游融合发展、数字赋能乡村转型正越来越成为SJX村发展的普遍现象。此外，SJX村还建立了其他的基础设施以助力乡村旅游的发展，如风情美食街、康养乡居区等。

（二）信息技术有效融合，数字赋能乡村治理高质量发展

确保农民收入持续增长是实现全民共同富裕目标的路径选择。近年来，受多种因素影响，支撑农民增收的传统动力逐渐减弱，农民持续增收压力加大。而随着互联网、数字技术和现代通信技术的发展与普及，以网络化、信息化和数字化转型为目标的数字乡村建设有望接续农村工业化，整体带动和提升农业农村的现代化发展，成为农民增收的重要推动力。2019年中共中央办公厅、国务院办公厅印发《数字乡村发展战略纲要》，为全面推进数字乡村建设提供了系统的实施纲要。

乡村数字治理并不是单纯将高新技术引进乡村，而不注重后续的培训及结果反馈，也不是单靠国家政策和乡村社会本身的资源就能够实现数字信息技术的有效嵌入，而是要将数字信息技术与乡村发展路径相衔接，实际运用于基层社会治理，使得信息技术能够有效、彻底地融入乡村发展，激活和赋能内生治理资源，实现乡村高质量发展。

三 党建引领治理体系完善，三治融合助力社会和谐稳定

党的十八届三中全会提出，全面深化改革的总目标是完善和发展中国特色社会主义制度，推进国家治理体系和治理能力现代化；党的十九大提出，要基本实现社会主义现代化；党的二十大报告指出，以人民为中心的发展思想，要体现在经济社会发展各个环节。基层既是国家权力在下放过程中与公民个人权利相遇与互动的平台，也是民众了解公共决策、参与公共政治生活的主要场所，基层工作对于政策落地实施的效果反馈，可以直接影响国家的整体制度设计。随着改革开放的推行，中央权力进一步下放到地方，治理成为政府、市场和党组织三个主体之间相互合作的过程，各主体逐渐成为地方治理的参与者。在实现国家治理体系和治理能力现代化、多主体协同共治等战略的过程中，许多公共问题的解决不能仅仅依靠政府，而要建立起多主体参与的机制。以党建为统领，强化班子建设、推动产业发展、保护生态环境、汇聚人才资源、建设文明村风家风、壮大村级集体经济等。基层党组织作为政策落地的"最后一公里"，以党建推动政策实行能够将党员群众的力量吸纳进来，共同奋斗，充分发挥党员先锋模范作用；同时使广大公民能对政府政策建言献策，目睹政府政策的运作效力，群众的监督也能够促进基层组织

建设全面进步，以党建为引领开拓乡村社会治理新局面。

党建想要在乡村治理中成为牢固的基石，就要对村民宣传好党的政策，使党员和村民深化对政策的理解，能够听党话、跟党走；同时在政策实施的过程中真正地贯彻落实，将基层党组织建立成为群众心中可依赖的靠山。在此情况下，高书记带领大家从文件、政策中找思路、找办法，根据政策对照着解决 SJX 村存在的实际问题，党员成为引领带动群众的"关键少数"，带领村民共同致富。

产业增长点在哪里，合作社就建在哪里。党组织就延伸到哪里，这是 SJX 村党组织引领产业发展的重要"法宝"。2016 年，SJX 村党支部借升格为党总支的时机，提出了"把支部建在产业上"这一理念，成立个体私营企业、青年创业、康养服务三个党支部。2019 年，村党总支升格为党委后，又增设物业管理、古村旅游两个党支部。五个党支部书记均由合作社或股份有限公司的主要负责人担任，以确保党建引领在各个产业中发挥主导作用。

党组织有了凝聚力，村集体的发展就有行动力。资源变资产、资金变股金、农民变股东，SJX 村通过"三变改革"，拓展村民增收渠道。如今，每个到 SJX 村的人，都不会错过一个"景点"，那就是特殊的"家"的雕塑。这是 SJX 村的"家"字形管理体系："家"字头上这一点就是党组织，代表着其他各项工作都要在党的领导和安排下进行，党组织发挥着决定性和纲领性作用。随着发展的不断深化，SJX 村的村容村貌焕然一新，党的领导仍坚持不变。此外，SJX 村的组织文化也很新颖。由"大"和"力"两个字组成的"夯"，不仅照样体现出党建引领的头部力量，而且把发展的有力基础都体现了出来。生动形象，可以加强社会公众对 SJX 村的了解，有助于宣传品牌。

共同富裕是中国建成小康社会后迈入高质量发展的重要目标。要实现共同富裕，就要持续将"做大蛋糕"和"分好蛋糕"协同推进，大力推进高质量发展，普遍提升城乡居民收入水平，逐步缩小分配的差距。SJX 村植根产业链，走三产融合之路。要持续创新农村电商模式，为增加农民的收入持续赋能，推动线上与线下产业融合发展，带动本地农民增收，推动乡村振兴战略深入发展。

共同富裕是社会主义的本质要求，是中国式现代化的重要特征，是广大人民的美好期望。无论是"天下为公"的大同社会还是"乌托邦"式的空想社会，人们对共同富裕的期盼从未停止。现在的 SJX 村已经不再是曾经脏、乱、差的贫穷模样，在党的正确领导下，SJX 村正昂首阔步走在通往共同富裕的大路上，建成属于全民的幸福、美好、富裕、和谐的新家园。而以 SJX 村为样板所总结出来的可持续发展模式，也将带动更多的乡村走向共同富裕。

第三节　SJX 村多元主体协同治理改革模式探究

自 2021 年中国宣布全面建成小康社会以来，"巩固脱贫成果，实现共同富裕"便成了乡村治理需要探索的新方向。党的二十大报告指出，要维护好最广大人民的根本利益，扎实推进共同富裕。2023 年中央一号文件提出要推动乡村产业高质量发展，扎实推进宜居宜业和美乡村建设。随着可持续发展模式在乡村的逐步设立，乡村发展的内生动力被不断挖掘，乡村产业快速发展，数字乡村的理念渐渐成为现实，共同富裕的道路也变得清晰起来。

SJX 村作为乡村治理的齐鲁样板村，从一开始的穷村、破村发展到如今的"乡村新画卷"，其中经历了许多艰辛，也克服了很多困难。如今，乡村的发展并没有结束，新的共同富裕挑战紧随而来。一方面，产业形式与科学技术迅猛发展；另一方面，农村资源要素瓶颈下资金、技术、人才不能充分流动。如何更好地促进农业农村融合共生、协同共富成为乡村治理的主要问题。SJX 村紧跟政策脚步，在已有的乡村治理发展经验基础上，主动试水电力赋能、数字乡村等新兴领域，使得村里的资源分配与产业发展都有了新跨越。然而，SJX 村在新的发展之路上也遇到了新的阻碍，如何调整可持续发展模式成为乡村治理、共同富裕道路上亟待解决的难题。

本案例对 SJX 村的乡村治理建设进行研究，通过文献分析、问卷调查、实地访谈等方法，对 SJX 村的村民、村委工作人员、村民委员会主任以及企业工作人员等进行了访谈。根据调研资料，结合共生理论、政策网络理论与协同治理理论，对 SJX 村乡村治理模式的环境、存在的问题以及原因进行分析。在此基础上，对如何将技术深度嵌入治理实践、促进乡村可持续发展，提出可行建议。借此，以期改善乡村治理的技术生态，促进生态和谐型乡村治理路径提升，推动基层治理能力现代化，推广乡村共同富裕新模式。

一　为有源头活水来：可持续发展的模式调整机制探析

（一）理论参照：共生理论、政策网络理论与协同治理理论

1. 共生理论

共生理论本来源于生物学领域，是指不同种属按照某种物质联系而生活在一起，后来运用到社会、经济、文化等诸多领域并得到迅速发展。在这些领域中，共生是指在一定的共生环境中，共生单元之间按某种共生模式形成的特定关系，共生的要素包括共生单元、共生模式以及共生环境。共生单元是指构成共生体或共生关系的基本能量生产和交换的单位，它们以某种形式和方式相互作用、相互结合，形成两种共生模式——共生组织模式和共生行为模式；共生环境则由共生单元以外的所有因素的总和构成。

本案例中，SJX 村的村委、党委、企业以及村民都可以被看作共生单元，而村委党委设立的"四邻联动"网络体系、"五个一"服务平台以及"家"字形建设管理体系等就是村子的共生组织模式，该模式下的企业、村民与村委之间的相互作用则为一种共生行为模式，村子的各种政策法规、经济社会发展状况、自然地理以及人文特征等共同构成了共生环境。由于共生单元与共生环境的多元性和复杂性，所以需要共生理论从微观和宏观相结合的角度去探究系统之间、系统要素之间的客观规律，建立起 SJX 村各利益主体相互依存、相互发展的共生模型。

2. 政策网络理论

政策网络的概念最早是由美国学者卡赞斯坦（Peter J. Katzenstein）在《权利与财富之间》一书中提出来的。他认为，"政策网络就是公私行动者之间的一种关系模式"。国内学者将政策网络理解为，政府和社会被连接在一起共同参与政策程序的一个网络。其功能和职责主要是利益协调、资源调配、舆论疏导及政策合法化等。在这种新型结构下，政府部门在处理公共事务时就可以运用多种手段"撬动"其支配范围外的资源。事实上，政策网络模型作为一种综合性分析工具，相比于之前以功能主义

为核心的传统研究模式，能更好地解释和剖析现实中多元主体之间协同互动的复杂过程。在高书记治理 SJX 村的过程中，若是仅依靠自己的力量，可能也会落得像之前几位书记一样的下场。为了建设好 SJX 村，高书记联合村民，以人们的利益为导向，挖掘乡村的闪光点，借助一切外界可用的力量，成功带领村子走出困境。由此可见，通过政策网络理论来构建 SJX 村的治理模型，可以对乡村发展过程中多元主体及其协同模式进行详尽的分析，也为进一步的政策研究提供了新的分析维度和研究范式。

3. 协同治理理论

协同治理理论是协同与治理理论的有机结合。协同作为该理论的核心要义，其概念最早是由德国物理学家哈肯（Hermann Haken）提出的。他认为，协同是某一系统的众多子系统间交互合作形成的联合作用。西方的学者认为，协同治理是政府与非政府的相关主体，通过直接对话协商达成共识，参与公共事务的管理决策与执行。中国的政治、经济以及社会环境与西方国家存在较大的差异，因此政府的推动作用成为国内一些学者在研究协同治理理论时更看重的点。一部分学者认为，协同治理依赖于政府职能的转变，在计划式管理向社会协同治理转型时期，党委和政府的制度优势与资源优势使其成为转型的主导力量。[1] 总体来说，协同治理理论下的政府、非政府组织、企业、公民等多元主体结构在具有共同目标时，可以通过协商达成平等关系，建立起高效、稳定的公共管理网络，从而达成单一主体所不能及的新功能。

将协同治理理论运用于案例分析，可以更明确乡村治理过程中的发展模式。在本案例中，村"两委"、企业以及村民都发挥了不可忽视的作用，使得村中的协同治理体系能够融洽运行。在整个过程中，村党委、村委会及其下属组织实现了跨部门合作，保证国家政策的执行与落实，同时发挥了主导作用，带动村中的企业和村民共同发展；企业作为产业发展的动力所在，对乡村治理起到了助推作用；村民作为该体系的受惠者与参与者，也起到了协调反馈的作用。

---

[1] 王有强、叶岚、吴国庆：《协同治理：杭州"上城经验"》，清华大学出版社 2015 年版，第 70—71 页。

二 多元主体共治可持续发展的模式特点

第一，政府发力是根源。2004年春节前后，在全国范围内正式取消农业税前，ZQ市政府就宣布从2004年起，全市所有计税土地一律免征农业税及其附加，是SD省第一个免征所有涉农税的农业县级市。ZQ政府曾出台最严脱贫攻坚考核办法，将160多名"第一书记"和3000多名"联带扶贫"干部的扶贫工作成绩纳入全市考核，作为工作评优、选拔任用的重要依据，并对工作不称职或存在其他违纪问题的干部给予通报、纪律处分，并追究单位主要负责人的责任。

第二，党建引领是关键。组织兴则乡村兴，在乡村振兴战略中积极发挥党组织的引领作用，才能更加顺利地推动农村各项事务的发展。提高乡村治理水平，离不开基层党组织的战斗堡垒作用。SJX村党总支以优化组织内部人员结构、明确职责分工、统一思想目标为抓手，提高自身硬实力；结合SJX村情实际，以"四邻联动"、"五个一"（包括一面旗帜、一个电话、一个微信群、一张卡片、一支队伍）为民服务体系、"家庭捆绑式考核"、每月十五日"主题党日"活动为工具，提高SJX村治理水平，获得人民群众的支持与信赖。组织兴则产业兴，SJX党支部借助升为党总支，开创性设立"支部建在产业上"，确保在脱贫攻坚战斗堡垒中保持党建的引领作用，充分发挥优秀党员的示范带头作用，更好地带动当地经济发展。

第三，产业发展是核心。SJX村过去的支柱型产业是锻造业，但锻造业是能源型行业并且对自然环境污染较大，SJX村因地制宜对原有产业进行升级改造，按照"适合种粮的继续种粮，不适合种粮的发展新型产业"思路进行部署规划，确立了"北农、南工、中旅"的产业布局。"北农"是指SJX村北部交通便利、道路四通八达，土地集约化程度高，适宜发展农业；"南工"是指SJX村南部建立集约化工业园区，通过招商引资近年来引进大小企业70多家，解决了SJX村的就业问题，甚至带动周围数十个村落的就业，并形成良好的产业集群效应；"中旅"是指在SJX村的中部充分挖掘自身文化古村落特色，大力发展旅游业，建立美食街等文旅项目，力争打造SJX村集山、湖、泉、河、城于一体的发展格局。

第四，新农村建设是基础。据调查了解，SJX 村总共建立了 20 多栋社区型公寓楼房，解决了 350 余户的入住需求，并且配套建设基础服务设施，将其打造为集住宅、教育、娱乐、医疗、购物等多功能于一体的新型农村社区。SJX 村致力于多项民心工程，2021 年就有 8 个工程同时开工，新建了 SJX 幼儿园、SJX 小学、便民超市、新型卫生室，打造山水园林式敬老院，扩建四处健身广场，修建多处文化场馆，引进多项基础配套设施服务点（如村镇银行、国家电网服务站、移动公司服务点、邮政物流服务点）。通过新增基础设施，村民的生活环境得到改善，生活水平有了显著提高；文化娱乐设施的出现，极大地丰富了人们的精神世界；SJX 村还开展了一系列文明家庭评选、好孩子评选、孝德人家评选等活动，打造文明乡风。

第五，人才聚力是源泉。SJX 村党组织真心呵护人才，扶持人才，注重青年干部人才的发展。2021 年 SJX 村"两委"换届，登记参选的村民高达 2300 多名，换届完成后，超过一半的班子成员是平均年龄低于 35 岁的青年。把人才引进来、用得好、留得住是 SJX 村一直以来的目标。SJX 村通过坚持"外引＋内培"相结合的原则，充分挖掘人才资源，为 SJX 村脱贫攻坚提供源泉动力。让人才振兴成为乡村治理的"加速器"，让人才振兴赋能乡村治理。

第六，不忘初心是始终。SJX 村在完成脱贫攻坚任务后，没有忘记承担社会责任。政府牵头在 SJX 村设立"农事汇"，平台分为电子商务、便民服务、信息服务三大板块。以 SJX 村为龙头，将"农事汇"作为乡村治理赋能的新平台，带动辐射周边数十个乡村，发展壮大集体经济。走进"农事汇"，ZQ 各地的特色农产品就映入眼帘。不仅如此，"农事汇"还搭建了自己的微信商城、抖音账号，每促成一单，都会有收益分成，切实增加农民收入，先富带动后富，争做乡村致富带头人。

三 多元主体共治可持续发展的模式调整机制整合设计

（一）可持续发展模式调整机制

根据共生理论、政策网络理论以及协同治理理论，融合三者的内涵，结合 SJX 村的实际治理经验，得到如图 5-1 所示的可持续发展模式调整机制。

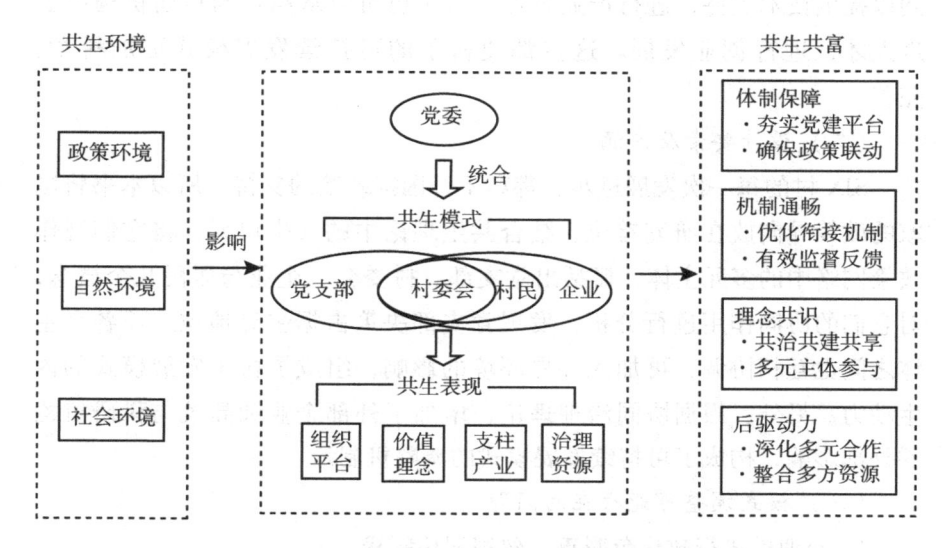

图 5-1　多元主体共治可持续发展模式调整机制

要实现乡村可持续发展，首先需要国家进行顶层设计，做好发展规划，给各省市乡镇提供政策导向。其次由党支部对政策进行研究分析，结合实际情况制定治理决策，指导村委会执行各项工作，包括对居民进行党建管理等。乡村居民可以向村委会提出治理意见以及治理反馈，以便更好地协调资源；同时党支部的党员代表由村民选出，保证治理决策始终以人民的利益为落脚点，对发展计划及时进行调整。党支部引导企业在不损害乡村发展潜力的情况下，高质量、可持续地发展；企业也可以向村委会提出要求或者申请优惠政策，在满足自身需求的情况下进行产业投资等。最后，在调整机制中引入环境因素，作为乡村治理中不可缺少的一环。村民们生活在这个环境之中，企业也需要将环境因素纳入自己的建厂考量之中，所以，双方都有必要去建造一个和谐美好的生态环境。

在上述要素的基础上，乡村还需要引入外部条件对本调整机制进行完善。其一是外部企业，村子可以进行招商引资，引进企业在本地建厂，增加发展规模；同时，本地企业与外部企业也可以进行合作交流与联合发展。其二就是高校与科研机构，企业可以从高校、科研机构中邀请顾问以提供技术支持，进行产业合作；村子也可以从高校与科研机构中引进人才，进行创业发展。这些都使村子的可持续发展模式更加科学、完善。

（二）设计要素及内涵

SJX村的每一次发展进步，都离不开国家政策的支持，所以本书将国家的政策导向放在研究首位。结合共生理论中的共生单元，将它们视作政策网络中的多元主体，概括出党支部、村委会、企业与居民几个概念，对它们的协同作用进行分析，发现党支部决策占据主导地位，而各个主体之间也互相协调，再加入外界环境的影响，组成了村子发展模式的内生动力。另外，根据协同治理理论，增加了外部企业和高校与科研机构的外部影响，构成了可持续发展模式的调整机制。

（三）模式调整可能存在的问题

1. 治理模式行政化色彩重，忽视居民需求

在调研的过程中，笔者发现部分治理决策偏向于行政化，完全由村委会主导，在实际执行的时候居民的接受度不高，缺乏参与意识。例如，数字乡村工程在提出时积极响应了国家政策，在党支部与村委的规划中，也应该是个服务人民的好项目。但是，在真正实施以后，村委会才发现，由于村中的老年人口占比偏高，所以对新技术的接受程度较低。

比如，智能化设备设计的初衷是服务村民，但是在实际使用的过程中，村民对数字服务的印象还停留在"表面工程"与"形式化"，很少有村民从中真正感受到快捷与便利。这些问题的出现，一是因为在决策规划的时候过于理想化，对可能出现的状况预估得不够全面；二是在执行过程中并没有顾及村民的需求，对于一些智能设备的设计只是从技术方面出发，并没有从真正实用这一角度进行开发。以上问题都对村委会的治理水平与能力提出了要求，作为协同治理体系中的主导者，村委会在与党支部、企业、村民等其他主体交互时，能否承担起应有的责任，是治理模式能否正常运行的关键所在。

2. 产业发展惯性大，难以走出舒适区

SJX村在发展过程中引进了70多家企业，同时自己也发展了不少产业。这其中有做大做强的产业，但也不乏没有名气的小企业。在发展初

期,为了快速摆脱贫困,SJX 村曾形成了以小锻打、小煤矿、小石灰窑、小焦宝石矿为主的"四小产业"结构。这些产业对生态环境的破坏性大,不符合可持续发展理念。虽然现在已经将这些产业全部关停拆除,但是已经造成的环境损害问题依然存在,并且因此形成的产业空缺也需要填补。

随着可持续发展理念的普及与科学技术的更迭,许多企业的发展路线会因为本质上的逐利性而偏离绿色发展道路,如果不能够积极更新企业技术,根据国家政策做出最新规划,很可能会成为新的"四小产业",面临着关停拆除的风险。而改变发展路线所引起的阵痛也是很多企业难以接受的,久而久之便形成了乡村发展的一个舒适区。在这个区域内,老企业发展惯性大、转弯困难,新兴企业没有适宜的环境、难以发展,舒适区就变成了发展困境。

党支部和村委会则需要发挥自身的思想引领作用和治理主导作用,通过优惠政策吸引更多新企业加入村镇之中,并且引导企业的发展方向,使其在满足自身发展需求的同时,更好地带动当地经济绿色、持续发展。

3. 多元主体联系不紧密,资源分布碎片化

多元主体相互协同的治理模式需要各主体之间进行密切而有效的沟通交流,各相关产业碎片化的分布反而会使政策执行效率降低。

一方面,只有乡村产业结构合理,才能实现各产业协调融合发展。调研发现,村子的各产业规划分布比较零散,相关产业之间缺少融合,不利于各主体之间的衔接,对政策的传达与执行也会产生影响。例如,村中的美食街和古城区作为发展旅游业的支柱,两者之间就有很长的距离;民宿同为旅游业发展的重要组成部分,距离更加遥远。无法有效融为一体的配置,使得村子的旅游业一直处于半温不火的状态。

另一方面,村委会根据各产业的实际情况,其政策执行手段也各有不同。碎片化的产业分布使得村委职工在执行决策时难以对手段进行细分,政策导向也会模糊不清。如果能做到相似产业集约化发展,不仅能提高产业发展的效率,还能更好地提升政策的导向性。

第四节　多元主体多层级协同共治改革模式优化调整对策

一　链接市场与人民需求，实现乡村治理多元主体协同发展

（一）建立多元主体议事平台

想要使协同治理模式在乡村中稳定运行，村"两委"需要发挥自身的主导作用，领导建立一个稳定的多元主体议事平台。不只是每个月都要举行"主题党日"活动，更要深入各个主体之中，健全五部议事法，确保每一个人的声音都能被听到，被纳入村子以后规划的考量之中。这个平台不只是用于定时召开议事会议，还需要连接群众，保证意见的及时反馈。在这方面，SJX 村的"五个一"工程就能起到一部分作用。这个工程将党支部、村委会、企业和群众联系在一起，但它们之间并没有多少交互，可以在这个基础上进行升级，使其能将企业、村民、政府以及社会组织联系在一起，增加协同性。

（二）激活集体资产资源

乡村是城市核心功能的重要承载地，而集体经济是乡村治理的重要支撑，如何激活潜力壮大集体经济是农村面临的重要问题，并不是一两个人就能带动集体发展的，需要每一个人的努力。2021 年，SJX 村开展"三变"改革，推动资源变资产、资金变股金、农民变股东，持续激活集体资产资源。让村民们通过资金或房屋资产入股，参与乡村产业经营，成为产业合伙人，以主人翁的形象主动推进集体产业发展。这种发展模式为乡村产业发展增添了新的活力，值得进行推广，但是产业的种类以及发展方向需要村"两委"结合村子的情况仔细斟酌。激活集体资源并不是一蹴而就的，需要产业长期不断地发展。对此，应建立完善多元投入、收益分配、流转交易等相关的扶持机制，保障农村集体经济得到有效经营并有发展壮大的机会。同时应该统筹考虑各种资源要素，根据不同集体资源的自然禀赋以及日后创新发展的不同模式构想，提升农村集体资源的再"造血"功能。鼓励村民以各种形式盘活集体资产，共同推进农村集体经济转型升级。

（三）形成标准的政企合作模式

振兴乡村要从乡村自身的产业入手，发展乡村产业就是要对乡村原

有的资源进行合理经营,在数字化时代快速发展的背景下,把握好机遇来提升农村自身资源的价值,围绕政、企、农进行市场化创新。政府、企业和农民都是农村资源转型升级的重要参与力量。政府可以提供相应的政策和对项目进行资金扶持,企业可以运用市场化手段对乡村的规模性产业进行投资和经营,农民可以提供自身的土地、劳动力和劳动技术,三者相互联系、相互补充,能够有效推动农村产业转型升级。但是,乡村政府与各方企业的合作并没有统一的标准,像是"乡村治理合伙人"这样的合作方式,也有着维护较为困难、股权占比较高等问题。这些都需要政府深入企业调研,掌握行业发展的最新技术和整体规划,结合居民的需求,形成一个标准、规范的政企合作模式。无论地方政府还是企业,在规划产业结构、产业布局和产业运营时,都要以当地自身的产业资源为基础。对于农业来说,应该着力开发在当地有一定种植和养殖规模、有一定市场和技术人员的产业,避讳无中生有。

二 立足国家政策导向,完善有效落实政策机制

(一) 成立政策解读小组

国家政策具有全局性与普遍适用性,在落实的过程中经过各级政府不断的细化与改进,传递下来的政策具有时滞性。如何对政策进行解读,使其能够与乡村的实际相结合,落实到一个个具体的点上,需要村"两委"认真商讨。在此基础上,可以成立一个政策解读小组,吸纳不同岗位的员工,以人民的利益为出发点,集思广益,确定政策的落脚点,正确理解并落实政策,促进乡村治理发展。

从政策来看,JN 市第十二次党代会明确提出,汇全省之智、举全市之力加快 JN 新旧动能转换起步区建设,形成省市一体化高位推动起步区建设体制机制。同时,新旧动能转换重大工程处于关键阶段,产业结构转型升级亟须加快,重点领域关键环节的改革任务依然艰巨,科技创新支撑能力不够强劲,城乡区域发展仍不平衡。乡村经济转型应该顺应政策,坚持因地制宜升级传统产业改造。确立总体产业布局,均衡协调种植主区域与非种植区的地域,并发展新兴产业。此外,根据乡村的产业安排,建立对应的负责机构,组建土地、劳务、旅游和置业四大不同方面的合作社。由党组织发动建立,党员干部身先士卒,蹚出路子后再吸

收村民共同致富。此举不仅没有完全将传统产业一次性切掉重改，还在数字乡村治理的发展下分类化发展，划分不同区域，各司其职，催生新兴产业，转型升级旧有产业，不断加大加快整体转型升级。随着农业与旅游融合发展、数字赋能乡村转型效果凸显，可通过加大基础设施来助力乡村旅游业振兴，优化产业升级，大力推动第三产业发展，实现三产业的深度融合。

（二）加强监督机制，增强治理能力

加强农村"两委""一肩挑"体制建设是依据中国农村现有实际问题所进行的农村基层制度机制改革，这是在新时代推进乡村治理和提高乡村治理能力的重要举措。村"两委"要不断提升管理人员以及工作人员的素质与工作素养，增强治理能力，加强与企业、社会组织和居民等主体之间的沟通交流，动态调整乡村发展规划。同时，建立长期有效的监督反馈机制，推出村民意见箱、服务电话或是政府网站等意见收集平台，确保治理政策有效落实。此外，村委党员们要进一步增强大局意识、责任意识和为民意识，主动担当起健全农村监督体制的宣传员、倡导者的责任，积极参加监督机制的倡议和执行，在村民群众中做好舆论引导。主动献策出力，充分发挥模范带头作用，立足于本职岗位，广泛收集民情民意，听取群众意见，提出合理建议，主动践行社会责任，掀起群众自觉监督反馈的热潮。

（三）协同致富与乡村治理相结合

协调致富，要做到兼顾效率与公平，也就是在激励财富创造的基础上，建立合理的一次、二次、三次分配机制。既不能让收入分配过于平均，也不能让收入分配过于悬殊。将协调致富与乡村治理联系到一起，可以充分挖掘低收入人群的内生动力，通过勤劳致富，做到人人参与、人人尽力、人人享有。一是要建立最低工资制度保障。村"两委"要深入居民中去，明确民众的生活需求，了解民众的生活水平，并以此为标准建立最低工资制度，提高劳动报酬在初次分配中的比重，保障民众的正常生活。二是要加强教育、医疗等普惠性、基础性民生建设。这些基础设施的建设能够带给民众安心感，让村民对所在的村庄更有归属感，增加民众长期奋斗的决心，通过再分配进行二次调节，兜住民生的网底。三是大力发展社会福利和慈善事业。养老院等福利性机构的建立，增加

了村民对村子的认同感,同时发挥了慈善等"第三次分配"的功能,让每一个人都能得到关心,提升了村民的幸福感。

三 健全党建引领协同机制,形成共治促共富格局

(一)确立党组织主导地位

在农村事务中,党组织起到核心领导作用。党支部作为村中的领导班子,一系列决策都出自这里,但如果村子里人心涣散,不认可党组织的领导能力,就会影响各项工作的正常开展。所以,需要确立党组织的主导地位,保证党的路线、方针、政策以及意图都能转变为群众的自觉行动。SJX村的党组织建立"家"字形建设管理体系,让党建进入家庭,以党建带动家风促进民风;同时将产业建在支部上,确定了党支部的领导地位,提高村民自我管理、自我服务、自我提高、自我发展的能力。另外,形成"众"字形矛盾排查责任体系,避免群众对党组织的决策产生误解,为乡亲们排忧解难,吸引人才积极参与到村级自治中去,这些都是值得学习推广的地方。

(二)发挥党员先锋模范作用

基层群众的利益是基层治理中容易诱发矛盾冲突的关键,在职党员作为基层党组织中的重要一员,能够更大程度上代表最广大人民的根本利益;同时在职党员作为基层群众心目中党的形象代表,实际行动的付出也会对基层群众形成积极的带动效应。党组织想要发挥引领作用,党员干部就需要做出表率,强化典型带头作用,带领群众共同发展。SJX村推进"夯"字形党建组织体系,突出党员的奋斗精神,引导党员积极参加村级事务;对党员实行家庭积分考核制度,让党员带动全家,全家带动四邻,增加村子的凝聚力、向心力。这种模式同样可以应用于可持续发展体系之中,加强党建发展,发挥党员模范作用。

(三)完善党建引领落实落地上级文件精神的联动机制

后疫情时代要促进经济社会高质量发展,就需要从体制机制上激发和保障广大干部敢为、地方政府敢闯、企业与社会组织等敢干、人民群众敢首创。一是要落实好容错纠错兜底保障机制。对村干部在干事创新探索中的失误,适度宽容,避免问责泛化,解决"多干多错"问题,鼓励干部大胆尝试、勇于拼搏、锐意进取,为其敢于试错提供兜底保障,

以实绩与决策高质量落实论英雄。同时还要时刻提醒干部关心百姓急难愁盼的问题，明确使命，厘清防控风险底线，激发责任、廉洁与奉献等精神。二是完善鼓励基层干部主动出击、集体联动干事机制。在顶层设计、法律框架内加强干部自主自觉出击，聚力高质量发展的集体行动机制。激发干部群体把工作当事业经营，以能力提升为重大决策高质量落实注入新动能。三是以党建引领加强多级干部信息互动畅通机制。通过构建数字化协同平台，建立干部素质电子档案，促进人才在平台科学调配共享。提升干部数字思维能力，打破数字化技术壁垒及形成的数据孤岛，畅通政策落实通道，消除因信息不对称出现协同执行的"中梗塞"。纵向实现省、市（县）、镇街、村居四级联动，横向实现公安、税务、市场监管、民政、农业农村等部门协同一体的多层级跨部门协同智能联动落实机制。

（四）未来展望

在乡村治理过程中，如何增收是一直以来的关键问题，也是当前全面建设社会主义现代化国家最繁重的任务。SJX村的乡村治理齐鲁样板模式，在党建引领的基础上充分发挥多元主体的协同作用，深化了各主体在乡村治理过程中的自主创新性，切实解决了增收的问题，促进了乡村治理更高水平的发展。其他地区的乡村治理显然也可以借鉴这种协同共治的模式，以实现全面推进乡村治理的美好愿景。

结　语

　　中国的基层社会与西方的政治制度、社会情境、文化历史等诸多因素存在差异，如何求同存异地有效学习西方基层治理中的精华思想、科学工具与经典机制，在坚持中华优秀传统治理理念的基础上，构建数字化新时代下中国基层治理共同体话语体系，这是时代给出的亟待解答的命题。从国家和社会二者的关系来看，国家有政治统治和社会管理两大职能，分别对应政府的管制和服务，一般认为政治统治的权力要集中，社会管理的权力要分散。基层可以由政府、市场和社会合作治理。基层治理创新意味着基层治理的多元主体需要协调各种关系。结构视角、政策视角抑或是价值视角下的基层社会治理共同体话语体系都是根植于西方社会情境，不能够很好地为中国基层治理创新实践提供参照。

　　因而基层多元主体进行本土化的基层治理共同体建设需要明晰以下问题。首先，要有本土意识和问题导向，全方位剖析中国基层经济、社会、文化等领域的发展现状。比如，本书尝试探讨使命感、公共服务动机、文化认同、家长式领导等中国传统家国与集体观念的因素是如何影响基层治理创新的，同时探讨数字化技术对基层公共服务产生的影响。其次，尝试探究作为基层治理的多元主体，如何平衡动力系统和制动系统（将国家社会分为推动发展的动力系统和实现稳定的制动系统），还需要在实践中不断整合经验，国家需要将这两种力量整合起来。最后，党建引领的"民生"与"治理"是基层治理共同体建设贯穿始终的重要线索。"民生"这一概念源远流长，民生始终反映出以人的生存和发展为中心的价值理念。"治理"一词虽自中国传统有之，但与西方概念的治理仍然不尽相同。关于"民生"和"治理"概念的有机融合，一方面融合在基层治理的关键引领者基层干部的治理能力及其效能的实现，另一方面体现在基层治理多元主体在基层协同共治中的进一步深化实践。民生概念也随着基层多元主体多层级合作不断扩展着内涵，成为一种被寻求的目标、价值。

数字化转型赋能基层治理多元主体协同创新要解决如下问题。首先，以理念创新优化顶层设计。在服务、赋能、合作理念的指导下，通过顶层设计，明确数字化转型的整体过程、基本架构和各环节内容。其次，聚焦"技术"与"制度"双轮驱动。基础设施是数字化转型的底座，是"硬"标准；制度政策的出台则能够保障转型有法可依、有章可循，是"软"规则。再次，数据开放共享、治理与应用。加强各实施主体间的数据开放共享并完善相关政策保障，做好数据治理与应用所依赖的数据管理体系、数据保障体系的建构和一体化数据治理、服务平台的搭建。最后，多主体参与和多领域转型。政府是数字化转型的排头兵，除了政府扮演推动者、建设者的角色，互联网企业是数字化转型不可或缺的主体，公众也是数字化转型的重要参与者。同时，数字化转型不仅要求数字政府建设，也要求数字经济发展和数字社会建设的多领域转型。

为了更好地厘清中国基层社会治理多元主体协同共治话语体系的基本框架及演变逻辑，本书运用量化问卷调查、案例法与访谈法梳理出基层治理多元主体的重要关系逻辑，即"中国基层社会治理共同体中的多元主体个体层面的行动逻辑是什么？""中国基层社会治理共同体中的多元主体典型的组织主体层面的行动逻辑是什么？""个体、组织与多元基层治理主体的系统整合实现路径是什么？"。数字化转型新时代，对于基层治理的数字化来说不仅是新机遇，也是新挑战。数字社会建设和数字政府建设，可提高基层治理诸多主体的能力素质，从而获得整合体系化的影响力。基层治理诸多主体需要具备与新技术结合的能力，以及能够利用大数据、人工智能、物联网及区块链等技术。数字化正在改变中国的基层社会结构，表现为在城乡关系、区域、性别、阶层、民族等层面产生深远影响，因而基层社会治理的多元主体应该敏锐地把握当前的数字化新趋势，坚持以"为人民服务"为价值观，以提升基层公共服务为目标，将个人治理能力与组织治理能力、社会治理资源线下与线上多重聚焦整合来提升治理能力。

中国基层社会治理话语体系的当代价值中，基层民生价值指向共同富裕，治理工具指向协同共治，二者殊途同归，都通往共同富裕的"大同"社会。以民生和治理为两翼，民生是价值目标，治理是实现工具。中国要建立全过程人民民主实现形式，构建自己的民主理论和话语体系。这不仅利于中国，也利于世界民主的发展。中国坚持的是社会主义民主，实行民主集中制，建立协商共识型民主，推行的是可治理民主。中国的民主模式具有独特性，它有着独特的历史土壤，代议制民主、多数决定民主、否决型政体与中国的历史文化并不契合，中国不能照搬美国的民主。中国基层多元主体协同共治式民主模式具有优越性，尤其在应对大数据、人工智能时代的挑战方面，基层治理多元主体高质量的协同创新能够取得更好的基层治理效果。

参考文献

一 中文文献

［德］斐迪南·滕尼斯：《共同体与社会》，林荣远译，商务印书馆1999年版。

［澳］欧文·E.休斯：《公共管理导论（第四版）》，张成福等译，中国人民大学出版社2015年版。

［英］戈登·怀特：《公民社会、民主化和发展》，何增科译，《马克思主义与现实》2000年第1期。

［德］哈贝马斯：《公共领域的结构转型》，曹卫东等译，学林出版社1999年版。

［美］埃莉诺·奥斯特罗姆：《流行的狂热抑或基本概念》，载曹荣选编《走出囚徒困境——社会资本与制度分析》，上海三联书店2003年版。

［美］罗伯特·B.丹哈特、［美］珍妮特·V.丹哈特：《新公共服务：服务而非掌舵》，刘俊生译，《中国行政管理》2002年第10期。

［美］塞缪尔·P.亨廷顿：《变化社会中的政治秩序》，王冠华等译，上海世纪出版集团2008年版。

《习近平谈治国理政》第二卷，外文出版社2017年版。

习近平：《高举中国特色社会主义伟大旗帜　为全面建设社会主义现代化国家而团结奋斗——在中国共产党第二十次全国代表大会上的报告》，人民出版社2022年版。

《中共中央关于党的百年奋斗重大成就和历史经验的决议》，人民出版社2021年版。

白关峰：《论新的社会阶层组织化过程中的组织文化建构》，《河北省社会主义学院学报》2020 年第 3 期。

曹海军:《"三联社动"的社区治理与创新服务——基于治理结构与运行机制的探索》,《行政论坛》2017 年第 2 期。

陈成文、陈静、陈建平:《市域社会治理现代化:理论建构与实践路径》,《江苏社会科学》2020 年第 1 期。

陈琦、秦泽慧、王中岭:《"红色物业"融入社区治理:理论与实践——以百步亭社区为例》,《江汉大学学报》(社会科学版)2018 年第 1 期。

陈世香、苏建健:《国外公共服务动机研究:概念诠释、变量关系与发展趋势》,《国外社会科学》2017 年第 1 期。

陈晓运:《技术治理:中国城市基层社会治理的新路向》,《国家行政学院学报》2018 年第 6 期。

陈振明、林亚清:《政府部门领导关系型行为影响下属变革型组织公民行为吗?——公共服务动机的中介作用和组织支持感的调节作用》,《公共管理学报》2016 年第 1 期。

陈致中、张德:《中国企业背景下组织文化认同度之概念与模型建构》,《中国软科学》2009 年第 S2 期。

程林顺:《新的社会阶层人士社会化、网络化工作探讨》,《四川省社会主义学院学报》2021 年第 2 期。

邓渝、邵云飞:《创新网络结构性社会资本对个人知识收益的影响》,《中国科技论坛》2016 年第 7 期。

邓志华、陈维政:《家长式领导对员工工作态度和行为影响的实证研究——以工作满意感为中介变量》,《大连理工大学学报》(社会科学版)2013 年第 1 期。

方然:《"社会资本"的中国本土化定量测量研究》,社会科学文献出版社 2014 年版。

方振邦、葛蕾蕾:《我国正处级领导职务公务员能力构建》,《山东社会科学》2012 年第 10 期。

付建军:《清单制与国家治理转型:一个整体性分析框架》,《社会主义研究》2017 年第 2 期。

葛蕾蕾:《公共服务动机对公务员绩效的影响——个人—组织匹配的调节作用》,《山东社会科学》2016 年第 3 期。

耿云:《我国城市社区社会组织的发展困境及其对策》,《云南行政学院学报》2013年第6期。

郭继强:《"内卷化"概念新理解》,《社会学研究》2007年第3期。

何得桂、公晓昱:《农业价值链视角下小农户融入社会化服务体系的有效实现路径》,《农村经济》2021年第11期。

贺雪峰、刘岳:《基层治理中的"不出事逻辑"》,《学术研究》2010年第6期。

胡利利、谭楠楠、熊璐:《职业召唤研究评述》,《生产力研究》2017年第11期。

胡晓燕、曹海军:《社区治理体系和治理能力现代化的思考——基于国家基层政权建设的微观视角》,《经济问题》2018年第1期。

黄杰等:《个体资源对JD-R模型与工作倦怠关系的中介作用》,《心理科学》2010年第4期。

姬赟璐、王东:《责任共同体:社区治理共同体的内生逻辑及构建路径》,《重庆工商大学学报》(社会科学版)2022年第1期。

李冰:《新形势下行政执法人员工作倦怠研究及对策——基于山东省高速警察的实证分析》,《中国行政管理》2014年第10期。

李锋、王浦劬:《基层公务员公共服务动机的结构与前因分析》,《华中师范大学学报》(人文社会科学版)2016年第1期。

李明斐:《公务员胜任力模型的构建与检验研究》,博士学位论文,大连理工大学,2006年。

李树平:《数字化建设提升公共文化服务高质量发展——北京市石景山区开拓创新创建国家公共文化服务体系示范区》,《文化月刊》2020年第8期。

李小华、董军:《公务员公共服务动机对个体绩效的影响研究》,《公共行政评论》2012年第1期。

李旭琴:《街头官僚自由裁量权规范化行使的伦理路径解读》,《内蒙古农业大学学报》(社会科学版)2009年第11期。

李雅琼:《当前新的社会阶层凝聚力工作挑战及应对》,《党政论坛》2020年第9期。

李亚丁:《论马克思主义视角下的"党的建设"》,《内蒙古社会科学》

（汉文版）2018年第1期。

李艳、孙健敏、焦海涛：《分化与整合——家长式领导研究的走向》，《心理科学进展》2013年第7期。

李祖佩：《乡村治理领域中的"内卷化"问题省思》，《中国农村观察》2017年第6期。

林晓兰、叶淑静：《社区自治与共治的模式整合及其优化路径——以苏州市山池街道为例》，《学习与实践》2021年第12期。

刘帮成、周杭、洪风波：《公共部门高承诺工作系统与员工建言行为关系研究：基于公共服务动机的视角》，《管理评论》2017年第1期。

刘晓洋：《公共服务动机绩效促进模型与检验》，《学术研究》2017年第5期。

刘云、石金涛：《组织创新气氛对员工创新行为的影响过程研究——基于心理授权的中介效应分析》，《中国软科学》2010年第3期。

刘振军：《公务员职业能力建设的内涵、意义及路径探析》，《广东行政学院学报》2014年第6期。

龙立荣等：《组织支持感中介作用下的家长式领导对员工工作疏离感的影响》，《管理学报》2014年第11期。

吕文增、季乃礼：《治理模式的多样性与发展序列》，《甘肃行政学院学报》2018年第4期。

马得勇：《社会资本对若干理论争议的批判分析》，《政治学研究》2008年第5期。

马鸿佳、侯美玲、宋春华：《社会网络、知识分享意愿与个人创新行为：组织二元学习的调节效应研究》，《南方经济》2015年第6期。

马秀玲、梅争超：《乡镇政府公务员的组织承诺对其工作绩效的影响》，《甘肃理论学刊》2017年第6期。

倪艳、熊胜绪：《员工心理资本与工作绩效的关系研究——领导成员交换的中介作用》，《管理现代化》2012年第4期。

裴宇晶、赵曙明：《知识型员工职业召唤、职业承诺与工作态度关系研究》，《管理科学》2015年第2期。

彭勃、付建军：《城市基层治理中的清单制：创新逻辑与制度类型学》，《行政论坛》2017年第4期。

齐亚静、伍新春：《工作要求—资源模型：理论和实证研究的拓展脉络》，《北京师范大学学报》（社会科学版）2018 年第 6 期。

钱再见、许艳青：《论新社会阶层发挥协作治理职能的三个面向》，《观察与思考》2020 年第 5 期。

邱皓政、林碧芳：《结构方程模型的原理与应用》，中国轻工业出版社 2009 年版。

容志、孙蒙：《党建引领社区公共价值生产的机制与路径：基于上海"红色物业"的实证研究》，《理论与改革》2020 年第 2 期。

邵芳、樊耘：《人力资源管理对组织支持动态作用机制模型的构建》，《管理学报》2014 年第 10 期。

时勘：《基于胜任特征模型的人力资源开发》，《心理科学进展》2006 年第 4 期。

宋雄伟：《基层执行裁量权的生成机理及治理之道》，《中国经济时报》2017 年 6 月 2 日第 4 版。

孙柏瑛、张继颖：《解决问题驱动的基层政府治理改革逻辑——北京市"吹哨报到"机制观察》，《中国行政管理》2019 年第 4 期。

孙健敏、陈乐妮、尹奎：《挑战性压力源与员工创新行为：领导—成员交换与辱虐管理的作用》，《心理学报》2018 年第 4 期。

孙健敏、焦海涛、赵简：《组织支持感对工作投入与工作家庭冲突关系的调节作用》，《应用心理学》2011 年第 1 期。

孙健敏、陆欣欣、孙嘉卿：《组织支持感与工作投入的曲线关系及其边界条件》，《管理科学》2015 年第 2 期。

唐皇凤、王豪：《可控的韧性治理：新时代基层治理现代化的模式选择》，《探索与争鸣》2019 年第 12 期。

唐健、方振邦：《公务员绩效考核：现实困境、国外经验与本土路径》，《行政科学论坛》2017 年第 11 期。

陶立业：《论地方政府权责清单制度的执行梗阻》，《学术界》2021 年第 4 期。

滕玉成、王铭：《年轻干部的基层成长规律及其培养要旨——基于 Z 省选调生的实证研究》，《行政论坛》2015 年第 2 期。

滕玉成、臧文杰：《"差序—协同"：基层治理主体间关系的意涵与逻辑》，

《求索》2022 年第 1 期。

田毅鹏：《网格化管理的形态转换与基层治理升级》，《学术月刊》2021 年第 3 期。

田毅鹏、苗延义：《"吸纳"与"生产"：基层多元共治的实践逻辑》，《南通大学学报》（社会科学版）2020 年第 1 期。

汪锦军：《构建公共服务的协同机制：一个界定性框架》，《中国行政管理》2012 年第 1 期。

王德福：《催化合作与优化协作：党建引领社区治理现代化的实现机制》，《云南行政学院学报》2019 年第 3 期。

王佃利、孙妍：《脱域流动与情感共生：城乡融合发展中基层社会治理共同体的构建何以可能——基于空间与治理互塑视角的分析》，《广西师范大学学报》（哲学社会科学版）2022 年第 3 期。

王赛男：《基于治理现代化的基层干部治理能力评价与发展研究》，博士学位论文，山东大学，2020 年。

王赛男、滕玉成、吴玲：《基层干部治理能力结构探索及问卷编制》，《心理学探新》2019 年第 5 期。

王士红、徐彪、彭纪生：《组织氛围感知对员工创新行为的影响：基于知识共享意愿的中介效应》，《科研管理》2013 年第 5 期。

王文俊：《女性公务员工作满意度、组织承诺与离职倾向的关系研究》，《领导科学》2016 年第 23 期。

王亚华、舒全峰：《中国乡村干部的公共服务动机：定量测度与影响因素》，《管理世界》2018 年第 2 期。

王有强、叶岚、吴国庆：《协同治理：杭州"上城经验"》，清华大学出版社 2015 年版。

王喆：《党的领导是新的社会阶层组织化的前提》，《江苏省社会主义学院学报》2020 年第 2 期。

王桢等：《情绪劳动工作人员心理授权与离职意向的关系：工作倦怠的中介作用》，《心理科学》2012 年第 1 期。

温松：《权责清单、双向考核与基层组织关系重构——以增城区双向考核试点为例》，《岭南学刊》2018 年第 4 期。

温忠麟、叶宝娟：《中介效应分析：方法和模型发展》，《心理科学进展》

2014年第5期。

文宏、林仁镇：《城市基层治理共同体建构中的情感生成逻辑——基于佛山市南海区的实践考察》，《探索》2022年第5期。

文鹏、廖建桥：《不同类型绩效考核对员工考核反应的差异性影响——考核目的视角下的研究》，《南开管理评论》2010年第2期。

翁列恩、杨竞楠：《大数据驱动的政府绩效精准管理：动因分析、现实挑战与未来进路》，《理论探讨》2022年第1期。

吴理财：《全面小康社会的城乡基层社会治理共同体建设》，《经济社会体制比较》2020年第5期。

吴素雄、陈宇、吴艳：《社区社会组织提供公共服务的治理逻辑与结构》，《中国行政管理》2015年第2期。

吴晓林、覃雯：《走出"滕尼斯迷思"：百年来西方社区概念的建构与理论证成》，《复旦学报》（社会科学版）2022年第1期。

吴晓琳：《理解中国社区治理：国家、社会与家庭的关联》，中国社会科学出版社2020年版。

肖存良：《革命化、现代化与社会化：建党百年以来统一战线发展的三个历史阶段》，《社会科学文摘》2021年第5期。

谢宝国、辛迅、周文霞：《工作使命感：一个正在复苏的研究课题》，《心理科学进展》2016年第5期。

熊艾伦、蒲勇健：《社会资本与个人创新意识关系研究》，《科技进步与对策》2017年第16期。

许彦妮、顾琴轩、蒋琬：《德行领导对员工创造力和工作绩效的影响：基于LMX理论的实证研究》，《管理评论》2014年第2期。

颜海娜、聂勇浩：《基层公务员绩效问责的困境——基于"街头官僚"理论的分析》，《中国行政管理》2013年第8期。

燕继荣：《社会资本与国家治理》，北京大学出版社2015年版。

杨宝、胡晓芳：《社会组织能力建设的行为分析：资源导向或制度遵从》，《云南社会科学》2014年第3期。

杨德祥、侯艳君、张惠琴：《社会资本对企业员工创新行为的影响——知识共享和信任的中介效应》，《科技进步与对策》2017年第20期。

杨浩等：《建设性责任知觉对真实型领导与员工创新绩效关系的中介作用

研究》,《管理学报》2016年第4期。

杨红明、廖建桥:《公务员敬业度及其影响因素的实证研究》,《管理学报》2011年第6期。

杨建国:《基层政府的"不出事"逻辑:境遇、机理与治理》,《湖北社会科学》2018年第8期。

杨婷婷、钟建安:《组织内社会交换关系与工作投入:心理资本的中介效应》,《人类工效学》2013年第1期。

叶娟丽、韩瑞波:《吸纳式合作机制在社区治理中为何失效?——基于H小区居委会与物业公司的个案分析》,《南京大学学报》(哲学·人文科学·社会科学)2019年第2期。

尤佳、孙遇春、雷辉:《中国新生代员工工作价值观代际差异实证研究》,《软科学》2013年第6期。

郁建兴:《社会治理共同体及其建设路径》,《公共管理评论》2019年第3期。

曾军荣:《公共服务动机:概念特征与测量》,《中国行政管理》2008年第2期。

张超:《"自组织"社会整合的三重机制——基于COVID-19疫情治理中志愿组织的"抗疫"考察》,《杭州师范大学学报》(社会科学版)2020年第4期。

张戈:《党建引领基层治理:逻辑机理、价值表征和实践进路》,《云南社会科学》2020年第2期。

张桂蓉:《社区治理中企业与非营利组织的合作机制研究》,《行政论坛》2018年第1期。

张国磊、张新文:《行政考核、任务压力与农村基层治理减负——基于"压力—回应"的分析视角》,《华中农业大学学报》(社会科学版)2020年第2期。

张建人等:《社区工作人员工作价值观、工作满意度与工作绩效的关系》,《中国临床心理学杂志》2017年第1期。

张静:《提升新时代女性干部领导力的路径》,《中国党政干部论坛》2019年第3期。

张磊:《社会治理共同体的重大意义、基本内涵及其构建可行性研究》,

《重庆社会科学》2019年第8期。

张立峰：《人力资源管理强度对员工敬业度的影响——组织支持感的中介作用》，《沈阳师范大学学报》（社会科学版）2016年第3期。

张卫、后梦婷、张春龙：《新的社会阶层人士网络行为特征及统战工作方式研究》，《江海学刊》2019年第2期。

张勇杰：《多层次整合：基层社会治理中党组织的行动逻辑探析——以北京市党建引领"街乡吹哨、部门报到"改革为例》，《社会主义研究》2019年第6期。

张圆圆：《社区在疫情防控工作中的作用、不足及对策》，《行政科学论坛》2020年第3期。

张跃、杨旭华、陈娜：《职业召唤对建言行为的影响机制研究》，《中国人力资源开发》2018年第9期。

张振刚、李云健、余传鹏：《员工的主动性人格与创新行为关系研究——心理安全感与知识分享能力的调节作用》，《科学学与科学技术管理》2014年第7期。

赵树凯：《乡镇治理与政府制度化》，商务印书馆2010年版。

赵小云、郭成：《感召及其相关研究》，《心理科学进展》2011年第11期。

郑建君：《基层公务员心理状况实证研究》，中国社会科学出版社2013年版。

周浩、龙立荣：《共同方法偏差的统计检验与控制方法》，《心理科学进展》2004年第6期。

周健智：《凤凰县"四个用功用力"抓实新的社会阶层人士统战工作》，《湖南省社会主义学院学报》2021年第3期。

周美雷：《行政执法类公务员职业发展问题刍议》，《中国人事科学》2018年第11期。

周箴、杨柳青：《中国新生代员工敬业度的影响机理研究》，《东南学术》2017年第5期。

朱慧、周根贵：《社会资本促进了组织创新吗？——一项基于Meta分析的研究》，《科学学研究》2013年第11期。

朱健刚、王瀚：《党领共治：社区实验视域下基层社会治理格局的再生产》,《中国行政管理》2021 年第 5 期。

朱立言、胡晓东:《我国政府公务员之工作倦怠研究》,《中国行政管理》2008 年第 10 期。

二 外文文献

A. Hirschi, A. Herrmann, "Calling and Career Preparation: Investigating Developmental Patterns and Temporal Precedence", *Journal of Vocational Behavior*, Vol. 83, No. 1, 2013.

A. Krishna, "Understanding Measuring and Utilizing Social Capital: Clarifying Concepts and Presenting a Field Application from India", *Agricultural Systems*, Vol. 82, No. 3, 2004.

A. Krishna, "Understanding Measuring and Utilizing Social Capital: Clarifying Concepts and Presenting a Field Application from India", *Agricultural Systems*, Vol. 82, No. 3, 2004.

A. R. Elangovan, C. C. Pinder, M. Mclean, "Callings and Organizational Behavior", *Journal of Vocational Behavior*, Vol. 76, No. 3, 2010.

A. Sward, "Trust, Reciprocity, and Actions: The Development of Trust in Temporary-organizational Relations", *Organization Studies*, Vol. 37, No. 12, 2016.

A. W. Kahn, "Psychological Conditions of Personal Engagement and Disengagement at Work", *Academy of Management Journal*, Vol. 33, No. 4, 1990.

B. S. Cheng, L. F. Chou, J. L. Farh, "A Triad Model of Paternalistic Leadership: The Constructs and Measurement", *Indigenous Psychological Research in Chinese Societies*, Vol. 14, No. 1, 2000.

C. E. Shalley, L. L. Gilson, T. C. Blum, "Interactive Effects of Growth Need Strength, Work Context, and Job Complexity on Self-reported Creative Performance", *The Academy of Management Journal*, Vol. 52, No. 3, 2009.

C. Maslach, W. B. Schaufeli, M. P. Leiter, "Job Burnout", *Annual Review of Psychology*, Vol. 52, No. 1, 2001.

C. Maslach, S. Jackson, "The Measurement of Experienced Burnout", *Journal of Occupational Behavior*, No. 1, 1981.

D. R. Krause, "The Relationships Between Supplier Development, Commitment, Social Capital Accumulation and Performance Improvement", *Journal of Operations Management*, Vol. 64, No. 4, 2007.

D. S. DeRue, S. J. Ashford, "Who will Lead and Who will Follow? A Social Process of Leadership Identity Construction in Organizations", *Academy of Management Review*, Vol. 35, No. 1, 2010.

E. H. Schein, *Organizational Culture and Leadership*, San Francisco: Jossey-Bass, 1985.

J. A. Gruman, A. M. Saks, "Performance Management and Employee Engagement", *Human Resource Management Review*, Vol. 21, No. 2, 2011.

J. B. Bernerth et al., "Leader-member Social Exchange (LMX): Development and Validation of a Scale", *Journal of Organizational Behavior*, Vol. 28, No. 8, 2007.

J. Huang et al., "The Impact of Network Embeddedness on Radical Innovation Performance-Intermediators of Innovation Legitimacy and Resource Acquisition", *International Journal of Technology, Policy and Management*, Vol. 17, No. 3, 2017.

J. L. Perry, "Measuring Public Service Motivation: An Assessment of Construct Reliability and Validity", *Journal of Public Administration Research and Theory*, Vol. 6, No. 1, 1996.

J. L. Perry, "The Motivational Basesof Public Service: Foundationsfor a Third Wave of Research", *Asia Pacific Journal of Public Administration*, Vol. 36, No. 1, 2014.

L. M. Spencer, S. M. Spencer, *Competence at Work: Models for a Superior Performance*, New York: Wiley, 1993.

M. A. Cavanaugh, W. R. Boswell, M. V. Roehling, "An Empirical Examination of Self-reported Work Stress among US Managers", *Journal of Applied Psychology*, Vol. 85, No. 1, 2000.

M. Mura et al., "Promoting Professionals' Innovative Behaviour through Knowledge Sharing: The Moderating Role of Social Capital", *Journal of Knowledge Management*, Vol. 17, No. 4, 2013.

M. S. MitchellI, M. L. Ambrose, "Abusive Supervision and Workplace Deviance and the Moderating Effects of Negative Reciprocity Beliefs", *Journal of Applied Psychology*, Vol. 92, No. 4, 2007.

N. Bellé, "Experimental Evidence on the Relationship between Public Service Motivation and Job Performance", *Public Administration Review*, No. 1, 2012.

P. J. Olsen, "Maybe It is Time to Rediscover Bureaucracy?", *Journal of Public Administration Research and Theory*, Vol. 16, No. 1, 2005.

R. Eisenberger et al., "Perceived Organizational Support", *Journal of Applied Psychology*, Vol. 3, No. 1, 1986.

R. Eisenberger et al., "Perceived Organizational Support", *Journal of Applied Psychology*, Vol. 71, No. 3, 1986.

R. Krause, "The Relationships Between Supplier Development, Commitment, Social Capital Accumulation and Performance Improvement", *Journal of Operations Management*, Vol. 25, No. 2, 2007.

R. K. Christensen, L. Paarlberg, J. L. Perry, "Public Service Motivation Research: Lessons for Practice", *Public Administration Review*, Vol. 74, No. 4, 2017.

S. G. Scott, R. A. Bruce, "Determinants of Innovative Behavior: A Path Model of Individual Innovation in the Workplace", *The Academy of Management Journal*, Vol. 37, No. 3, 1994.

S. R. Dobrow, J. Tosti-Kharas, "Calling: The Development of a Scale Measure", *Personnel Psychology*, Vol. 64, No. 4, 2011.

W. A. Rhodes, "Recovering the Craft of Public Administration", *Public Administration Review*, Vol. 76, No. 4, 2015.

W. B. Schaufeli, A. B. Bakker, "Job Demands, Job Resources and Their Relationship with Burnout and Engagement: A Multi-sample Study", *Journ al of Organizational Behavior*, Vol. 25, No. 1, 2004.

W. B. Schaufeli, A. B. Bakker, "The Measurement of Work Engagement with a Short Questionnaire: A Cross-national Study", *Educational and Psychological Measurement*, Vol. 25, No. 1, 2006.

W. B. Schaufeli, A. B. Bakker, M. Salanova, "The Measurement of Work Engagement with a Short Questionnaire: A Cross-national Study", *Educational and Psychological Measurement*, Vol. 4, No. 66, 2006.

W. Vandenabeele, "Toward a Public Administration Theory of Public Service Motivation", *Public Management Review*, Vol. 9, No. 4, 2007.

X. Chen et al., "Affective Trust in Chinese Leaders: Linking Paternalistic Leadership to Employee Performance", *Journal of Management*, No. 40, 2014.

Z. Aycan et al., "Convergence and Divergence of Paternalistic Leadership: Across-cultural Investigation of Prototypes", *Journal of International Business Studies*, Vol. 44, No. 9, 2013.

附　录

一　调查问卷

JN 警察组织文化建设与人力资源管理调查问卷

首先感谢您帮助我们完成这次问卷调查！本调查是想通过您了解 JN 警察在组织文化建设和人力资源管理方面的一些具体做法和大家的感受，以便对今后的工作提供参考性建议。

1. 题目无对错、好坏之分。

2. 按照您个人的实际感受和经历实事求是作答，不是按照别的规定、要求和讲话等作答，也不要受任何人的影响，更不要去影响其他人。

3. 除有特殊说明的题目外，每题只有一个选项符合您的情况，请在与您相符的选项（阿拉伯数字，如①②③④⑤⑥⑦中的一项）上打"√"。

4. 调查仅供研究，您的回答绝对保密。

谢谢您的支持！

您的个人情况：

1. 性别：①男；②女

2. 年龄：①25 岁及以下；② 26—30 岁；③31—40 岁；④41—50 岁；⑤51 岁及以上

3. 您的最高学历：①高中/中专及以下；②大专；③本科；④硕士及以上

4. 您来 JN 交警工作的具体时间是＿＿＿＿年

5. 您是以何种形式来 JN 交警的：

①学校毕业分配；②公务员考录；③军转干部；④其他单位调入；⑤其他

6. 如果您是军转干部，（1）您入伍的具体时间是_____年；（2）转业前的级别：①正/副师级及以上；②正/副团级；③正/副营级；④正/副连级；⑤正/副排级及以下

7. 您是：①局/支队领导；②正/副处长（正/副所长、大队长）；③正/副调研员；④正/副科长（正/副分所长、中队长、教导员）；⑤正/副主任科员；⑥其他民警

8. 您在以下哪个部门工作：①支队领导及支队处、委、研究所等保障部门；②大队、车管所领导及大队、车管所的科室；③中队、车管分所；④其他

9. 您常年路面执勤吗？①是；②不是

（一）执法类公务员领导方式系列问卷

1. 家长式领导

表里共 10 个问题，描述的都是关于您的直接上司或上级直接领导的，请根据您的个人经验或感受，选择您在多大程度上同意这些描述，并请在相应的数字上打"√"。

	完全同意	基本同意	有点同意	有点不同意	不太同意	完全不同意
1. 像家庭成员（父母或哥哥姐姐）一样对待自己的民警	①	②	③	④	⑤	⑥
2. 像家庭中的长者一样给民警提出忠告	①	②	③	④	⑤	⑥
3. 在工作场所创造一种家庭环境	①	②	③	④	⑤	⑥
4. 感到对民警负有责任，就像对自己的孩子一样	①	②	③	④	⑤	⑥
5. 随时准备在民警需要时帮助他们处理工作之外的问题（如住房、孩子教育、健康等）	①	②	③	④	⑤	⑥

续表

	完全同意	基本同意	有点同意	有点不同意	不太同意	完全不同意
6. 参加民警的某些特殊事件（如婚礼、葬礼、生日宴会、孩子的毕业典礼等）	①	②	③	④	⑤	⑥
7. 每当民警的私人生活遇到问题（如婚姻问题）时，随时准备成为调解人	①	②	③	④	⑤	⑥
8. 评价民警时更看重忠诚而不是绩效	①	②	③	④	⑤	⑥
9. 作为他对民警关心和培育的回报，他期望下属对他忠诚和服从	①	②	③	④	⑤	⑥
10. 坚信自己知道对于民警来说什么是最好的	①	②	③	④	⑤	⑥

2. 辱虐管理

表里共 5 个问题，都是关于您的直接上司或上级直接领导可能对您表现出的某些行为（也可能没有表现出这样的行为），请就您现在的直接上司或上级直接领导（他/她）是否对您有这些行为做出评价，并在相应的数字上打"√"。

	从来没有	几乎没有	很少有	说不准	偶尔有	经常有	总是有
1. 他/她在别人面前说我不好	①	②	③	④	⑤	⑥	⑦
2. 他/她在别人面前贬低我	①	②	③	④	⑤	⑥	⑦
3. 他/她说我的想法和感受是愚蠢的	①	②	③	④	⑤	⑥	⑦
4. 他/她会取笑我	①	②	③	④	⑤	⑥	⑦
5. 他/她说我不能胜任自己的工作	①	②	③	④	⑤	⑥	⑦

3. 工作倦怠

表里共 16 个问题，请根据您每天的工作体验，回答下列感受发生的频率，并请在相应的数字上打"√"。

	从来没有	偶尔有	不确定	有时有	几乎总是有
1. 工作让我感觉精神疲惫	①	②	③	④	⑤
2. 工作一整天后，我感觉精疲力竭	①	②	③	④	⑤
3. 开始面对新的一天的工作时，我感觉非常累	①	②	③	④	⑤
4. 整体的工作对我来说确实压力很大	①	②	③	④	⑤
5. 工作让我感到衰竭	①	②	③	④	⑤
6. 从我开始做这份工作以来，我对工作越来越不感兴趣了	①	②	③	④	⑤
7. 我对工作不像以前那样有热情了	①	②	③	④	⑤
8. 我怀疑自己所做的工作的意义	①	②	③	④	⑤
9. 我开始怀疑自己的工作是否有贡献	①	②	③	④	⑤
10. 我只想完成自己的工作，不想操心单位里其他事情	①	②	③	④	⑤
11. 我能有效地解决工作中出现的问题	①	②	③	④	⑤
12. 我觉得自己在为单位作出有效的贡献	①	②	③	④	⑤
13. 在我看来，我擅长自己的工作	①	②	③	④	⑤
14. 当完成工作上的一些事情时，我感到非常兴奋	①	②	③	④	⑤
15. 我完成了很多有价值的工作	①	②	③	④	⑤
16. 在我的工作中，我相信自己能有效地完成各项任务	①	②	③	④	⑤

4. 工作敬业度

表里共 17 个问题，是有关您如何看待您工作的陈述。请仔细阅读每一个陈述，然后判断您自己对工作的感觉。如果您从来没有这种感觉，就选择"0"；如果您有这种感觉，就请根据您出现这种感觉的频率，用①—⑥描述，并在最合适的数字上打"√"。

	从不	几乎从不（即一年有几次或者更少）	很少（即一个月一次或者更少）	有时（即一个月几次）	经常（即一周一次）	非常多（即一周几次）	总是（即每天都有）
1. 在工作中，我感到浑身充满了力量	0	①	②	③	④	⑤	⑥
2. 我觉得我所做的工作很有意义，目的明确	0	①	②	③	④	⑤	⑥
3. 工作的时候我觉得时间过得很快	0	①	②	③	④	⑤	⑥
4. 在工作中，我感到很有力量，充满活力	0	①	②	③	④	⑤	⑥
5. 我对我的工作充满热情	0	①	②	③	④	⑤	⑥
6. 当我工作时，我会忘记周围的其他事情	0	①	②	③	④	⑤	⑥
7. 我的工作鼓舞着我	0	①	②	③	④	⑤	⑥
8. 早晨起来，我很想去工作	0	①	②	③	④	⑤	⑥
9. 当我集中精力工作时，我感到愉快	0	①	②	③	④	⑤	⑥
10. 我为我的工作感到自豪	0	①	②	③	④	⑤	⑥
11. 我沉浸在我的工作中	0	①	②	③	④	⑤	⑥
12. 我能够持续工作相当长的时间	0	①	②	③	④	⑤	⑥
13. 对我来说，我的工作很有刺激性	0	①	②	③	④	⑤	⑥
14. 工作的时候我会不由自主地全力以赴	0	①	②	③	④	⑤	⑥
15. 我在工作中能承受很大的心理压力	0	①	②	③	④	⑤	⑥
16. 我很难把自己和工作分开	0	①	②	③	④	⑤	⑥
17. 在工作中，我总是坚忍不拔，即使事情进行得不顺利	0	①	②	③	④	⑤	⑥

5. 组织文化认同

表里共 20 个问题，都是对您所在组织（JN 交警）的描述，请根据您的实际感受和经历，选择在多大程度上同意或不同意，并在相应的数字上打"√"。

		非常不同意	不同意	说不准	同意	非常同意
Ⅰ	1. 我很清楚地了解组织的文化内涵	①	②	③	④	⑤
	2. 我可以说出本组织文化的优点和特色	①	②	③	④	⑤
	3. 我对组织宣传的各类典型人物或事迹很熟悉	①	②	③	④	⑤
	4. 我很熟悉本组织的品牌形象和宣传词	①	②	③	④	⑤
	5. 我很清楚地了解本组织所提倡的价值观	①	②	③	④	⑤
Ⅱ	6. 我非常欣赏我们组织的文化价值观	①	②	③	④	⑤
	7. 我认为组织提倡的价值观正好也是我的做事准则	①	②	③	④	⑤
	8. 我很喜欢本组织的工作氛围	①	②	③	④	⑤
	9. 我很赞赏我们组织的品牌和形象	①	②	③	④	⑤
	10. 我为我们组织的文化感到自豪和光荣	①	②	③	④	⑤
Ⅲ	11. 我愿意为组织的文化建设奉献心力	①	②	③	④	⑤
	12. 我对外主动宣扬自己组织的品牌和形象	①	②	③	④	⑤
	13. 我积极地为组织的各种文化活动出谋划策	①	②	③	④	⑤
	14. 我积极地参与组织的文化活动	①	②	③	④	⑤
	15. 我会主动地维护组织的品牌和形象	①	②	③	④	⑤
Ⅳ	16. 我认为我与组织是命运共同体	①	②	③	④	⑤
	17. 我觉得自己与组织有共同的目标，共同成长	①	②	③	④	⑤
	18. 我把组织作为自己的家	①	②	③	④	⑤
	19. 我自觉遵守组织的一切制度和规范	①	②	③	④	⑤
	20. 我的穿着与言谈举止，都努力与组织的要求相一致	①	②	③	④	⑤

6. 组织支持感

表里共 16 个问题，都是民警对自己所在单位可能有的感受或看法，请您根据自己对单位（JN 交警）的感受，对每个陈述句表明您同意或不同意的程度，并在相应的数字上打"√"。

	完全不同意	非常不同意	有点不同意	有点同意	基本同意	完全同意
1. 单位重视我对单位发展所做出的贡献	①	②	③	④	⑤	⑥
2. 单位不会注意到我所付出的任何额外的努力（R）	①	②	③	④	⑤	⑥
3. 单位能很好地考虑到我个人的目标和我个人的价值观	①	②	③	④	⑤	⑥
4. 单位总是忽视我的任何抱怨（R）	①	②	③	④	⑤	⑥
5. 单位在制定可能影响到我的决策时，不会考虑我的最大利益（R）	①	②	③	④	⑤	⑥
6. 当我遇到问题时，我能够从单位获得帮助	①	②	③	④	⑤	⑥
7. 单位确实很关心我的幸福	①	②	③	④	⑤	⑥
8. 为了帮助我以最大的能力完成工作任务，单位随时会做出必要的调整	①	②	③	④	⑤	⑥
9. 即使我把工作做得最好，单位也不会注意到的（R）	①	②	③	④	⑤	⑥
10. 当我需要特殊照顾时，单位会帮我的	①	②	③	④	⑤	⑥
11. 单位关心我对工作的总体满意度	①	②	③	④	⑤	⑥
12. 一旦有机会，单位就会利用我（R）	①	②	③	④	⑤	⑥
13. 单位很少关心我（R）	①	②	③	④	⑤	⑥
14. 单位很在意我的看法	①	②	③	④	⑤	⑥
15. 单位为我在工作中取得的成就而骄傲	①	②	③	④	⑤	⑥
16. 单位努力使我的工作尽可能有趣	①	②	③	④	⑤	⑥

注：R 为反向计分。

7. 上司—下属关系

表里共 13 个问题，表述的都是关于您与现在的上级直接领导之间的关系，请评价这些陈述是否符合您和您现在上级直接领导的情况，并请在相应的数字上打"√"。

	完全符合	基本符合	有点符合	不太符合	基本不符合	完全不符合
1. 逢年过节或下班以后，我会给他/她打电话或者去看望他/她	①	②	③	④	⑤	⑥
2. 他/她会邀请我到他/她家或去饭店吃饭	①	②	③	④	⑤	⑥
3. 遇到特殊事件，例如生日之类的，我肯定会带着礼物去看望他/她	①	②	③	④	⑤	⑥
4. 我会主动找他/她聊天，将我的想法、问题、需要或感受告诉他/她	①	②	③	④	⑤	⑥
5. 我很关心并了解他/她的工作和家庭情况	①	②	③	④	⑤	⑥
6. 当有不同意见时，我会站在他/她这一边	①	②	③	④	⑤	⑥
7. 我很清楚我的领导是否满意我的工作表现	①	②	③	④	⑤	⑥
8. 我的领导十分了解我在工作方面上的问题和需求	①	②	③	④	⑤	⑥
9. 我的领导非常了解我的潜力	①	②	③	④	⑤	⑥
10. 不论我的领导职权有多大，他/她都会用自己的职权来帮我解决工作上的重大难题	①	②	③	④	⑤	⑥
11. 不论我的领导职权有多大，他/她都会牺牲自己的利益来帮助我摆脱工作上的困境	①	②	③	④	⑤	⑥

续表

	完全符合	基本符合	有点符合	不太符合	基本不符合	完全不符合
12. 我很信任我的领导，即使他/她不在场，我仍然会为他/她做出的决策进行辩护和解释	①	②	③	④	⑤	⑥
13. 我和我的领导关系很好	①	②	③	④	⑤	⑥

(二) 镇街、村居干部系列问卷

SD 省基层干部治理效能与工作态度调查问卷

您好！

我们此次问卷调查旨在了解 SD 省基层干部治理效能与工作态度现状。本次调查不记名，结果无对错之分，请您不必有任何顾虑，如实回答有关问题。请您在最符合您最近真实情况的选项上打"√"，请注意不要漏答，非常感谢您的参与！

基本信息：

1. 性别：

①男；②女

2. 年龄（周岁）：

①25 岁及以下；② 26—30 岁；③31—40 岁；④41—50 岁；⑤51 岁及以上

3. 您的最高学历：

①高中/中专及以下；②大专；③本科；④硕士及以上

4. 您在现在职位上任职多长时间：

①2 年及以下；②3—5 年；③6—10 年；④11—15 年；⑤16—20 年；⑥21 年及以上

5. 您是以何种形式来此工作的：

①学校毕业分配；②公开考录招聘（如公务员、事业编、大学生村干部等）；③选调生；④社区工作者；⑤军转干部；⑥上级安排、工作调动；⑦换届选举；⑧其他_____

6. 您现在任职所在街道、乡镇处于 SD 省的位置：

①JN _____；②QD _____；③ZB _____；④ZZ _____；
⑤DY _____；⑥YT _____；⑦WF _____；⑧JN _____；
⑨TA _____；⑩WH _____；⑪RZ _____；⑫LW _____；
⑬LY _____；⑭DZ _____；⑮LC _____；⑯BZ _____；
⑰HZ _____。

7. 您目前每月从单位领取的工资收入/补贴是多少？

①3000 元及以下；②3001—6000 元；③6001—9000 元；④9001 元及以上

8. 您现在的工作单位属于：

①街道办；②乡镇；③社区居委会；④村（"两委"）、大学生村干部；⑤其他_____

9. 您参加工作多少年：

①5 年及以下；②6—10 年；③11—20 年；④21—30 年；⑤31 年及以上

10. 您现在属于：

①公务员编制；②事业单位编制；③聘任合同制；④临时工作人员；⑤村、居（社区）"两委"；⑥其他_____

1. 使命感问卷

下面是关于基层干部日常生活与工作的一些描述，请在符合的情况上打"√"，请注意不要漏答，谢谢！

内容评价	很不同意	比较不同意	有点不同意	有点同意	一般同意	比较同意	非常同意
1. 我对我的工作充满热情	1	2	3	4	5	6	7
2. 我享受做我的工作胜过其他任何事情	1	2	3	4	5	6	7
3. 从事我的职业让我有巨大的满足感	1	2	3	4	5	6	7
4. 为了我的职业，我会不惜一切代价	1	2	3	4	5	6	7

续表

内容评价	很不同意	比较不同意	有点不同意	有点同意	一般同意	比较同意	非常同意
5. 每当向别人描述我是谁时，我通常首先想到的是我的职业	1	2	3	4	5	6	7
6. 即使面临重重困难，我仍将坚持选择从事我的职业	1	2	3	4	5	6	7
7. 我的职业将一直是我生命的一部分	1	2	3	4	5	6	7
8. 从某种意义上，我内心深处一直装着我的职业	1	2	3	4	5	6	7
9. 即使没有做这份工作时，我也常考虑要从事它	1	2	3	4	5	6	7
10. 投身目前的职业让我活得更有意义	1	2	3	4	5	6	7
11. 从事我的职业能够深深触动我内心，给我带来喜悦	1	2	3	4	5	6	7

资料来源：裴宇晶、赵曙明：《知识型员工职业召唤、职业承诺与工作态度关系研究》，《管理科学》2015 年第 2 期。

2. 社会资本问卷

下面是关于基层干部日常生活与工作的一些描述，请在符合的情况上打"√"，请注意不要漏答，谢谢！

内容评价	很不好	不太好	一般	比较好	很好
1. 您认为您的家庭成员之间的关系程度如何	1	2	3	4	5
2. 您认为当前本乡镇（街道）党委、政府、人大之间的工作配合程度如何	1	2	3	4	5
3. 您认为所在部门内部工作人员之间的工作配合程度如何	1	2	3	4	5

续表

内容评价	很不好	不太好	一般	比较好	很好
4. 您认为当前本乡镇（街道）和下面的村（居）委会之间的工作配合是否很好	1	2	3	4	5
5. 您认为您周围大多数同事之间的信任程度如何	1	2	3	4	5
6. 您认为目前社会上大多数人之间的信任程度如何	1	2	3	4	5

资料来源：马得勇：《中国乡镇治理创新——10省市24乡镇的比较研究》，南开大学出版社2014年版，第76页。

3. 知识分享问卷

以下问题仅限于研究，所选答案没有对错、好坏之分，请您在最符合真实情况的选项上打"√"，请注意不要漏答，谢谢！

内容评价	很不符合	比较不符合	有点不符合	有点符合	比较符合	非常符合
1. 我经常把自己的工作经验分享给同事或合作者	1	2	3	4	5	6
2. 当有新知识或新信息时，我会与合作者分享	1	2	3	4	5	6
3. 在参加集体讨论时经常发表自己的建议、观点	1	2	3	4	5	6
4. 当合作者需要时，我会分享工作文档或资料	1	2	3	4	5	6

4. 创新行为问卷

以下问题仅限于研究，所选答案没有对错、好坏之分，请您在最符合真实情况的选项上打"√"，请注意不要漏答，谢谢！

内容评价	很不符合	比较不符合	有点不符合	有点符合	比较符合	非常符合
1. 在基层工作中，我经常产生创新性的想法	1	2	3	4	5	6
2. 我经常改进同事或合作者提出的观点、建议	1	2	3	4	5	6
3. 在基层我能够寻求新方法改进当前的工作	1	2	3	4	5	6
4. 总体来说，我认为自己在工作上具有创新性	1	2	3	4	5	6

5. 工作绩效问卷

以下题目是描述个人工作情况，请根据实际情况，选出符合你真实状况的情形，答案没有好坏之分。请在符合的情况上打"√"，请注意不要漏答，谢谢！

内容评价	差	较差	一般	较好	优秀
1. 完成年度工作任务目标的程度	1	2	3	4	5
2. 完成工作任务的质量	1	2	3	4	5
3. 完成工作任务的时效性（速度）	1	2	3	4	5
4. 工作中出现差错的程度（负向指标）	1	2	3	4	5
5. 创造性开展工作的程度	1	2	3	4	5
6. 积极主动帮助、指导其他同事	1	2	3	4	5
7. 愿意承担额外工作，及时完成交代的非职责任务	1	2	3	4	5
8. 与上下级、同事、其他部门保持良好的人际关系	1	2	3	4	5
9. 全心全意为公众服务	1	2	3	4	5
10. 工作中遵纪守法、廉洁自律	1	2	3	4	5

续表

内容评价	差	较差	一般	较好	优秀
11. 认真、支持和维护基层单位目标，工作态度认真	1	2	3	4	5
12. 有影响力，能提高团队凝聚力	1	2	3	4	5

6. 挑战压力源问卷

请您根据近三个月内对基层工作压力的感受和体验进行选择，1—10的程度为压力越来越大。

       1（没有压力）————→ 10（压力极大）
1. 完成的任务或项目数量 1 2 3 4 5 6 7 8 9 10
2. 工作种类   1 2 3 4 5 6 7 8 9 10
3. 时间紧迫性   1 2 3 4 5 6 7 8 9 10
4. 任务复杂性   1 2 3 4 5 6 7 8 9 10
5. 工作时间长   1 2 3 4 5 6 7 8 9 10
6. 任务责任大   1 2 3 4 5 6 7 8 9 10

二　访谈提纲

1. 基层统一战线建设是新时代推进社区治理现代化的重要着力点。新阶层人士统战工作与基层治理创新融合的实践经验日益增多。总结其经验，思考新阶层人士统战与基层治理创新融合中遇到的问题，对JN市乃至SD省加快推进阶层人士统战与基层治理创新融合具有启发性和带动性。

2. 访谈对象

街道社区干部和新阶层人士

3. 访谈问题

（1）性别：①男；②女

（2）年龄：_____

（3）您的最高学历：①高中/中专及以下；②大专；③本科；④硕士及以上

（4）职业与所从事工作：_____

（5）您是属于：①基层干部；②新阶层人士（请选择）

A. 民营企业和外资企业的管理人员和技术人员

B. 中介组织和社会组织从业人员

C. 自由职业人员

D. 新媒体从业人员

（一）街道社区干部相关问题

1. 基层治理有哪些创新（例如法治、民主协商等），请举例展开说明。

2. 在基层，对新阶层人士统战工作有哪些困难？

3. 新阶层人士统战工作如何与基层治理创新融合？

（二）新阶层人士访谈问题

1. 你平时工作存在哪些困难？除了自己解决，还通过哪些途径求助？

2. 加入哪些行会组织或者联谊会（例如工商联、新联会、企业家协会）等？

3. 街道、社区提供过哪些帮助？对新阶层人士统一战线如何理解？

（三）社区工作者、居委会成员、业委会成员、社区党员、志愿者、居民等访谈提纲

1. 调研目的

红色业委会建设是新时代推进社区治理现代化的重要着力点。近年来，L 区不断完善社区治理体系、提升社区治理能力，尤其在打造"红领物业"方面取得了跨越式发展。总结 L 区在党建引领物业管理方面的经验，思考红色业委会建设中遇到的问题，对 JN 市乃至 SD 省加快推进红色业委会建设具有启发性和带动性。

2. 调研时间

2022 年 1 月 27 日（星期四）上午 9：00—12：00

3. 调研地点

L 区物业服务指导中心会议室（L 区 J 路 6—8 号院内西侧二楼）

4. 调研内容

（1）国家及省内有关红色业委会建设的政策。

（2）国内发达城市红色业委会建设的先进经验。

（3）S 区红色业委会建设的方案及基本情况。

（4）S 区红色业委会建设中遇到的问题。

（5）S 区在红色业委会建设方面对省市相关部门的诉求和建议。

（6）与会同志对 JN 市红色业委会建设情况调查问卷的意见建议。

5. 注意事项

（1）课题组成员及参与调研的成员单位要按时到集合地点，请不要迟到、早退。

（2）课题组成员如无紧急重大工作任务，请务必全程参与调研，做到统一行动。

（3）课题组成员要及时分析研究调研资料，做好提炼总结。

6. 访谈对象

（1）社区干部等直接人员

乔×× 区住建局主任

尹 × 区社区服务指导中心副主任

王×× 区物业服务指导中心副科

满 × 区 JN 街道社事科科长

邹×× 区 WD 街道 DY 社区支部书记

李×× 区 WD 街道 WF 社区业委会主任

刘×× 区 LD 街道 M 小区业委会主任

（2）社区党员干部及居民访谈提纲

①您能简单介绍一下自己吗？年龄、学历、工作年限？

②您平常工作忙吗？

③您对目前社区的治理满意吗？

④您对以后小区管理的规划或设想是什么样的？

⑤您觉得小区开展红色物业以后社区面貌有变化吗？

⑥能描述一下社区网格员是怎么开展社区公共服务的吗？

⑦开展红色物业的过程中遇到过什么问题吗？怎么解决的？

⑧您参加过社区组织的相关培训或者活动吗？

⑨您对居委会、业委会工作中有什么不满意的地方吗？

⑩您觉得社区治理方面有什么需要改进的地方吗？

后 记

转眼间,我博士毕业已经三年多了。在这期间,我主持的 2022 年度教育部人文社会科学研究专项任务项目(中国特色社会主义理论体系研究)"'高质量'导向下基层社会治理共同体生成逻辑与推进路径"(22JD710022)、2023 年度山东省社科联人文社会科学课题"孔繁森精神与中华民族共同体意识培育"(2023-KFSZ-09)立项。围绕基层治理多主体协同共治的主题,在已有研究的基础上,进一步通过田野调查,拓展了研究样本。在研究中不断积累素材,提炼并思考,最终形成此书,作为项目研究成果的一部分。回望自己在公共管理领域的成长历程,从懵懂踏入、摸索锻炼到勇于探索,一时百感交集,在此要感谢许多人。

感谢我的导师滕玉成教授,滕老师温儒宽厚、治学严谨。不嫌我愚钝,给我提供了继续求学深造的机会,在学术研究和人生规划等诸多方面给予我指导和帮助,回想起来备感温暖。毕业之后,每每在工作和学术方面出现疑惑,我也第一时间请滕老师帮忙解疑答惑。正是滕老师的谆谆教导,鼓励与包容,激励着我一直在基层治理领域不断前行,师恩铭记在心。

感谢同门及同窗好友在学术探讨切磋方面给予的帮助与启发,他们是刘海源、王铭、程峥、李杨、臧文杰、何淼、王玉龙、苏康、安百杰、顾伟先等,互帮互助的美好时光令人难以忘怀。

感谢山东大学的邢占军教授对我学术道路转型的引领。自己从心理学领域研究转向更为宏观的公共管理领域,与邢老师的指导和帮助密不可分。感谢曹现强教授、王佃利教授、马奔教授、姜杰教授、张天舒教授、韩自强教授等对基层治理研究提供的宝贵意见,每一位老师的学术成就和人品素养都让我们敬仰，老师们及时而又真诚地指点迷津，都让我很感动。

感谢在基层调研中，为我提供帮助的所有人，他们或是坚守一线的乡镇、街道、社区与村"两委"的基层干部，或是新的社会阶层人士，或是社区志愿者以及普通的村社居民等，鉴于学术匿名规范和篇幅所限，不能一一枚举，他们每个人身上都有我要学习的智慧经验。

感谢中国社会科学出版社，感谢周佳编辑辛苦付出和细致修订，使得本书得以顺利出版。

感谢家人们的默默支持，特别是在疫情居家隔离期间，更是让我体验到亲情关爱带来的巨大力量。